경제적 공포

비비안느 포레스테
경제적 공포

김주경 옮김

동문선

L'HORREUR ÉCONOMIQUE
by Viviane Forrester

Korean Translation Copyright ⓒ 1997 by Dongmoonsun Publishing Co.,
Copyright ⓒ Librairie Arthème Fayard, 1996.

This edition was published by arrangement with
Éditions Fayard, Paris

어느 날 저녁에, 예를 들면……
경제가 주는 공포로부터 벗어나서
……그는 사냥꾼들과 부랑자 무리가
지나가는 것을 보고 전율한다
아르튀르 랭보 《일뤼미나시옹》

민중이 찬탈의 진상을 감지하게 해서는 안 된다.
예전에는 찬탈이 아무런 논리가 없어도 받아들여졌지만,
이제는 그럴듯한 이유가 있어야 하기 때문이다.
이제는 그것은 참되고 영원한 것으로 바라보도록 해야 하며,
또한 그 시작이 어떠하였는지를 감추어야 한다.
그것이 곧 끝나 버리기를 원치 않는다면 말이다.
파스칼 《팡세》

경제적 공포

· · · · · · 경 · 제 · 적 · 공 · 포 · · · · · · ·

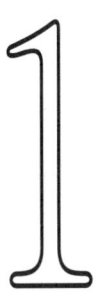

　우리는 지금 위대한 속임수 속에서 살고 있다. 왜냐하면 이미 사라진 세계 속에 살고 있음에도 불구하고 우리는 그 사실을 인정하려 들지 않을 뿐만 아니라, 세상은 온갖 정책을 동원하여 오히려 그 세계가 영원할 것이라고 주장하고 있기 때문이다. 수백만 명의 운명이 바로 이같은 시대착오적 사고로 인하여 파괴당하고 소멸되었다. 그리고 이 시대착오적 사고는, 우리가 가장 신성시하고 있는 한 가지 터부를 영원불멸한 것으로 제시하려는 끈질긴 책략에서 비롯되었다. 그 한 가지 터부란 무엇인가? 그것은 바로 노동에 대한 터부이다.
　〈고용〉이라는 왜곡된 형태로 남아 있는 노동은 사실상 서구

········경·제·적·공·포········

문명의 기초를 이루고 있으며, 이 서구 문명이 지구 전체를 지배하고 있다. 노동이라는 것이 너무나 서구 문명과 잘 혼합되어 있어 우리는 그것이 사라져 버린 오늘날까지도, 노동이 여전히 우리 시대에 깊이 뿌리박고 있다는 그 명백한 사실을 공식적으로 검토해 본 일이 없으며, 또한 그 필요성에 대해서도 문제를 제기해 본 일이 없다. 이론상으로 보면 노동이 모든 유통을 지배하고, 따라서 모든 생존까지 지배하고 있지 않은가? 노동으로부터 생겨난 혼란스러울 정도로 복잡한 교역은, 혈액순환만큼이나 필수적이고 근본적인 것으로 보인다. 이 노동은 우리를 또 다른 낯선 세계로 이동시켜 주는 자연스러운 동력이자, 꼭 지켜야 할 경기규칙과도 같은 것이다. 그러나 아이러니하게도 그 새로운 세계로 들어서자마자, 우리는 곧 그 세계로부터 사라져 버리지 않으면 안 되었고, 노동이란 단어는 본래의 의미를 빼앗긴 껍질에 불과하게 되었다.

노동이나 실업과 관련된 용어들에 대해 우리가 가지고 있는 개념들은, 정치가 그 힘을 행사함으로써(혹은 행사하기를 원함으로써) 이제 무의미한 것들이 되고 말았다. 따라서 이 문제에 대한 논쟁은, 마치 풍차를 향해 돌진하는 돈 키호테의 싸움만큼이나 착각에 사로잡힌 행위일 뿐이다. 하지만 우리는 노동이나 실업에 대해서 여전히 환상 같은 질문들을 제기하고 있다. 그리고 많은 사람들이 이미 알고 있는 바이지만, 삶의 참담한 모습만이 그 어리석은 질문들에 대한 해답이 될 수 있을 것이다.

오늘날 빈곤이 가져온 이 참담한 생활은 침묵에 의해 더욱

······· 경·제·적·공·포 ·······

황폐해졌다. 그러나 우리는 그 황폐한 모습이 바로 우리의 운명이라는 것을 잊고 있다. 불안감을 야기시키는 공허하고 케케묵은 이러한 질문들을 우리가 아직도 계속하고 있는 까닭은, 그렇게 함으로써 가장 두려운 문제를 애써 외면하고 피해 갈 수 있기 때문이다. 그러나 우리가 진정으로 두려워하는 것은, 바로 그러한 질문들을 여전히 제기할 수 있는 세계가 사라지고 있다는 것이다. 그러한 세계 속에서는, 우리의 질문에 사용된 용어들이 현실에 기초를 두고 있었다. 아니 그 용어들이 현실의 기초를 이루고 있었다고 하는 편이 나을 것이다. 그 세계는 지금도 우리의 호흡과 함께 하고 있으며, 우리의 깊은 의식 또한 여전히 그 세계 속에 있다. 우리는 그 세계를 이용하기도 하였고, 때로는 그 세계 때문에 상처를 입기도 하였다. 그리고 이제는 붕괴되어 흔적도 없이 사라진 옛제도의 폐허 옆에서, 사라져 버린 그 세계의 잔해물들을 모아 반죽하여 벌어진 틈을 메우고 뚫린 구멍을 손보기에 여념이 없다.

우리는 지금 도대체 어떤 꿈을 꾸고 있기에 계속해서 위기에 관하여 말해야 하고, 그 위기가 끝날 때쯤이면 우리의 악몽도 끝날 것이라고 믿고 있는가? 그리고 우리는 언제쯤이면 이것이 위기가 아니라 대변동이라는 사실을 의식하게 될 것인가? 이것이 단순히 한 사회에서 일어나는 변동이 아니라, 한 문명 안에서 일어나는 대단히 충격적인 격변이라는 사실을.

우리는 다가올 시대가 어떠할는지에 관해 미처 검토해 볼 틈도 없이 새로운 시대로 들어서고 있다. 이전의 시대가 사라졌다

경 · 제 · 적 · 공 · 포

는 사실을 받아들이기는커녕 아직 깨닫지도 못하고 있는데…….
그리하여 그 사라진 시대를 차마 단념할 수 없는 우리는 그 시대를 미라처럼 영구보전하는 일에 열중하고 있으며, 그 시대를 아직도 활동중인 현실적인 시대로 여기고 있다. 사라졌다 해도 여전히 강한 힘을 지니고 있는 그 세계의 관습들을 지켜가면서……. 다만 우리의 머릿속에 존재할 뿐인 세계에, 그리고 가상의 문제들로 인해 마치 몽유병 환자의 삶처럼 비현실적인 사회에, 우리가 이같이 영원한 투사를 하고 있는 것은 어떤 이유에서일까? (유일한 진짜 문제점은, 우리가 문제로 생각하고 싶지 않은 문제들이 오히려 우리 시대의 기준이 되었다는 점이다. 처음 문을 여는 동시에 한편으로는 황혼으로 접어들고 있는 이 시대에.)

우리는 지금 하나의 신화가 되어 버린 것, 그것도 더할 수 없이 장엄한 신화가 되어 버린 것을 아직도 붙들고 있다. 다시 말해 이 시대 기업들의 공적, 혹은 사적인 모든 종류의 기구에 관련된 노동에 관한 신화를 버리지 못하고 있는 것이다. 그래서 우리의 삶에 깊이 각인된 관습들, 오래 전부터 우리의 가정에서 불려지던 노래를 어떻게 해서라도 연장시키려고 애쓰고 있다. 예전에 우리가 몸담고 있던 그 가정은 지금 비록 찢겨지긴 하였으나, 가족들이 함께 모여 살던 때가 있었다는 기억을 간직하게 해준다. 가정이라는 곳이 최악의 불협화음과 최악의 혐오감이 발생하는 근원지이긴 하지만, 그러나 이처럼 추억을 간직하고 있는 까닭은 공동체의 흔적에 대한 그리움 때문이다. 말하자면 조국에 대한 그리움? 다시 말해 유기적 관계에 대한 그리

· · · · · · · 경·제·적·공·포 · · · · · · ·

움? 우리가 빼앗겼다는 분명한 사실을 증명하고 각성하기보다는 참담한 모습으로 남아 있는 쪽을 택하고, 과거에 우리의 것이었던 사회로부터 추방되었다는 사실을 인식하고 고려하기보다는 진실을 왜곡하는 데서 오는 위험을 택하는 것도 바로 이 때문일까?

그리하여 지금 우리에게는 달착지근한 의학과 낡아빠진 약전 처방, 잔인한 외과학(外科學), 그리고 여기저기에 급하게 행해지고 있는 수혈(이 수혈의 혜택을 입는 자들은 몇 명의 건강한 사람들일 뿐이다)이라는 처방만이 남아 있게 되었다. 그리고 대중들의 무능력에서 오는 침묵을 교묘하게 위장하고 있는 상투적인 격려사들, 고통을 완화시키는 진정제 같은 수많은 연설문, 쓸데없이 난무하는 약속의 말들만이 우리의 귀를 솔깃하게 만들고 있다. 놀라움 때문에 넋을 잃고 있던 우리는, 이런 말들을 들으면서 허무감이 주는 끔찍한 공포로부터 벗어나고, 나중에는 친숙한 장광설의 리듬에 맞춰 느긋하게 몸까지 흔들 수 있게 되었다는 사실에 안심하며 고마움마저 느낀다.

하지만 공식적인 기만 술책들이 내세워지고, 효과가 없다는 것을 이미 알고 있는 〈처방책〉들이 실시되는 동안, 이러한 가장행렬 뒤에서는 고통의 무게에 짓눌린 신음소리가 끊이지 않는다. 현실에서 느끼는 이 고통은, 여전히 가리워져 있는 진실한 〈역사〉가 엮어가는 시간 속에 각인되어 있다. 그리하여 우리의 의식은, 희생당한 대중들이 받고 있는 치유될 수 없는 고통 때문에 괴로워하다가, 다시 그 고통을 부인하다가, 다시 괴로워하고

경·제·석·공·포

부인하기를 끝없이 반복하고 있다.

그 어느곳에서나 〈실업〉은 영원히 존재하는 문제이다. 그러나 이 용어는 오늘날 그 진정한 의미를 잃어버렸다. 지금 이 말이 가리키고 있는 것은, 본래 지적하고자 하였던 것과는 전혀 다른 현상이다. 왜냐하면 예전에 우리가 말하던 실업이라는 현상은 이제 완전히 사라져 버렸기 때문이다. 실업에 대해 이야기하는 것을 들어 보면, 기만적이고 지키기 힘든 약속들이 거의 대부분이다. 그나마 그 공허한 약속들조차도 노동시장에 아슬아슬하게 남아 있는 재고품 같은 극소량의 일자리만을 보여 줄 수 있을 뿐이다. 그 퍼센티지라는 것은, 샐러리맨의 무리에서 제외된 수백만 명이라는 숫자에 비하면 참으로 가소롭기 짝이 없는 것이다. 게다가 지금과 같은 리듬으로 따라가다 보면, 그 비율은 수십 년 사이에 더욱더 하찮은 것이 되고 말 것이다. 그렇다면 지금의 사회와 실업자들, 그리고 〈고용시장〉은 어떤 상태에 놓여 있는가?

통계숫자를 참고해 볼 수도 있겠지만, 사실 통계는 단번에 25만 명에서 30만 명의 실업인구를 단축시킨 눈가림식 속임수를 쓰고 있다는 것을 알아야 한다. 한 달에 78시간 이하, 혹은 아무런 보장도 없이 2주일도 채 안 되는 시간밖에 일할 수 없는 자들의 리스트는 슬그머니 삭제하였던 것이다. 바로 이 점을 생각해야 한다! 통계숫자 속에 교묘하게 가리워진 사람들의 운명이 수정된 것이 아니라, 단지 계산법이 수정되었을 뿐이라는 사실을 대수롭지 않게 처리하였다는 점도 유의해야 한다. 이런 식

······경·제·적·공·포······

의 통계를 낼 수 있는 자들에게 중요한 것은 오직 숫자이다. 설령 그 숫자들이 실제 수치에도 일치하지 않고, 드러난 결과에도 들어맞지 않는다 할지라도, 그리고 단지 숫자 트릭에 지나지 않는다 할지라도 그들에게 중요한 것은 오직 숫자뿐이다! 정말 우스운 장난이 아닐 수 없다! 마치 몇 달 전, 승리를 외치며 거드름을 피우던 이전 정부가 하였던 농담처럼. 과연 그들의 말대로 실업인구가 감소하였던가? 분명코 아니다. 오히려 증가하였다. 하기야 지난해보다는 그 감소 속도가 줄어들기는 하였지만!

그러나 이처럼 아무 일도 없다는 듯이 국민들을 안심시키고 있는 동안, 문제의 그 수백만 명(숫자가 아니라 사람들임을 유의하자!)은 무한정한 시간 동안, 아마도 죽음의 순간까지 빈곤이나 혹은 빈곤이 바로 코앞까지 가져다 놓은 위협과 동행하지 않으면 안 된다. 뿐만 아니라 비를 피할 수 있는 집마저 빼앗기고, 사회의 관심조차 잃어버리고, 스스로를 배려할 여유마저 박탈당하는 참담한 상황과도 맞닥뜨려야 한다. 또한 망망대해에서 난파당한 사람처럼 불안한 아이덴티티에서 오는 페이소스를 겪어야 하며, 가장 부끄러운 감정인 수치감마저도 피할 수 없게 된다. 이는 자신이 충격적인 통계숫자 속의 하나에 지나지 않는다고 생각할 때, 스스로를 보잘것 없는 운명을 가진 자라고 믿게 되기 때문이다. 혹은 그렇게 믿어야 한다고 부추겨졌기 때문이다.

쉽게 안주하지 않기 위해, 혹은 나태에 빠져 안일해지지 않기 위해, 혹은 너무 빨리 안주하지 않기 위해 혼자서, 혹은 가족과

········경·제·적·공·포········

함께 이 엄청난 사회현상과 싸우고 있는 사람들이 얼마나 많은지 모른다. 특히 도시의 외곽에 거주하는 헤아릴 수 없이 많은 사람들은, 이런 상태 속으로 곤두박질할 것을 누구보다도 두려워하고 있는 자들이다. 그럴 위험이 가장 많은 자들이기 때문이다.

　기실 가장 두려운 것은 실업 그 자체가 아니라, 그 실업 뒤에 따라오는 고통이다. 그리고 많은 사람들에게 있어서 그 고통은, 〈실업〉이라는 용어가 정의하는 상황에 적응할 수 없는 데서 발생한다. 실업이라는 말은 더 이상 본래의 뜻을 지니고 있지 않다. 그럼에도 불구하고 그 말은, 일자리가 없는 자라는 신분을 나타내 주는 말이다. 오늘날 실업자가 겪는 현실적인 상황은 결코 이 말이 이전에 가리켰던 그 상황이 아니다. 하지만 사람들은 그 점은 전혀 고려하지 않은 채, 이미 파괴된 과거의 습관에 따라 실업자들을 판단하고, 실업문제를 해결하려 든다. 우리가 아직도 실업이라고 일컫고 있는 그 말이 내포하고 있는 실제 모습은, 이제까지 한번도 윤곽이 그려진 적이 없고, 정의된 일이 없으며, 따라서 한번도 고려되어 본 일이 없다. 사실 중요한 것은 〈실업〉과 〈실업자〉라는 용어가 가리키고 있는 것이 아니다. 이 문제가 가장 큰 걱정거리로 떠오른 것처럼 보일 때도, 실제의 상황은 언제나 은폐되어 있다는 바로 그 사실이 중요한 것이다.

　오늘날의 실업자는 단지 자기의 전공이라고 할 수 있는 몇몇 분야만을 목표로 하여 일자리를 찾고, 그 자리를 찾을 때까지만 일시적으로 사회생활에서 고립되는 존재가 아니다. 한번 실업

······· 경·제·적·공·포 ·······

자가 되고 나면, 그때부터 계속해서 전반적인 사회 내부에서 일어나는 대폭발과 같은 현상과 싸우지 않으면 안 된다. 그 폭발의 힘은 마치 거대한 해일이나, 태풍, 혹은 회오리바람과도 비교할 수 있을 정도인데, 이것은 어떤 특정인들에게만 휘몰아쳐 오는 것이 아니라 사회 전체를 휩쓸어 버리는 힘이다. 따라서 아무도 그 힘에 저항할 수 없다. 그렇기에 실업자는 우리가 노동이라고 부르는 것, 즉 〈고용〉이라는 제도가 머지 않아 폐지될 것이라고 보는 전세계적 이론을 온 몸으로 겪고 있는 셈이다.

우리의 관념 속에 내재되어 있는 실업의 의미와, 현실에서 겪고 있는 실제 상황 사이의 괴리는 너무나 엄청난 결과를 가져 왔다. 왜냐하면 사회문제·경제문제가 항상 노동에서 출발하여 이루어지는 교역의 지배를 받고 있다고 말들은 해도, 실제로 노동은 이미 뒤로 사라지고 없는 것이 우리의 현실임에도 불구하고 직업이 없는 사람들, 다시 말해 이미 사라진 노동의 희생자들은 직업이 넘쳐나던 바로 그 시대의 기준에 따라 취급, 판단되고 있기 때문이다. 따라서 그들은 직업을 박탈당하고, 사기당하고, 거짓 약속에 속았다는 것에 대해서 오히려 죄의식을 가지고 있다. 머지 않아 풍요로움을 되찾고, 뜻밖의 사고로 인해 잘못 벌어진 상황들을 곧 회복할 수 있으리라고 하였던 거짓 약속에 속았다는 사실에 대해서.

그 결과 엄청난 수의 사람들이 사회의 비정함 속에서 속수무책으로 소외되고 있다. 계속해서 숫자가 늘고 있는 이들, 〈직업을 요구하는 자〉들은 아이러니하게도 단지 그런 처지가 되었다

········경·제·적·공·포········

는 이유만으로 현대인의 전형이 되었다. 그러나 노동에서 제외된 이들조차도 자신들이 바로 현대인의 전형이라는 사실을 인정하려 들지 않는다. 사회의 가장 자연스러운 산물인 이들이 또한 사회와 가장 양립할 수 없는 자들이 된 것이다. 우리 사회는 그들이 스스로 사회의 하찮은 존재로 평가하고, 특히 스스로가 인간의 품위를 떨어뜨리는 자로서 비난받아 마땅하다고 생각하며, 지금의 상황에 스스로 책임을 지도록 몰아가고 있다. 결국 그들은 자신이 희생물이 된 이 상황에 대해 스스로를 책하고 있다. 또한 자신을 비난하는 자들의 시선으로 스스로를 평가하고 있다. 그들이 택한 이 시선은 그들을 유죄로 보고 있으며, 자신이 무능력하고, 실패할 소지가 많고, 의지도 없으며, 실수투성이인 자이기에 이런 비참한 상황까지 오게 된 것이 아닐까라고 스스로에게 되묻게 만든다. 이런 비난이 전혀 터무니 없는 것임에도 불구하고, 그들의 존재를 부인하게 만드는 사회 일반의 시선이 그들을 위협하며 다가오고 있다. 다른 사람들이 그들을 향해 비난하듯이, 그들도 비참한 삶, 위협받고 있는 삶을 살고 있다는 점 때문에 스스로를 비난한다. 따라서 그들의 삶은 인내의 한계를 넘어설 정도로 너무나 자주 〈목격당하고〉 있다.

  세상 사람들이 그들에게 던지는, 그리고 그들이 스스로에게 던지는 이런 비난의 눈초리는, 우리가 직면하고 있는 상황에 대한 몹시 그릇된 이해에서 온 것이며, 또한 낡아빠진 생각에 기초하고 있다. 이런 식의 사고방식은 이전에는 전혀 근거가 없는 것이었으며, 오늘날에 와서는 불필요한 많은 말들까지 수식되

·······경·제·적·공·포·······

어 더욱 부담스럽고 더욱 부조리한 것이 되었을 뿐만 아니라, 현재의 상황과 그 어떤 연관도 가지고 있지 않다. 결코 무죄하다고 할 수 없는 이 모든 사회적 현상이 그들로 하여금 수치심과 비하감을 갖도록 내몰고 있으며, 그로 인해 스스로 비굴한 태도를 갖게 만든다. 그리고 그들은 이런 치욕감 때문에, 낮은 자존감에서 오는 체념밖에는 다른 방식으로 반응한다는 것은 생각도 못하고 있다.

왜냐하면 수치심만큼 사람을 나약하게 만들고, 생각을 마비시키는 것은 없기 때문이다. 수치심이란, 그것 때문에 고통스러워하는 자들을 철저하게 변질시키며, 무기력하게 만들고, 누구에게나 어떤 상황에나 쉽게 지배당하게 하며, 결국은 희생물이 될 수밖에 없도록 궁지로 몰고 간다. 그렇기 때문에 권력자들이 그 점을 이용하고, 강요하려고 하는 것이다. 그들이 느끼는 치욕감 덕분에 권력층은 그 어떤 반대도 받지 않고 법을 만들 수 있으며, 또한 그 어떤 항의도 두려워하지 않고 거리낌 없이 법을 어길 수가 있는 것이다.

어쩔 수 없는 막다른 상황을 만들어서 어떤 저항도 하지 못하게 만들고, 진실을 포기하게 하며, 각성하여 상황을 직면하는 것을 처음부터 단념하게 하는 것이 다름아닌 바로 이 수치심인 것이다. 수치심은 굴욕감을 거부하고, 현재의 정책에 대하여 검토해 보려는 시도를 방해한다. 그리고 이런 체념의식을 악용하고, 체념의식이 만들어낸 지독한 공포심마저 철저히 이용하게 만드는 것 역시 수치심이다.

·······경·제·적·공·포·······

　수치심은 이익을 끌어낼 수 있는 아주 중요한 요소이기 때문에, 대중의 수치심이 증권가에서 아주 높이 평가되고 있음은 분명하다.
　또한 수치심은 그 감정이 유발시키는 고통, 혹은 그 감정을 불러일으킨 고통처럼 견고한 가치를 지니고 있다. 고통과 수치심의 밑바닥에 자리잡고 있는 그 어떤 것을 재건하고, 필요하다면 그것을 보호하기 위해 보호막까지 씌우겠다는 무의식적인, 즉 본능적인 집착은 그렇게 놀랄 만한 것이 아니다. 도대체 고통과 수치심의 밑바닥에 무엇이 있기에?
　그것은 바로 이미 실패해서 사라져 버린 제도에 대한 집착이다. 그 제도는 이미 없어졌지만 그것을 인위적으로 연장시키는 노력 때문에, 고도의 독재와 박해가 〈사회의 응집력〉을 보호하면서 은밀하게 이루어지고 있는 것이다.
　이 제도로부터, 이제까지 한번도 거론된 적이 없는 본질적인 질문이 제기된다. "살아갈 권리를 갖기 위해서는 살아남을 수 있는 〈자격〉이 필요한가?"라는 질문이 그것이다. 권력과 재산, 그리고 당연하다고 공인된 특권을 소유하고 있는 극히 적은 무리의 소수인들은 이미 자동적으로 이 권리를 가지고 있다. 그러나 인류의 나머지 사람들로 말하자면, 그들이 살아남을 〈자격〉을 갖기 위해서는 사회에, 그리고 그 사회를 지배하고 관리하는 경제구조에 〈유용한〉 자들임이 증명되어야 한다. 그 경제는 지금 어느때보다도 사업성, 즉 시장경제와 혼합되고 있다. 〈유용하다〉는 것은, 언제나 〈수익성이 있다〉는 것을 의미한다. 이익을

······경·제·적 공·포········

얻기에 유용하다는 뜻이다. 다시 말해서 〈이용할 만하다〉는 것이다. (〈착취하다〉라는 말은 저속한 표현일 테니까!)

이 자격은(삶에 대한 권리라고 하는 편이 나을 듯하다), 곧이어 노동을 해야 할 의무, 고용되어야 할 의무의 형태로 바뀐다. 그리고 그 의무는 이후로 시효를 상관치 않는 절대적인 권리가 되며, 그 권리가 없는 사람에게 있어서 사회적 제도는 거대한 암살기구가 되고 말 것이다.

하지만 살아갈 권리를 더 이상 행사할 수 없을 때, 그 권리에 다가갈 수 있게 해주는 의무를 수행하는 것이 금지되었을 때, 우리에게 강요된 것이 실행 불가능한 것이 되어 버렸을 때, 그 때는 〈살아갈 권리〉라는 것이 어떻게 되는 것일까?

오늘날 우리는 노동, 즉 고용으로 가는 통로가 영원히 막혀 있으며, 고용 자체가 일반인들의 무능력이나 몇몇 소수의 이익, 또는 인류 역사가 가지고 있는 의미에 의해서 소권을 상실하고 말았음을 잘 알고 있다. 그래서 이 모든 상황을 아예 운명의 탓으로 돌리고 있다. 그러나 절대적으로 결핍되어 있는 것을 강요하는 것이 도대체 정상적인 것일까? 아니 논리적이기라도 한 것일까? 존재하지도 않는 것을 생존에 필요한 필수조건으로 요구하는 것이 과연 합법적이긴 한 것일까?

그럼에도 불구하고 이 사회는 이 크나큰 오류가 영원히 존재하도록 만들려고 열심이다. 그래서 이미 지나가 버린 과거, 변질된 모델을 기준으로 삼으려고 고집하고 있으며, 존재하지도 않는 노동을 분배하겠다고 약속하며 계속 끌어 나가거나, 노동

········경·제·적·공·포········

의 대용품들을 만들어내는 등과 같은 경제·정치·사회적인 활동에다 공적인 의미를 부여하고자 애쓰고 있다. 또한 우리에게 막다른 골목이란 결코 없으며, 지금 겪고 있는 일련의 낭패스러운 상황들을 잘 견디어 건너가기만 하면 아무런 문제가 없다고 계속해서 주장하고 있다. 지금의 이 곤혹스러운 상황 때문에 화가 나는 것은 사실이지만, 그러나 이 상황은 언젠가는 회복할 수 있는 일시적인 현상일 뿐이라는 것이다.

이 얼마나 어이없는 기만인가! 지금과는 달리 노동 위에 기초하고 있던, 이제는 사라지고 없는 세계에 기념비를 세워 준다는 그 목적 하나 때문에 얼마나 많은 운명들이 무참히 살해당하였던가! 우리가 적(敵)이라고 믿으며 쓰러뜨리고자 하였던 대상이 실은 허구라는 사실 때문에, 그리고 우리가 축소하고자 애썼고, 또 억제할 수 있다고 믿었던 그 현상이 실은 허상에 불과하다는 사실 때문에 얼마나 많은 존재들이 희생당하였던가!

우리의 적들은 이미 모습을 감추어 버리고 말았건만, 우리는 얼마나 더 오랫동안 속고 있을 것이며, 우리가 선택하였던 통치자들을 우리의 유일한 적으로 여기는 일을 언제까지 계속할 것인가? 현재 겪고 있는 위험, 허구가 아닌 진짜 장애물 앞에서 우리는 여전히 눈을 감고 있어야 할 것인가? 우리가 탄 배는 이미 난파해 버렸는데도 우리는 아직도 그 사실을 인정하려 하지 않고, 살아날 방법을 시도하기보다는(물론 헛수고일 뿐이겠지만) 부서진 뱃전에 매달린 채 눈에 익어 친숙해진 배와 함께 떠내려가는 편을 택하고 있을 것인가?

· · · · · · · 경 · 제 · 적 · 공 · 포 · · · · · · ·

이처럼 이상하게도 우리는 습관적으로 옛제도를 따라가고 있다! 직업 부족 현상이 어떻게 손을 써볼 수도 없이 계속될 뿐만 아니라 점점 확산되어 가고 있는 이때, 수백만 명으로 집계된 실업자들에게 날마다 달마다, 공휴일을 제외하고 하루도 빠짐없이 몇 년 동안이건, 존재하지도 않는 이 노동을 〈매순간 그리고 영원토록〉 찾아다니라고 강요하는 것은 얼마나 우스꽝스러운, 혹은 한심한 일인지 모른다. 통계상으로 볼 때, 구직으로 향하는 일은 이미 꽉 막혀 있는데도 며칠, 몇 주일, 몇 달, 때로는 몇 년씩이나 계속해서 날마다, 달마다, 해마다 이력서를 들고 나서라고 강요하는 것이 어찌 우습고 한심한 일이 아니란 말인가?

매주, 매달, 매년 중 일할 수 있는 날들을 이런 식으로 보내며 구직의 가능성으로부터 점점 멀어져 가고 있는 것, 그것 자체가 어쩌면 하나의 일거리나 직업이 될 수 있다고 생각하기 때문일까? 그것이 아르바이트라든가 실습, 연수쯤이라도 된다고 생각하는 것일까? 과연 그것이 납득할 만한 삶의 모습이 될 수 있는 것일까? 아니면 합리적으로 시간을 보낼 수 있는 방법이라고 생각하는 것일까? 진정으로 권할 만한 하루 일과가 될 수

---

1) 〈노동의 세계로의 참여〉, 〈기업이라는 대성당에 입장하기 위한 접근〉 등을 연기하는 이같은 코메디극에, 미래를 위한 계획이라든가 교육 같은 것이 과연 존재할 것인가? 이러한 코메디극은 몇몇 RMI 수혜자들과 젊은이들에게 저임금의 애매한 일자리를 강요함으로써, 정부가 악몽으로 생각하고 있는 통계수치에서 한동안 제외되도록 해주는 역할만 할 뿐이다.

·······경·제·적·공·포········

있을까?[1]

 그것은 오히려 노동이라는 의식이 영원하리라는 사실을 증명해 주고, 사람들이 그 의식에 얼마나 관심을 갖고 있는지를 확신케 해주는 한 예라고 생각된다. 노동을 필요로 하는 사람들이, 한 줄기 희미한 희망을 가지고 국립직업소개소(ANPE)의 창구 앞에서 긴 대열을 이루고 있는 모습을 보라! 소개서를 들이미는 창구 뒤에는 가상의 일자리들이 차곡차곡 쌓여 가지만, 그 일자리들은 이상하게 빗나간 일시적인 것들이다. 결국 노동의 소멸이 가져다 주는 구직난만 여전할 뿐이다……
 어쩌면 이런 모습은, 〈직업을 요구하는 자들〉에게 계속적으로 그들의 바람을 거부하고 거절함으로써 자신의 무가치성을 깨닫게 해주려고 만들어진 각본이 아닐까? 대중들에게 자신이 참패한 존재라는 이미지를 주입시키고, 그들이 자신의 잘못으로 인해 벌을 받아야 한다는 생각(그것은 잘못된 생각이다)을 갖도록 의도적으로 연출된 장면이 아닐까? 그들이 죄를 고하는 모습을 구경거리가 되게 만들고, 계속해서 그들을 그 고해성사라는 행위에 매달려 있게 하려는 의도가 아닐까? 하지만 그들이 누구란 말인가? 그들이야말로 사회 전반에 걸친 잘못, 혹은 몇몇 사람의 그릇된 결정, 그리고 그들을 포함한 모든 사람들의 눈먼 행동에 대해 톡톡히 대가를 치르고 있는 자들이 아닌가?
 궁지에 몰려 결박당한 채로 계속해서 난타당하고 있는 수많은 사람들이, 우리 사회의 바로 옆에 자리하고 있으면서도 실제로는 사회로부터 철저하게 분리되고 있다. 모든 것을 빼앗긴 자

······ 경·제·적·공·포 ······

들과 그렇지 않은 자들 사이를 가로막고 있는 유리창이 날이 갈수록 점점 더 탁해져서, 마침내 불투명한 유리로 변해 가고 있기 때문이다. 그래서 모든 것을 빼앗긴 자들의 모습은 자꾸만 더 희미해져 가고 있다. 반대편에 있는 사람들은 그들의 모습이 점점 더 희미해져서, 마침내 이 사회로부터 완전히 사라져 버려 보이지 않게 되기를 꿈꾸기 때문에, 그들을 아예 밖으로 내쫓긴 자들이라고 말한다.

그러나 그런 바람과는 달리 그들은 철저하게 안에 갇힌 자들로서 사회 속에 감금당하고, 빗장까지 꼭 채워져서 절대로 밖으로 나올 수 없게 된 자들이다! 그들은 사회 속에 빨려 들어가 삼켜졌으며, 지금 있는 곳으로 끌려와 영원히 유배되었으며, 옮겨온 이곳에서까지 거부당하고 굴복당하였으며, 그리하여 참패한 자들이다.

그렇지만 그들은 여전히 다른 사람들을 너무나 곤혹스럽게 만들고 있다. 주위의 사람들을 불편하게 만드는 자들! 결코 한 번도 완전히 밖으로 내쫓긴 일이 없는 자들! 쫓겨서 밖으로 나간 것이 아니라 오히려 안에 꽉 틀어박힌, 너무나 꽉 박혀 있는 자들. 그러고도 그 존재를 부인당하고 있는 자들.

노예의 신분이란 노예제도에 의해서만 주어지는 것이므로, 우리 사회 어디에도 노예들로 구성된 사회가 따로 존재하는 것은 아니다. 하지만 〈모든 것을 빼앗긴 자〉들의 노동력이 넘쳐나고 있는 오늘날에야 굳이 노예 걱정을 할 필요가 있을까! 그러나 이런 즐거움에 앞서 메아리처럼 되풀이되고 있는 문제가 하나

·······경·제·적·공·포·······

있다. 평소 우리 모두가 듣는 것조차 두려워하고 있는 문제로서, 그것은 곧 수익성을 올리는 데 이용할 만한 가치가 없는 자들이라면, 그 삶이 과연 우리 사회에 〈유용〉할까라는 질문이다.
 범죄를 예고하는 그림자, 범죄의 흔적이 새어 들어올 수 있는 곳이 아마 이런 부분일 것이다.
 명철하고 복잡할 정도로 세련된 우리 사회는, 〈국민〉들을 인도하여 혼미함과 불안함의 극치에 이르게 하였으며, 그리하여 죽음의 경계선까지, 때로는 그 너머로까지 몰고 가기도 하였다.
 그렇지만 사회가 이렇게 만든 〈국민〉들은, 감히 그렇게 해도 좋을 만큼 하찮은 존재들이 결코 아니다! 그들로 하여금 일자리가 있는 곳이라면 어디든지 찾아 헤매게 하고, 어떤 값을 치르고라도(아무리 적은 보수일지라도) 무슨 일자리든 얻고 말겠다는 생각으로 구걸하게 만드는 일, 그것 또한 대수롭지 않게 넘어갈 일이 아니다! 그러나 대부분의 경우 그들은 하잘것 없는 일자리 앞에서 무릎을 꿇게 된다. 이들이 온 몸과 마음을 다 바쳐 일자리를 부탁하는 헛수고에 전념하게 되는 것은, 그렇게 하는 것이 당연하다고 보는 견해가 일반적이기 때문이다.
 경제력, 즉 권력을 소유하고 있는 자들 편에서 보자면, 어제까지만 해도 논쟁과 반박과 투쟁을 일삼고, 분쟁을 일으키던 선동가들을 하루 아침에 지배하려는 일 역시 만만한 일은 아닐 것이다. 예전에는 그저 투덜대고 불평할 정도의 대수로운 것이었으나, 오늘날에 와서는 마치 성배(聖杯)와도 같이 중요한 것으로 인정되었기에, 그것을 얻기 위해서 애걸하는 모습을 보는 것이 그들에게는 꽤 즐거운 일이 될 수도 있겠지만……. 그래도 봉급과 봉급을 받을 수 있는 직장을 빼앗긴 채, 그나마 현재 가지고 있는 너무나 귀하고 소중한 것들이 언제라도 쉽게 사라질 수 있는 것들이기에, 그것마저 잃게 될까 노심초사하고 있는 자들의 무리, 구멍이 숭숭 뚫려 있어서 누구라도 쉽게 빠져 버릴 수 있는 〈비참한 자들〉의 무리 속에 나 자신도 언제 끼어들지 모른다는 초조한 생각에서 손가락 하나 까딱 못하고 숨죽이고 있는 자들, 그들을 마음대로 주무른다는 것이 그렇게 손쉬운 일만은 아닐 것이다.

우리의 노동시장은 점차 가상의 것이 되어가고 있으며, 마치 주인공이 소망을 이룰 때마다 그 크기가 점점 줄어드는 〈신비로운 도톨가죽〉(La Peau de chagrin. 발자크의 소설에서 유래)처럼 점점 축소되고 있다. 바로 그런 시장에 이 땅의 남녀들이 의존하고 있으며, 그들의 삶이 달려 있는 것이다. 그러나 반대로 노동시장은 결코 그들의 삶에 좌우되는 법이 없다. 그 불안정하기 짝이 없는 노동시장에서 그들이 어떻게 택함을 입고, 어떻게 버림을 받는지 한 번 눈길을 돌려볼 필요가 있다.

그들을 선택해 가는 일은 점점 드물어지고 있다. 그리고 앞으로는 얼마나 더 드물어질지 주목해 보자. 그래서 그들이, 특히 젊은이들이 끝없는 공허감 속에서 어떻게 근근히 살아가고 있는지, 그리고 이처럼 인간의 품위를 떨어뜨리는 삶을 산다는 것 때문에 그들을 향해 사회가 얼마나 증오감을 갖고 있는지를 한 번 주시해 보자. 그리하여 그들이 얼마나 삶으로부터 학대를 받

······경·제·적·공·포······

고 있는지, 또한 그렇게 되도록 사회가 어떻게 한몫 하여 그들의 삶을 더욱 어렵게 만들어가고 있는지를 지켜보도록 하자. 인간을 이용하려는 불행보다 더 끔찍한 것이 있는데, 그것은 바로 이용당할 기회마저 상실하였다는 사실이다. 특히 그 점을 눈여겨보도록 하자.

이러한 것들을 보노라면 이용되지 않고, 이용될 만하지도 않고, 전혀 이용할 필요가 없는, 이용한다는 것 자체가 쓸데없는 그러한 대중들이 몹시 두려워 떨고 있다는 사실을 어떻게 모를 수가 있는가?

그래서 "수익성을 올리는 데 이용할 만한 가치가 없는 자들의 삶도 과연 〈유용〉할까?"라는 질문이 되풀이되는 것이다. 그런데 이 질문 또한 "살아갈 권리를 갖기 위해서는 살아남을 수 있는 〈자격〉이 필요한가?"라는 질문의 반향이다. 이 질문에서는 뭔가 두려움이 새어 나온다. 걷잡을 수 없이 확산되어서 정당화된 이 공포는 쓸모없는 잉여 존재라고 인정된 수많은 인간들을 보지 않으면 안 된다는 데서 오는 공포이다. 열등한 존재나 버림받은 존재가 아니라, 〈쓸모없는 잉여 존재〉라고 평가된 사람들. 그래서 해로운 존재로 낙인찍힌 사람들······.

이런 판정이 벌써 입 밖으로 나와진 것은 아니다. 말로 내뱉아진 적도 없고, 아마 의식적으로 생각되어 본 일도 없을 것이다. 우리는 민주주의 사회 속에서 살고 있지 않은가!

국민 전체를 생각할 때, 이런 존재들 전체는 아직까지는 실질적인 이익을 얻을 수 있는 대상이다. 그 이익은, 비록 생존자들

· · · · · · · 경 · 제 · 적 · 공 · 포 · · · · · · ·

에 대한 무관심이 형성되어 증가하고 있기는 하지만, 그래도 이
런저런 정서적인 측면과 전국민의 문화에 연결되어 있는 이익이
다. 그리고 또 하나 우리가 잊어서는 안 될 것이 있는데, 이 전
체는 선거권을 가진 자들이기도 하며, 더욱이 다른 종류의 〈이
익〉을 발생시키는 소비자층을 이루고 있다는 점이다. 뿐만 아니
라 이 전체는, 으레 들먹여지는 관습적인 문제가 되어 버린 〈노
동〉과 〈실업〉문제로 정치가들이 몰려들게 하고 있으며, 그들로
하여금 잘못된 문제들, 적어도 잘못 제기된 문제들을 버젓이 공
식화하게 만들고, 그런가 하면 증명된 모든 사실을 엄폐하게 하
며, 인위적으로 조작된 질문들에 대해서 짧은 임기내에 여전히
빈약한 판박이 같은 대답만 하게 만들기도 한다. 그렇다고 이런
정치가들에게, 부분적이고 엉성한 해결책이나마 제시하는 의무
마저 면제해 주어야 한다는 뜻은 아니다. (절대로 그래서는 안
된다!) 하지만 정치가들은 어설픈 뜯어맞추기식의 방법을 써서
여전히 이제까지의 제도들을 유지하고 있으며, 그 제도들이 제
대로는 아니라도 어쨌든 작동하는 것처럼 보이게 하려고, 또 그
자체가 이미 구시대의 유물이 되어 버린 계급제도와 권력투쟁
의 제도를 연장시키려고 무진 애를 쓰고 있다.

 이 습관적인 제도들을 오랫동안 사용해 온 경험 때문에, 오늘
날 우리는 그 제도들을 잘 다룰 수 있다는 착각에 빠져 있다.
그리고 그 제도에는 아무런 하자가 없다고 믿고 있을 뿐만 아
니라, 휴머니즘적인 흔적마저 남겨 놓으려 하며, 더욱이 방책이
라도 치듯 합법성이라는 이름으로 제도를 둘러싸고 있다. 물론

······· 경·제·적·공·포 ·······

우리는 민주주의 사회에서 살고 있다. 하지만 지금 우리의 입에서는 그 민주주의 사회를 위협하는 낱말이 막 새어 나오려 한다. 아니 어쩌면 나지막하게 중얼거리는 소리를 이미 들었는지도 모르겠다. 〈잉여 존재〉라는 그 낱말을.

그러나 만일 우리가 더 이상 민주주의 사회에 살지 않게 된다면? 그렇게 되면 잉여의 존재들이 〈넘쳐나고〉(점점 더 증가하기만 할 뿐이다) 있다는 사실이 아예 공공연히 드러날 위험이 있지 않을까? 〈말로 표명되고〉, 그리하여 인정되어질 위험이 있지 않을까? 만일 〈살아갈 권리〉와, 오늘날 그 어느때보다도 이 권리를 지배하고 있는 〈살아남을 수 있는 자격〉, 이 두 가지가 독재체제에 의해 관리된다면 그 〈자격〉이라는 것은 과연 어떻게 될 것인가?

공포 앞에는 불가능한 것이 없고, 인간의 결정에는 한계가 없다는 사실을 우리는 이제 너무도 잘 알고 있다. 또한 모른다고 주장할 수도 없게 되었다. 이용에서 제명으로, 제명에서 제거로, 제거에서 다시 전에 없던 지독한 착취로 옮겨가는 것, 그것이 바로 우리가 미처 생각지 못했던 예정된 시나리오가 아니었을까? 인간에게 여전히 잠재되어 있는 야만성과 가장 잘 결합되는 것이, 다름아닌 대다수인들의 평온함이라는 사실을 우리는 경험으로 잘 알고 있다. 이 대다수인들은 가장 위험한 것을 주위의 안일함과 그럴듯하게 혼합시키는 법을 아주 잘 알고 있는 자들인 것이다.

가상의 것이든 아니든간에 하여튼 어떤 위험에 직면해 있는

· · · · · · 경·제·적·공·포 · · · · · · ·

  우리에게 뚜렷이 보이는 사실이 하나 있는데, 그것은 노동에 근거하고 있는 이 제도가 마치 성채처럼 견고해 보인다는 점이다. 실제로는 노동이 그림자에 불과한 것인데도……. 바로 이 점이, 이제는 더 이상 통용되지 않는 낡은 제도의 규범에 집착하고 있는 우리의 퇴행 성향을 이해할 수 있게 해준다. 하지만 이 제도는 아무리 살펴보고 두드려 보아도 낡아빠진 기초 위에 세워져 있을 뿐이다. 그리고 그 낡은 기초는 이제 여기저기에 구멍이 뚫려 있어서, 그 사이로 과거 그 어느때보다 더 많은 악과 폭력이 새어 들어오고 있다.

  이 습관적인 제도들은 겉보기에는 위험 요소들을 완화시키고, 그것이 다가서는 것을 지연시킬 수 있을 것처럼 보이지만, 실은 헛된 결과만 가져올 뿐이며, 내가 일전에 언급한 〈고요함의 폭력〉[2] 속에 우리가 잠들어 있게 만든다. 가장 위험스러운 것은 바로 그것이다. 우리가 잠들어 있는 동안, 다른 사람들이 아무런 장애물도 없이 마음껏 세력을 휘두를 수 있기 때문이다. 고요함의 폭력은 끔찍하도록 오랜 세월 동안 은밀하게 계속되어 온 불법의 구속에서 나온다.

  〈개인의 고요함, 사회의 고요함〉은 오래 전부터 밖으로 드러나지 않고 존재하였던 강제력과, 지금에 와서는 더 이상 훈련이 필요 없을 만큼 우리 사회에 이미 잘 동화된 폭력에 의해서 조금씩 자리잡게 되었다. 이 힘은 우리에게 드러나지 않으면서도

---

2) Viviane Forrester, *La Violence du calme*, Seuil, 1980.

· · · · · · · 경·제·적·공·포 · · · · · · ·

우리를 복종시키는 힘이다. 겉으로 드러나는 것이라곤 오직 우리가 태어나기 전부터 있었던 고요함뿐이다. 자신이 만들어낸 고요함 속에 몸을 숨긴 채 웅크리고 있는 이 폭력은, 아무도 감지할 수 없도록 은밀히 계속되며 행동하고 있다. 그리고 자신이 만들어낸 스캔들이 드러나지 않도록 감시하는 한편, 다른 한쪽에서는 더 많은 스캔들을 만들어내고 있으며, 결국에 가서는 우리들이 이에 대해 아예 체념해 버리도록 유도하고 있다. 그리하여 우리가 무엇을 체념했는지조차 알지 못한다. 애석하게도 우리의 체념은 망각이라는 것과 기막힌 협상을 체결하였던 것이다!

바로 이 폭력에 맞설 수 있는 무기로는, 증명된 사실의 객관성과 정확성밖에는 없다. 좀더 화려하게 보이는 비평이라는 무기는 이들보다는 불완전하다. 왜냐하면 비평은 그 경기규칙을 고려하지 않을 수 없고, 비록 장애가 되더라도 그 규칙을 따라야 하기 때문이다. 그런데 알고 보면, 열기로 가득한 전세계적인 이 대규모의 경기는 〈실패로 돌아가야 한다〉는 것이 바로 키워드이다. 목적이 무엇인지, 어떤 모습으로 펼쳐질지, 혹은 누가 주최하는지도 모르고 있는 이 경기 뒤에서 또 다른 진짜 경기가 펼쳐지고 있기 때문이다.

그러나 우리는 이 확실한 사실에 대해서, 문제가 있다는 것조차 충분히 의심해 볼 수 없으며, 심지어 문제에 사용된 용어조차도 문제삼아 볼 수 없다. 특히 〈노동〉·〈실업〉의 개념들을 포함한 문제들일 경우에는 더욱 그러하다. 이런 문제에 대해서 정치인들은 늘상 듣는 단조로운 노랫가락만 읊조리고 있으며, 날

······경·제·적 공·포········

림식의 쓸모없는 해결책들만 내놓고 있는데, 그들 자신도 이 해결책들이 아무런 효력이 없으며, 이미 쌓여 있는 불행을 도려내지 못한다는 것, 그리고 심지어 그럴 목표도 가지고 있지 않다는 것을 누구보다도 잘 알고 있다.

그 중요한 한 가지 예가 여기 있다. 즉 노동의 문제들을 분석하고, 이를 통해 실업의 문제를 분석한다는 텍스트나 연설문 들이 사실은 이 두 가지 문제의 기초이자 모태가 되는 이익에 대해서만 다루고 있다는 점이다. 그러나 한 마디도 드러내 놓고 언급하는 법은 없다. 왜냐하면 이익이 실질적인 명령자이긴 하지만, 그러나 그 사실은 철저히 비밀로 유지되고 있기 때문이다. 애초부터 아주 분명하게 그 점을 전제로 하고 있던 이익은 끈질기게 침묵을 고수한다. 모든 것이 이익에 따라 조직되고, 예측되며, 이익을 위해 피할 것은 피하고 부추길 것은 부추기도록 되어 있다는 것을 생각하면, 이익이라는 것은 결코 무시할 수 없는 것으로 보인다.

이익은 이미 우리 삶의 의미와 완전히 결합하여 하나가 되다시피 하였기에, 이제 우리는 이익과 삶의 의미를 구분해서 생각하는 것조차 불가능하게 되어 버렸다. 그리하여 이익 추구의 행위가 모든 사람들이 보는 앞에서 버젓이 기능을 발휘하고 있는데도 아무도 이를 알아차리지 못하며, 도처에 퍼져서 활발하게 움직이고 있는데도 한번도 입에 오르내린 적이 없다. 단지 모든 인류에게 그 혜택을 주고, 일자리라는 보물을 내포하고 있다고 보는 〈부(富)의 창조〉라는 수줍은 용어 형태로만 겨우 입에 오

· · · · · · · 경 · 제 · 적 · 공 · 포 · · · · · · ·

르내릴 뿐이다.
 이 부에 손을 대는 것은, 그래서 범죄행위가 된다. 어떻게 해서라도 그 부는 보존되어야 하며, 그것을 놓고 토론을 벌여서도 안 된다. 그리고 그것이 항상 소수의 사람들에게만 이익을 가져다 준다는 사실은 아예 잊고 살아야 한다. 혹은 잊어버린 것처럼 행동하여야 한다. 그 소수의 사람들은 날마다 점점 더 강력해지며, (자신에게 돌아오는) 그 이익을 유일한 논리로, 존재의 본질로, 문명의 주축으로, 민주주의를 보증하는 확실한 담보물로, 모든 변화의 원동력으로, 모든 유통구조의 든든한 중심으로 여기라고 강요한다. 비록 보고 듣고 만질 수는 없는 것이지만, 실제 우리의 모든 활동을 움직이는 원동력이라는 것이다.
 그러므로 일종의 빅뱅처럼 원초적인 이 이익이라는 것은 특권과 아주 잘 어울리는 요소이다. 빈민 주택단지와 같은 다른 구역들의 문제를 생각하는 것은 일단 사업 파트, 즉 시장경제의 몫을 확실하게 챙길 수 있다는 사실이 보장된 후의 일이다. 우선은 이익을 생각하는 것이 먼저이기 때문이다. 그 후에야 비로소 이익의 규모에 따라 모든 것이 결정될 수 있다. 그처럼 자주 들먹거려지는 〈부의 창조〉를 위해 쓸 것을 다 쓰고 나서, 그 남은 부스러기를 가지고 이럭저럭 꾸려가는 것은 차후에 생각해 볼 문제이다. 그렇기에 〈부의 창조〉가 없이는 아무것도 있을 수 없으며, 그것이 없으면 지금의 그 부스러기조차 점점 줄어들어 그나마 남아 있는 얼마 안 되는 일자리, 돈을 벌 수 있는 근거조차 아예, 혹은 거의 없어질 것이라고들 이야기하는 것이다.

· · · · · · · 경 · 제 · 적 · 공 · 포 · · · · · · ·

내가 어렸을 때 우리집 유모 아줌마는 "오 하나님! 황금알을 낳는 암탉을 죽이지 않도록 보호해 주세요!"라는 말을 자주 하면서, 그때마다 부자와 빈민이 함께 존재해야 할 필요성에 대한 이야기로 끌어가곤 하였다. "잘 사는 사람들이 늘 있어야 해. 그들이 없으면, 가난한 사람들이 어떻게 살아가겠니?"라고. 베파 아줌마야말로 진정한 정치가이며 위대한 철학자가 아닌가! 아줌마는 모든 것을 이해하고 있었던 것이다.

그 증거로서, 우리는 지금도 정치가들이 하는 말을 듣고는 있지만, 이들이 아첨을 섞어 꾸며내고 있는 그 거짓말이 우리 귀에는 하나도 들어오지 않는다. 그만큼 그들이 자신들의 신조를 주입시켜 전세계의 대중들을 무감각하게 만들었기 때문이다. 그러니 그들의 길고긴 선전활동으로 인해, 비록 정복당하지는 않았다 하더라도 적어도 이미 무장해제가 되어 버린 이들을 굳이 설득하려고 에너지를 낭비할 필요가 있겠는가?

그들의 선전활동은 과연 효력이 있었다. 그러나 대중들의 속성을 정확히 판단하여 우회시키고 독점해 버리고 복종시키기 위한 선전활동을 위해 사용된 긍정적이고 매혹적인 수많은 용어들, 그것은 결코 하찮게 생각할 만한 것들이 아니다. 자유시장이라는 말을 다시 한 번 생각해 보자. 이것은 결국 이익을 만들기에 자유로운 시장이라는 말인가! 사회사업계획안이라는 말은 어떤가? 사회사업이란? 수많은 남녀들을 일자리로부터 쫓아내서 살아갈 방법을 빼앗고, 더 나아가 보금자리마저 빼앗는 것을 말하는가! 국민의 복된 생활을 추구하는 복지국가라고 하면서, 비인간적일 정도로 명백히 부당한 처사를 개선하는 데마저도 매우 소극적인 태도를 보여 주고 있는 것은 도대체 어찌된 일인가! 그밖에도 다른 많은 표현들이 있지만 〈구제민〉이라는 용어를 예로 하나만 더 들어 보면, 그들은 자신의 처지로 인해 모욕을 받지 않으면 안 되는 자들이고, 실제로 그런 대우를 받고 있다. 그런 자들이 과연 요람에서 무덤까지 〈구제〉를 받고 있는 사람들인가!

그런데도 이런 상황이 대수롭지 않은가?

우리는 지금 몇 가지 단어의 의미가 사라져 버린 것조차 모르고 있다. 〈노동〉이나 〈실업〉에 관련된 단어들이 본래의 의미를 잃은 채 다른 의미로 굳어진 것은, 사라진 옛제도가 아직 한동안은 〈사회의 응집력〉을 보존할 힘을 가지고 있는 까닭에(실은 사회의 응집력이 〈깨어져 가고〉 있지만), 이런 단어들이 지니고 있는 위압적이고 성스러운 성격을 빌어 이 제도의 잔재물을 보존하기 위함이다. 이렇게 하여 우리의 언어는 점점 더 풍성해져 간다!

이와는 반대로 폐용이라는 매력 속에 빠져들어 더 이상 모습을 드러내지 않는 단어들도 수없이 많다! 우선 〈이익〉이라는 용어가 그러하고, 〈프롤레타리아〉·〈자본주의〉·〈착취〉라는 용어들이 그러하다. 그리고 투쟁에 무감각해진 계층이라고 말할 때의 〈투쟁〉과 〈계층〉이라는 단어들도 마찬가지이다! 이같이 고풍스러운 어휘를 사용하는 것은 "나는 영웅주의에 빠진 사람이오"라고 선전하고 다니는 것과 다름없으리라. 그러니 들소사

· · · · · · · 경·제·적·공·포 · · · · · · ·

낭이 한창이던 중세와 다름없는 구시대에나 통하던 어휘를 사용하면서, 세상 물정 모르는 멍청이처럼 보이고 싶은 사람이 누가 있겠는가! 분노 때문이 아니라, 놀라움과 연민 때문에 눈썹을 치켜뜨고는 "관심이 있으실지 모르겠지만…… 혹시, 베를린 장벽이 무너진 것을 알고 계십니까? 안다구요? 그럼 그동안 소비에트 공화국을 어떻게 생각하고 계셨죠? 스탈린은요? 자유라는 것은 어떻게 생각하시나요? 자유시장은? ……"하고 묻는 촌뜨기가 되고 싶은 사람이 어디 있겠는가? 감탄스러울 정도로 시대에 뒤떨어져도 한참 뒤떨어진 이런 표현들을 들으면, 누구라도 그저 기가 막히다는 듯한 미소를 띨 수밖에 없을 것이다.

그러나 이런 질문들이 담고 있는 내용은, 블랙 리스트에 올라가 사용 금지된 용어들을 요구하고 있다. 이런 용어들이 없으면, 이 단어들이 의미하는 내용, 즉 표현되지도 언급되지도 못한 그 내용은 완전히 사라져 버릴 수밖에 없을 것이다. 이런 용어들이 거세되어 버린 언어를 사용해서 어떻게 역사를 이야기할 수 있을까? 역사가 무엇인가? 바로 이런 용어들이 담고 있는 내용으로 채워진 채 묵묵히 그것을 싣고 가야 하는 것이 바로 역사가 아니던가?

독재적 성격을 지닌 거대한 기업이 사용하였던 단어들이기 때문에 우리에게는 그 사용이 금지된 것일까? 그리하여 그 단어들은 본래의 의미를 잃어버리게 된 것일까? 독재적 권력을 가진 사람들이 멋대로 그 말을 사용하였다는 사실에 영향을 받아서, 우리도 지금 우리 마음대로 그 말의 사용을 포기한 것인

······경·제·적·공·포········

가? 사용이 금지된 용어들이 어디 권위나 기구를 설명하는 것들뿐이겠는가? 스탈린주의라는 단어를 쓰지 않는다고 해서, 그때부터 스탈린주의 자체도 완전히 뿌리 뽑힐 것인가? 단어가 본래의 뜻을 잃고 침묵하게 강요하는 것, 그것이 바로 스탈린주의가 여전히 살아 있다는 모순을 보여 주는 것이 아닐까?

우리의 무언의 태도로 인해 언어가 침묵하고 사라지도록 내버려둘 것인가? 사용되지 못하는 단어들이 우리의 사고력을 훼손시키고 마는데도? 정치가들의 말 속에, 꼭 전달되어야 할 의미를 지닌 단어들이 빠져 있게 되면 그 말을 제대로 분석할 수도 없고, 진지하게 사고(思考)를 해볼 수도 없음은 분명한 사실이다. 더 나아가서 미처 언급되지도 못한 내용에 대해 반론을 제기한다는 것도 있을 수 없는 일이다. 단지 언급되지 못하였을 뿐이지 실제로는 분명히 존재하고 있는 문제이건만······.

사고의 도구로서, 문제의 진상을 표현할 수 있는 어휘가 그 기능을 제대로 발휘하지 못하고 또한 본래의 의미를 갖지 못한다면, 그리하여 웃음거리가 될 위험이 있다면, 현상황에 대해 엄격하게 증명된 사실을 통해 비참하고 모독받는 삶으로부터 구해 주고자 하는 그 〈빼앗긴 자들〉에게 어떤 무기, 어떤 동료들이 남아 있을 수 있겠는가?

이처럼 귀중한 단어들을 잊어버리고 있다니! 우리는 어쩌다 단순한 것밖에 기억하지 못하는 지금과 같은 기억상실증, 혹은 건망증 속에서 살게 된 것일까?

오늘날 이 땅 위에는, 한편에는 무능력하기 짝이 없는 사람들

······경·제·적·공·포······

이 존재하고 있고, 다른 한편에는 그들을 혹독하게 지배하는 자들이 존재하고 있다. 어쩌다 이렇게 되었는가? 무능력한 자들은 상대방의 지배를 당연하게 여기고, 지배자들은 상대방의 무능력을 확신한다. 어째서 이렇게 되었을까? 어째서 두 무리 사이에 이같은 갈등이 생기게 되었을까? 이들 사이에 어떤 투쟁이 있는 것도 아니다. 단 하나 있다면, 시장경제에서 서로 조금이라도 더 자신의 영역을 넓히려는 암투가 있을 뿐이다. 물론 결과는 뻔한 것이지만……. 시장경제는 지금 절대적인 권력을 가지고 있어서, 그가 가지고 있는 몇 가지 논리 앞에는 다른 어떤 논리도 대항하고 나설 수 없다. 더욱이 그 논리들은, 우리가 역사를 바라보는 그 시점에서의 사물의 현상태만이 그 사물의 본래 상태라고 생각하고 있다.

　빼앗기는 것 외에 다른 어떤 것도 할 수 없는 자들에게는 의지할 것이라곤 하나도 남아 있지 않다. 그런 그들에게 이제까지와는 아주 다른 말들이 귓전을 때리고 있다. 독재적인, 그래서 공포감을 주는 말들……. 바로 그 어느때보다도 확고하고, 공식적이고, 장엄한 오메氏〔플로베르의 《보바리 부인》에 등장하는 인물. 시골의 약사로서 볼테르의 반교권주의를 신봉하고 과학을 열망한다. 완전히 개인주의적인 전형적 인물로서 그 또한 소부르주아를 상징하는데, 플로베르도 이 작품에서 소부르주아의 〈일반적으로 공인된 사상〉을 통렬히 비난한다〕의 말들이다. 계속되는 그의 독백……. 그리고 그 말 속에 내포되어 있는 무서운 독성…….지금 우리 주위에는 그런 말들만이 무성하게 떠돌고 있다.

·······경·제·적·공·포·······

　이제까지 오메氏의 주장에 반론을 펴거나 응수를 한 사람은 아무도 없었다. 오메氏가 완전치도 못한 언어를 사용하여 혼자서 독백하고 혼자서 승리의 개가를 부르는 동안, 우리는 그의 옆에서 다른 단역들 틈에 끼어 코러스를 부르고 있다는 사실조차 깨닫지 못하고 있었으며, 중요한 배역을 맡은 진짜 배우들의 대부분은 우리도 모르는 사이에 시나리오를 들고 사라져 버리고 말았다. 그럼에도 우리는 마치 그들이 우리 앞에 있는 것처럼, 그리고 우리 사회의 계급제도 안에서 우리와 동류의 사람들인 것처럼 그들에 대해, 노동과 노동의 부재에 대해서 이야기하고 있다. 아직 우리들 곁에 남아 있었다면, 그들은 그 계급제도

······경·제·적·공·포······

의 맨 꼭대기에 있었을 사람들인데…….

그러나 그렇지 않다. 절대로 그렇지 않을 것이다!

노동이 지배하는 영역은 경제 영역과 함께 이미 우리들 곁을 떠나 점점 멀어지고 있기 때문이다. 지금 겨우 보일 듯 말 듯한 이 두 영역은 앞으로 점점 더 감지하기 어려워질 것이다. 이미 우리의 손이 미치지 못하는 곳으로 벗어난 것이 아니라면 조만간 그렇게 될 것이고, 마침내는 더 이상 보이지 않게 될 것이다. 그런데도 우리는 여전히 이 똑같은 무대 위에서 제자리걸음만 하고 있다.

이는 우리의 눈에는 노동이 아직도 산업시대와, 부동산 차원의 자본주의에 연결되어 있는 것처럼 보이기 때문이다. 그 시대는 자본가들이 모두가 다 알고 있는 담보물들을 노출시키고 있던 시대였다. 그들의 자산인 공장·부지·제조소·광산·은행·빌딩 등은 우리 주위에 존재하고 있었기에 누구든지 볼 수 있었고, 토지대장에도 기록되어 있었기에 언제든지 확인해 볼 수 있었다. 그때는 부동산의 면적을 측정하고, 부지의 가치를 판단하고, 가격을 계산하는 것이 가능하였던 시대였다. 그런데 우리는 아직도 그런 시대에 살고 있다고 믿고 있는 것이다. 그 시대에는 재산은 금고 안에 넣어져 자물쇠로 채워져 있었고, 교역은 확인이 가능한 유통을 통해서 이루어졌다. 기업주(패트론)들은 신원이 분명한 사람들이었으며, 중역·직원·노동자 들은 한 장소에서 다른 장소로 위치를 바꿀 때면 도중에 서로 마주치는 경우도 있었다. 그때는 회사를 이끌어가는 사람이 누구이며, 그

· · · · · · · 경·제·적·공·포 · · · · · · ·

가 어디에 있는지를 알고 있었고, 이익을 챙기는 자가 누구인지도 알 수 있었다. 대개 제일 윗자리에는 제법 힘이 있고, 능력이 있고, 다소 독재적이며, 재산을 꽤 소유한데다 금전을 잘 다루는 단 한 사람이 있기 마련이었다. 함께 일하는 동업자들이 있든없든 그는 기업의 소유자가 될 수 있었으며, 동업자들의 신원 역시 확실하였다. 그리고 그는 사회적으로 이름이 널리 알려져 있는 구체적인 인물로서 후계자들을 거느리고 있었고, 그 역시 상속받은 후계자일 확률이 많았다. 그때는 기업의 규모를 눈으로만 보아도 어림잡아 추정할 수 있었고, 〈노동자들의 조건〉과 동시에 그 유명한 〈부의 창조〉, 말하자면 〈이윤〉이라고 불리는 것이 어디에서 발생하는지도 알고 있었으며(비열한 조건 속에서 이루어지기 때문에 감추려고 애쓰는 것이었는데도), 노동이 어디에서 행해지는지까지도 누구나 다 알 수 있었다. 제품(상품)·협상·원자재의 유통 같은 것들이 아주 중요하게 여겨졌고, 기업은 회사의 이름과 대외적으로 알려진 역할도 가지고 있었다. 말하자면 자격증을 가지고 있었다고나 할까! 심지어 국제적인 기업일지라도 그 윤곽을 분별할 수 있었고, 기업의 상업활동·산업활동 그리고 금융활동까지도 짐작할 수 있었다. 경우에 따라서는 어느 기업이 무엇을 가지고 경쟁하는지도 알 수 있었고, 경쟁의 장소가 어디인지도 알 수 있었다.

이런 모든 일은 우리 가운데서, 우리가 살고 있는 이 땅 위에서 우리에게 친숙한 리듬을 따라 이루어졌다. 때로는 그 리듬이 지나칠 경우도 있긴 하였지만, 그래도 별문제 될 것은 없었다.

·······경·제·적·공·포·······

그리고 이런 것들이 우리의 언어를 통해 설명될 수 있었다. 그때 우리는 고통을 분담해야 할 경우도 여러 번 겪었지만, 그때마다 소설 속의 삶처럼 언젠가는 좋은 때가 오리라고 믿으며 견디낼 수 있었다.

그렇듯 노동의 장소와 경제의 장소가 하나였고, 수많은 노동자들이 경영자들에게 없어서는 안 될 중요한 존재였던 그 세계는 이제 사라져 버렸다. 그런데도 우리는 아직도 그 세계 위에서 걸어다니고, 숨쉬고 있으며, 그 세계에 복종하거나 혹은 그 세계를 지배한다고 믿고 있다. 그러나 실은 그 세계는 전혀 작동하지 않으며, 아이들의 말로 표현하자면 〈별볼일 없게〉 되었다. 그리하여 이제는 비밀스럽게 그 세계를 지배하며, 구세계의 난파 상황을 관리하고 있는 진짜 세력의 통제를 받고 있다.

이 실세의 지배자들이 통치하여 만들어가고 있는 현재의 기업은 다국적·초국가적이며, 절대적 자유를 보장받고, 글로벌화·불규칙화를 지향하며 겉으로 모습을 드러내지 않는 잠재적 형태를 유지하고 있다. 이같은 현대 양식을 가미하면서, 지나간 세계의 양식을 조금씩 계승하던 중간단계의 모델들은 완전히 열등한 모델로 전락하여 소멸되고 있는 중이며, 복잡한 경제세력의 지배를 받고 있다.

사이버네틱스(인공두뇌학)·오토메이션, 혁신적인 최신 기술을 기초로 하여 세워진 이 새로운 세계는 지금 실질적인 권력을 행사하고 있으나, 아직까지는 방어막으로 가리고 있는 것처럼, 말하자면 알 수 없는 신비한 구역 안에 들어가 몸을 숨기고 있는 것처럼 보인다. 이 세계는 우리와 같은 시대에 속해 있지 않다. 〈노동의 세계〉와는 아무런 연관이 없음은 말할 나위도 없다. 그 세계는 노동의 세계를 이용할 필요를 더 이상 느끼지 않을 뿐더러, 오히려 성가신 기생충 같은 것으로 취급할 뿐이다. 그들이 보는 노동의 세계는, 능률을 올리는 데 방해가 되는 페이소스와 걱정거리·재난 들이 도사리고 있을 뿐만 아니라, 자신이 아직도 건재하다고 고집스럽게 주장하는 비합리적인 세계이다. 유용성이라곤 전혀 없는 세계, 저항력도 거의 없고, 이제는 모든 것을 체념한 채 자신의 역할이 폐지된 사회의 잔해물 안에 갇혀 있는 노동의 세계가, 바로 그들이 보고 있는 노동의 세계이다.

이 두 세계 사이의 괴리를 해결할 방법은 없다. 그저 이대로 한동안 지속되도록 내버려둔다는 것밖에는……. 새로운 세계로부터 떨어진 채 몰락해 가고 있는 옛세계는 고통 속에 신음하고 있으며, 새로운 세계가 있다는 것은 상상조차 못하고 있다. 상류계급에 속해 있는 이 새로운 세계는, 〈현실〉에서는 아직 알려져 있지도 않은 새로운 질서 속에 들어가 자리를 잡고 있다. 〈비현실〉의 질서라고도 할 수 있을지……. 그 질서 속에서 이리저리 옮겨다니는 유목민들처럼 〈직업을 찾아다니는 자들〉의 집단은, 바야흐로 돌아오지 못할 창백한 유령들의 무리에 불과할 뿐이다.

이들이 지금 눈에 보이는 구체적이고 확실한 장소에 머물게 해달라고 애걸을 하고 있지만, 상류계급에 속해 있는 자들이 무

·······경·제·적·공·포·······

엇이 답답해서 이 자각 없는 군중들을 굳이 배려하는 수고를 하겠는가? 그들이 요구하는 장소는 못을 박고, 나사를 조이고, 기계를 손질하고, 물건을 분리하고, 열심히 이런저런 계산을 하고, 모든 것이 뒤섞여 뒤죽박죽이 되고, 쓸데없이 아무 일에나 공연히 끼어들어 야단법석이 벌어지는 곳이다. 그곳에서 행해지는 유통과정은 육체를 사용하기 때문에 느리기 짝이 없고, 모든 일에는 항상 눈에 보이는 노력이 필요하다. 또한 그곳은 그들의 생활과 그들의 아이들·건강·주거·음식·급료·성생활·질병·휴가와 같은 문제들이 살아 숨쉬고, 그들의 권리가 살아 있는 것이다. 이곳이 바로 그들이 원하고 요구하는 장소이다.

얼마나 순진한가! 그러나 이것들은 반드시 일자리를 통해서만 얻어질 수 있는 것이기에, 이제는 더 이상 손에 넣을 수 없는 것들이 되고 말았다. 이들은 전혀 다른 공간에서, 가상으로부터 금융가치들을 2차적 상품의 형태로 뽑아내어 배합하는 일에 몹시 분주하다. 가격의 변화가 많고, 확인해 볼 수도 없는 이런 금융가치들은 실제적인 활동을 기초로 해서 얻어지는 것이 아니라 대개 협상을 통해 이루어지며, 존재하기도 전에 값이 인하되는 경우도 허다하다.

우리 시대의 결정권을 지니고 있는 자들은, 로버트 라이히가 〈상징을 조작하는 자〉, 혹은 〈상징의 분석가〉[3]라고 일컫는 존재들이다. 그들은 누구하고도 교류가 없는데다, 심지어 〈패트론〉

---

3) Robert Reich, *L'Économie mondialisée*, Dunod, 1993.

······경·제·적·공·포······

들의 세계와도 교류를 하지 않는다. 설령 한다 해도 그런 기회는 극히 드물다. 기계와 비교하였을 때, 불편한 점이 현저히 많을 뿐더러 의료보험에 가입하고 있어서 값도 비싸게 먹히고, 능력도 불확실한 이 비효율적인 〈고용인〉들을 데리고 과연 무엇을 할 수 있겠는가? 이들에 비해서 기계는 단순하고 견고하며, 사회보장제도와도 전혀 상관이 없고, 본질적으로 조종하기도 쉬운데다 더욱이 경제적이며, 의심스러운 감정의 변화도 없고, 공격적인 불평도, 위험한 요구도 없지 않은가! 새로운 시대는 기계가 활약하는 세계이다. 그 시대는 우리의 것이기도 하지만, 그러나 우리가 아직 접근해 보지 못한 시대이기도 하다.

그 세계는 사이버네틱스나 최첨단 기술로 인하여 순간적인 속도로 살아가야 하는 세계이다. 그 세계에서 속도라고 하는 것은 〈짬〉이라고는 전혀 없는 순간을 의미한다. 그곳에서는 편재성과 동시성이 곧 법칙이다. 그곳에서 활동하는 자들의 공간이나 속도, 혹은 시간은 우리의 것과 전혀 다르다. 프로젝트도, 언어도……. 하물며 사고를 함께 나눈다는 것도 있을 수 없다. 숫자도, 계산도 우리의 것과 다르다……. 특히 관심거리도. 게다가 화폐조차도.

그들은 무자비한 자들도 아니고, 냉담한 자들도 아니다. 그들은 파악조차 되지 않는 존재들이다. 그들은 우리를 마치 과거의 세계, 즉 힘든 노동의 세계, 〈고용〉의 세계 속에 남아 있는 희미한 기억 속의 늙은 부모들쯤으로 기억할 뿐이다. 그런 그들이 우리와 마주치는 일이 있을까? 그들은 기호로 가득 찬 그들의

·······경·제·적·공·포·······

세계에서 우리를 향해 신호를 보내다가, 자신들끼리 하고 있던 게임이 너무나 재미있어서 다시 그들만의 세계로 돌아가 그 게임에 열중한다. 그 게임이야말로 이 지구의 운명을 결정짓는 게임인데, 그 게임의 재미에 푹 빠진 그들은 그 지구가 자신들의 네트워크 안이 아닌 다른 곳에 존재하고 있다는 사실마저 까맣게 잊어버리게 된다. 그들은 지구상에 존재하는 모든 국가들간의 국경선과 정부를 초월하여 세계화된 경제를 지배하기 때문에, 각 나라는 그들에게 있어서 마치 하나의 자치시처럼 느껴질 뿐이다.

바로 이런 제국 안에다(마치 꿈을 꾸고 있는 것 같지 않은가!) 불쌍한 노동자 녀석들은 아직도 그들의 〈고용시장〉을 세울 수 있을 것이라고 상상하고 있으니! 그것만 생각하면 우스워서 눈물이 날 지경이다. 예전 같으면 노동자들은 자신들의 자리만 지키면 되었다. 그러나 이제부터 그들은 그 어느것도 지켜낼 수 없다는 사실을 배워야 할 필요가 있다. 바로 이것이 그들에게 조심스럽게 암시되고 있는 메시지이다. 그것은 결코 원하지 않은 메시지이며, 결과를 상상하는 것이 두려워 감히 해독하고 싶지 않은 메시지인 것이다.

그러나 벌써 내리막길은 바로 눈앞에 와 있다. 경제를 만들어 가며, 권력을 소유하고 있는 소수의 사람들에게 있어서 대다수의 사람들은 이미 더 이상 필요치 않은 존재들이다. 군중이라는 무리 속에 들어 있는 인간들은 지배자들의 논리로 볼 때, 이 세계에서 살아가야 할 합당한 이유가 전혀 없는 자들이다. 하지만

누가 뭐래도 그들은 바로 이 세계에서 살도록 운명지어진 사람들이 아닌가…….[4)]

 살아갈 능력, 살아갈 방도를 얻기 위해서 그들은 지구를 지배하고 있는 네트워크, 즉 경제시장의 네트워크가 필요로 하는 것에 부응하지 않으면 안 될 것이다. 하지만 이 한심한 자들은 결코 거기에 부응하지 못한다. 아니 그보다는 시장이 더 이상 그들의 존재와 어울릴 수 없으며, 조금도 그들을 필요로 하지 않는다고 해야 할 것이다. 혹 필요하다 해도 극히 소수일 뿐이고, 그나마도 점점 줄어들고 있는 형편이다. 딱한 노동자들의 삶은 그래서 〈합법적〉이지 못하며, 다만 그저 할 수 없이 용인되고 있을 뿐이다.

 그들은 이 세계 안에서 귀찮고 짜증스러운 존재라는 위치밖에는 갖지 못한다. 그나마도 감상주의와 관용적 태도, 지나간 시대에 대한 향수 때문에 허락된 것이며, 오랜 세월 동안 희생해 왔다는 점이 참작되어서 얻어진 것이다(적어도 이론적으로는). 또한 스캔들을 일으킬 것에 대한 두려움 때문이기도 하고, 아직은 그들로부터 더 끌어낼 수 있는 이익이 있다고 판단되었기 때문이기도 하다. 또 한편으로는 한동안 위기가 진행될 것이

---

4) 다른 대륙 위의 많은 군중들이 이와 같은 〈위상의 부재〉를 겪고 있다. 그들의 미래는 그들을 서구 생활의 조건에 근접시켜 줄 것처럼 이제까지 보여졌었으나, 현재의 상황은 이러하다. 이제는 그들뿐만 아니라, 지구 전체의 수많은 사람들이 그들의 뒤를 이어 〈위상의 부재〉를 겪게 되는 것은 아닌지 두고 보아야 할 일이다.

······경·제·적·공·포·······

라고 속이는 선거전략 및 정치적 계산에 의한 것이기도 하다. 정치인들에게는 위기라는 것이 있어야만, 자신들이 그것을 해결할 능력이 있다고 큰소리 칠 수 있는 기회가 오기 때문이다.

게다가 사람들의 의식에 너무 갑작스런 변화를 주지 않아야만 순간적인 폭발을 예방할 수 있다. 수많은 사람들이 덧없는 존재에 불과하다는 것은 모두가 알고 있는 것이지만, 그 이유가 죽음을 피할 수 없는 인간들이라는 사실 때문이 아니라, 살아 있는 동안에 지배자들의 논리에 부응하지 못하는 인간들이기 때문이라는 사실은 받아들이기도 어렵고, 또 입으로 함부로 발설하기도 힘들다. 더군다나 지배자의 논리에 부응하지 못하는 이유마저, 그들의 존재가 더 이상 수익을 가져오지 못하고, 오히려 그들을 유지하는 비용이 너무 비싸게 먹히기 때문이라는 것일 때에는 더욱 그러하다. 산다는 것은 권리가 아니다라든가, 살아 있는 자들의 수가 남아 돌아간다는 등의 발언은 민주주의 사회 안에서는 있을 수 없는 일일 것이다. 하지만 독재정권 아래서라면 어떨까? 그때도 〈감히〉라는 생각에서 입을 다물고 있게 될까? 어쩌면 우리는 그런 말을 이미 내뱉은 적은 없었을까? 우리는 그 논리에 대해 어이없다는 식으로 받아들이지만, 실은 우리가 자주 가는 피서지의 거리만큼 떨어진 곳에서 수많은 사람들이 기아로 목숨을 빼앗기고 있을 때, 이미 그 논리를 받아들인 것은 아닐까?

오늘날 점점 늘어가는 수많은 사람들이 감내하고 있는 박탈의 삶은, 그 삶을 견디고 있는 자들을 결국 내쫓기 위한 전제조

······경·제·적·공·포·······

건이 될 위험이 크다. 그 삶은, 행함은 없고 말뿐인 정치가들이 신념도 없이 내뱉는 연설문들이 약속하고 있는 것처럼 점점 더 나아지는 일은 없을 것이다. 오히려 삶의 희생자들을 더 많이 힘들게 하고, 더 멀리 밀어내 버릴 것이다. 경제에 관한 연설은, 다음과 같은 방향으로 나아가고 있다. 즉 대중들은 모호하고 추상적인 존재라는 것이다. 그래서 취약점투성이인 이 약자들을 가장 열악한 하부구조에서 고용할 경우를 제외하고는, 이들 사이에는 아무런 차이가 없다고 본다. 지금 고용된 자들도 곧 사회로부터 추방될 자들로서, 달리 말하면 박탈의 삶 속으로 더 깊숙이 들어가게 될 자들일 뿐이다.

노동이 사라졌기 때문에(그러나 그 노동은 아직도 사회의 기초를 이루고 있고, 생존자들의 삶은 여전히 노동에 의존되어 있다), 그 많은 사람들을 위한 넉넉한 자리란 생각도 할 수 없고, 더욱이 그 얼마 안 되는 자리마저 줄어들고 있지만 진짜 권력자들, 즉 시장경제의 권력자들이 이로 인해 불편해하는 일은 결코 일어나지 않는다. 그러나 노동의 소멸 때문에 생겨난 빈곤이 바로 그들이 목표한 바는 아니다. 빈곤은 그들의 목적을 향해 가는 도중에서 만나게 된 불편한 장애물 정도에 불과한 것이다.

그들은 이 장애물을 보고는, 어차피 만났을 바에는 그것을 이용해야 한다고 생각하였다. 그들은 빈곤이라는 것이 이익을 얻어내는 데 아주 유익하다는 사실을 알고 있었던 것이다. 그들의 가장 큰 관심거리는 엄청난 양의 통화로 이루어지는 금융게임이다. 즉 투자활동, 공개되지 않는 거래, 눈에 보이지 않는 유통,

······경·제·적·공·포······

그리고 오늘날 그 어느 현실보다 더 영향력 있는 가상의 현실 등을 말한다. 그리고 그 나머지의 다른 현상들은 모두 어둠 속에 내버려둔다.

그런데 그들 편에서 보면, 이는 단지 구실일 뿐이라는 것을 인정할 수밖에 없다. 현재의 경기상황과 여러 가지 현상들은 경제인으로서의 그들의 소명과 직업적 의무, 심지어 그들의 윤리감각에 전적으로 부응한다. 그래서 권력과 이익을 향한 인간적인, 너무나 인간적인 뜨거운 열정은 바로 이같은 소명·의무·윤리감각에서 비롯되며, 이 안에서 더욱 뜨겁게 타올라 결국에는 절대로 저항할 수 없는 힘이 되고 만다. 이같은 경제권력을 행사하는 자들은 이런 맥락 안에서 아주 당연스럽게 자신들의 역할을 받아들이는데, 이런 비극이 생기는 것은 그들 외의 다른 자들이 각자의 역할을 포기하였기에 가능하다.

어둠 속에서 비밀스럽게 진행되어 온 길고 끈질긴 역사가 그들의 역할을 포기하게 만들었음이 틀림없다. 이같은 직무 유기는 익명이 되어 버린 사경제가 패권을 차지하기 쉽게 만들었으며, 이 패권은 복잡하게 뒤엉켜 풀 수 없는 네트워크 속에 대중들을 하나로 묶어 집어넣어 버렸다. 매우 유동적인 이 네트워크는 편재성을 가지고 있기 때문에 도대체 어디에 존재하고 있는지 위치 측정을 해볼 수가 없고, 따라서 이를 제한하고 감시할 수도 없으며, 심지어 관찰조차 해볼 수가 없다.

우리는 언젠가 반드시 이런 현상에 대한 연구를 해봐야 할 것이며, 또한 지각되지는 않고 있지만 아주 근본적인 이같은 진

· · · · · · · 경 · 제 · 적 · 공 · 포 · · · · · · ·

보의 은밀한 역사도 한 번 추적해 보아야 할 것이다.
 우리는 오늘날에 사적인 세력이 얼마나 눈에 띄게 진보하였는지를 짐작할 수 있다. 많은 사람들은 이같은 진보가 순간적으로 커뮤니케이션이 이루어지는 경이로운 네트워크의 발전과, 그 네트워크에서 생겨난 편재성적인 요소들 덕분이라고 생각한다. 사적인 세력들은 이러한 요소들을 잘 이용하는 법을 알고 있었고, 거리와 시간(이것은 결코 하찮은 것들이 아니다!)을 없앰으로써 누구보다도 먼저, 그리고 훌륭하게 잘 활용할 수 있었던 것이다.
 사경제의 권력가들은 모든 분야에서의 경제가치를 수용하고, 지배하고, 짜맞추어서 자신들의 의도에 따라 계획적으로 내놓고 있는데, 그들은 이런 작업을 하는 데 있어서 법이라든가 장애물 같은 것은 조금도 염려하지 않는다. 오늘날처럼 세계화된 상황에서는 이런 장애물 정도야 아주 쉽사리 비켜갈 수 있기 때문이다.
 또한 정부기관에 대해서도 별다른 염려를 하지 않는다. 이들과 비교하였을 때, 그 기관들은 갖춘 것이 별로 없는데다 난처한 상황에 처할 경우가 다반사이며, 비판을 받기 일쑤이다. 이처럼 국민의 관심을 특별히 끌지 못하는 정부에 비해서, 이 사적인 권력들은 이런 면에 전혀 구애받지 않는 까닭에 힘차게 앞으로만 전진해 갈 수 있다. 이들은 국가보다 더 자유롭고, 더 활동적이고, 동기 부여도 더 뚜렷하고, 훨씬 더 큰 영향력을 지니고 있을 뿐더러 선거에 대한 염려도, 정치적 염려도 할 필요가 없고, 또한 통제받을 필요도 없다. 게다가 당연한 일이겠지만, 자신들이 짓밟고 있는 자들에 대해 집착하는 감정도 없다. 그리고는 이 모든 것이 다 자신들의 복지를 위해서(또한 모든 사람들의 복지를 위해서. 모든 사람들의 복지는 당연하게도, 바로 그 자신들의 〈복지〉에 의해서 이루어지기 때문이다)라는 멋적은 사실을 입증하는 일은 다른 자들에게 떠맡겨 버린다.

이들은 정부 고위층의 결정에 대하여 그다지 신경을 쓰지 않으며, 국가에서 그렇게도 열심히 요구하는 윤리도 별로 염두에 두지 않는다. 그들이 활동하는 영역의 맨 꼭대기에서 벌어지고 있는 게임에 대해서는, 그들 외에는 누구도 전혀 알 수가 없다. 그곳에서는 게임에서 이기고 지느냐가 문제가 아니며, 그들이 추구하는 것은 오직 게임 그 자체, 곧 끝없이 계속되는 거래, 투자이며, 그들의 유일한 목표는 활동 그 자체이다.

그들이 만나는 장애물이라면, 그들의 파트너들이 만들어 놓은 것들뿐이다. 그러나 파트너들도 그들과 같은 목적을 향하여 같은 길을 가고 있으며, 혹시 그들 중의 어떤 자들이 다른 자들보다 먼저, 혹은 다른 자들을 대신하여 몇 가지 목표에 도달하게 되더라도, 그것 때문에 전체 시스템에 조그만 차질이라도 생기는 경우는 결코 없다. 복잡한 네트워크 안에서 일어나는 불가피한 그들간의 경쟁은, 실은 같은 목적을 향해 발산되는 서로의 에너지를 자극함으로써 이제껏 한번도 공식화되지 않았고, 입 밖으로 내본 적이 없는 그들의 공통 이념, 즉 〈행동하라!〉 안에 오히려 서로를 결속시켜 준다.

········경·제·적 공·포········

 덕분에 초국가적인 사경제의 네트워크는 점점 더 많은 국가 권력들을 지배하게 된다. 국가의 통제를 받기는커녕, 오히려 국가권력들을 통제하고 있는 이 사경제의 네트워크는 한 마디로 지상의 차원을 벗어나고, 모든 정부기관을 벗어나서, 일종의 한 국가를 형성하고 있는 것이다. 그리하여 예를 들면 세계은행(국제부흥개발은행), 국제통화기금(FMI,[5] 즉 IMF) 혹은 경제협력개발기구(OCDE,[6] 즉 OECD)와 같이 영향력 있는 기구들을 이용하여 수많은 국가의 기관들과, 그들의 정치에 대하여 점점 더 많은 명령을 내리고 있다.

 그 일례로, 사경제의 권력자들은 흔히 국가들의 부채에 대해 지배권을 행사하고 있기 때문에, 채무국들은 그들에게 종속되어 있으며, 말할 것도 없이 그들은 채무국들을 마음대로 주무를 수 있다. 이 국가들은 자기들의 보호자인 이들에게 진 빚을 주저하지 않고 국민들의 빚으로 환원시킨다. 그때부터 이 빚을 갚는 것은 국민들 몫이다. 그런데 아이러니하게도, 대중들에게 넘어간 이 빚은 더욱 증가되어 다시 국가에게로 떠맡겨지게 된다. 따라서 국가는 사적 경제의 보호 속으로 더욱 깊숙이 들어가게 된다. 국가가 책임을 지고(자주 있는 일이다), 그리하여 결국 국민 공동체가 책임을 지게 되는 이 사적 경제는, 그렇다고 해서 〈도움받은 자〉로 취급받은 적은 한번도 없다!

---

5) Fonds monétaire international.
6) Organisation de coopération et de développement économiques.

······· 경·제·적·공·포 ·······

바로 이렇게 해서 사경제는 그 어느때보다 완전한 자유를 누리게 되는 것이다. 사경제가 그토록 요구하였던 이 자유는, 이번에는 합법화된 불규칙화로, 공식적인 무정부 상태로 다시 변환된다. 모든 권리와 모든 허용을 동반한 자유, 아무런 구속이 없는 그 자유는 이제 막을 내리고 있는 문명을 자신의 논리로 가득 채우며, 파멸을 부추긴다.

그런데 그 파멸은 지금 일시적인 〈위기〉로 위장되어 있다. 이는 벌써 희미하게 나타난 새로운 형태의 문명이 눈에 띄지 않게 살짝 들어와서 자리잡도록 하려는 속셈이다. 그 새로운 문명 속에서는 전세계 인구의 극히 적은 퍼센티지만이 자신의 역할을 갖게 될 것이다. 그리고 바로 이 역할이라는 것에 각 사람의 삶의 방식과 살아갈 능력이 달려 있게 된다. 그의 운명을 연장시킬 수 있느냐 없느냐 하는 문제도, 그가 역할을 맡은 사람이냐 아니냐에 맡겨진다.

여기에 해묵은 관습에 따라 기본적인 한 원리가 적용된다. 즉 역할이 없는 사람에게는 서 있을 자리도 없고, 삶에 이르는, 적어도 지금의 삶을 계속할 수 있는 분명한 접근로도 더 이상 없다는 것이다. 오늘날 대중 각 사람의 역할이 결정적으로 사라지고 있지만, 그러나 이 원리는 영원토록 계속될 것이다. 그래서 이제부터 그 원리로 인해 사회 구성이 어려워질 것이며, 우리의 위상이 파괴되고, 삶의 질이 저하되며, 혹은 많은 사람들이 목숨을 빼앗기는 일까지 일어날 것이다.

하지만 어느 누구도 대담하게 이와 같은 위험에 대해 의문을

· · · · · · · 경 · 제 · 적 · 공 · 포 · · · · · · ·

갖고 검토할 수 있는 사람은 없다. 그 위험을 언급할 만큼 대담한 사람은 더더욱이나 없다. 바로 여기에 아주 중요하고 심각한 문제가 가리워지게 된다. 이 감추어진 위험을 직면하고, 거기에 맞서 대응하고, 지금의 흐름을 뒤집으려고 노력하고, 더더욱이나 불길한 잠재성을 교묘하게 담고 있는 이 믿음, 즉 막연히 언젠가는 이 위기가 끝날 것이라는 신념이 어디에서 오는 것인지 알아보거나 드러내려고 하는 사람은 아무도 없기 때문이다. 이제까지와는 전혀 다른 이 게임 안에서는, 각자에게 자리 하나씩을 제공해 줄 수 있을 만큼 명쾌한 경영을 시도해 보려는 사람도 없다. 반대로 이미 사라져 버린 제도에 의존하고 있던 자들을, 그 제도와 함께 산 채로 매장하고 있을 뿐이다.

이 위기가 언젠가는 끝날 것이라는 막연한 믿음을 입으로 확신 있게 고백할 정도는 못 되지만, 그렇다고 믿음에 이의를 제기하는 불경한 태도를 보일 수야 있으랴……. 믿음 안에 의심이 도사리고 있긴 해도, 그러나 경제라는 강제조약 안에서 만큼은 의심은 절대 금지사항이기 때문이다. 그러니 과연 우리 중에 몇 가지 조심스러운 유보조건을 중얼거리는 위험을 무릅쓸 수 있는 자가 있을까? 추상적이고 비인간적인 세계경제의 헤게모니 앞에서, 어떤 혼란스러움이 느껴진다는 사실을 감히 용기 있게 알릴 수 있을까? 더욱이 그 경제사회는 우리가 입술을 움직이려 하자마자, 즉시 이 헤게모니의 도그마를 들먹이며 우리의 입을 다물게 만든다.

우리는 그 헤게모니가 만들어 놓은 함정에 빠져 버린 것이다.

· · · · · · · 경 · 제 · 적 · 공 · 포 · · · · · · ·

또한 경제사회는 국제적인 경제규칙(그것은 불규칙의 규칙들이다)에 대한 적응력과 경쟁의 법칙들에 즉각적으로 반론을 제시하여, 우리로 하여금 아무 말도 하지 못하게 만든다. 그리고 오히려 우리로 하여금 노동의 탄력성에 대한 찬가를 부르게 한다. 그러니 우리에게 그토록 절실한 노동이 그 어느때보다도 그들이 일삼는 투기의 즐거움에 종속되어 있는 것처럼 보일지라도, 그 사실이 누설되지 않도록 주의하자! 모든 면에서 수익성을 갖지 않으면 안 되는 그런 세계의 결정권을 지닌 그들의 즐거움을 위해서!

　전체적으로 볼 때 하나의 거대한 기업으로 볼 수 있는 그 세계는, 반드시 능력 있는 책임자들에 의해서 이끌어지는 것은 아니다. 그 세계를 두고 거대한 카지노라고 말하는 사람들도 있을 것이다. 그러면 그 경제세계는 그렇게 말하는 자들에게 반론을 펴면서, 이해할 수 없는 이상하고 은밀한 경쟁의 법칙들을 따를 것을 강요할 것이다. 그리고 기업과 투자에서 지방색을 없애고, 제법 합법적인 방법으로 자본금을 다른 땅으로 이전하겠다는 협박조의 말로 그들의 입을 막으며 모든 일을 마무리할 것이다. 실제로 이런 일들이 이제까지 행해지고 있었다는 것은 사실이다.

　이런 식의 협박은 계속해서 우리를 조여 오고 있다.

　그들이 비평적 능력과 각성의 힘을 은밀하게 감소시켜 쇠약하게 만든 대중들에게 던지고 있는 이러한 협박의 말들은, 비록 동의는 아니지만, 그래도 침묵이라는 형태의 승인을 경직되어 있는 사회단체들로부터 얻어내는 데 성공하였다.

······· 경·제·적 공·포 ·······

 그 침묵에는 소리 없는 외침이 살아 있지만, 우리는 귀가 멀어서 그 소리 없는 외침을 듣지 못한다. 이 침묵은, 수많은 삶을 희생해서 이 지구를 가득 채우고 있는 여러 가지 사업을 확장하는 데 있어서 가장 든든한 공모자가 되어 왔다. 그리하여 보편적인 법칙, 도그마, 신성한 진리 대신에 이익을 따지는 대차 대조표가 우선권을 갖게 되었다. 그 결과 도탄에 빠지고, 권리를 빼앗기고, 삶을 박탈당하며, 건강을 해치고, 추위와 기아와 공허한 시간과 끔찍한 삶에 노출되는 사람들이 날마다 늘어나고 있다. 이렇게 되기까지 정의롭다는 사람들의 논리, 선하고 덕망 있는 자들의 담담한 태도, 이론가들의 신중함이 한몫을 하였음을 우리는 알아야 한다.
 그럼에도 불구하고 이들 희생자들은 당연히 있어야 할 것 같은 원한이나 증오심도 갖지 않는 듯하다. 그렇다고 다른 사람들에게 착잡한 마음이나 가책·동정 같은 것을 품게 하지도 않는다. 의분도 분노도 그들을 갈등하게 만들지 않는다. 그들은 그저 모두가 인정하는 운명이라는 말에 수긍하는 것처럼 보인다. 그 운명이라는 이름은 사회 전반의 편견과 합쳐져서, 이 불행한 자들을 더욱더 잘못 취급받도록 만들고 있으며, 경멸감이라는 처벌을 내리고, 아예 그들의 존재를 잊어버리도록 유도한다.
 이처럼 그들은 귀찮고 성가신 존재들이다. 무언가를 요구하거나 이미 끝난 일에 대해 반기를 듦으로써 귀찮게 하는 것은 아니지만, 옆에 있다는 것만으로도 피곤하게 만드는 이 대중들을 도대체 어떻게 하면 좋을까? 흥을 깨어 버리는 이들, 거머리같

······경·제·적·공·포······

이 귀찮게 들러붙어 피를 빨려는 이들, 꼭 필요한 자들이 되겠다고 조르며 모든 권리를 누리면서 존재하고 싶다고 성가시게 구는 이들, 이들이 없다면 얼마나 좋은 세상이 될까! 이들이 있기에 재정과 시간을 낭비하고 있다는 것을 생각하면 얼마나 울화가 치미는 일인가! 그들만 없다면 남은 사람들끼리 정말 잘 지낼 수 있을 텐데! 그러나 〈남은 자들〉 중 많은 사람들은(대부분은), 다시 소수의 〈남은 자들〉만 남겨 놓은 채, 이미 희생된 자들 가운데 다시 섞여 들어가 결국 그들 무리에 합류하지 않으면 안 될 것이다. 따라서 희생자들의 무리는 그야말로 대단한 속도로 증가하게 된다.

 이렇게 해서 여기, 우리가 사는 사회 속에 〈쫓겨난 자〉들이 뿌리를 내리게 되었다. 그러나 명심하자. 이제 우리는 그들과 함께 일하지 않으면 안 된다. 〈우리의 가장 큰 걱정거리〉인 실업과, 〈우리의 특권〉인 노동을 그들에게 다시 돌려 주도록 상기시키는 이 경건한 소원, 후렴구, 라이트모티프(주도동기), 늘 듣던 노랫가락을 끊임없이 읊조리고, 도처에 그 씨앗을 심어야 한다. 이것이 한 번 입에 올려지고 반복되고 집요하게 다그쳐지게 되면, 그때는 앞서 입을 연 사람들의 지휘 아래 그들의 존재에 대해 깊이 생각하고, 논의하고, 법을 제정하는 일이 가능해질 것이다. 그들을 무시할 수 없는 존재로, 가능한 소중하게 다루어야 할 특별한 범주의 사람들로 배려하지는 못할망정, 적어도 다른 시대의 사람들처럼 낯설게 취급하지는 않을 것이다. 약자로서의 그들의 상황을 강조하면서, 조금도 존재할 가치가 없는

· · · · · · · 경·제·적·공·포 · · · · · · ·

사람들이라는 식의 생각을 하거나, 쓸모없는 육체를 끌고 다니는 부담스러운 존재에 지나지 않는다는 투의 말은 감히 하지 못하게 될 것이다.

그러나 지금 우리는 이 지구 위에서 오랜 옛날부터 대중이라는 부류를 구성해 온 존재라는 것 외에는, 다른 아이덴티티를 갖고 있지 못한 이 기생충 같은 존재들이 번식해 간다며 염려하고 있다.

우리가 절대 그럴 리가 없다고? 그렇다면 화려하고 현대적이고 복잡하고 세련된 도시인 파리를 한 번 예로 들어 보자. 이곳에는 수많은 사람들, 예전부터 가난하게 살아왔거나 오늘날에 와서 가난하게 된 사람들이 거리에서 잠을 자며, 먹을 것, 따뜻한 집, 관심, 애정 등을 모두 잃고, 존재의 의미마저 빼앗기고 사람들로부터 무시당한 채, 심신이 지칠 대로 지쳐 있다. 이런 삶의 잔인성이 얼마나 그들의 수명을 단축시키는지,[7] 그리고 이들을 가두기 위한 벽과 감시탑이 과연 필요한 것인지 자문해 보자. 그리고 그들을 살해하기 위한 무기를 준비하는 것이 과연 옳은 것인지도 조용히 생각해 보자. 주위의 잔인한 무관심과 그

---

[7] "65세 이하에 죽음을 맞이하는 조기사망률이 사회계층에 따라서 다르다는 것이 밝혀졌다. 조사에 의하면, 노동자와 말단직원들의 조기사망률은 고급간부들이나 자유직에 종사하는 사람들보다 2.7배가 높으며, 중견간부들이나 상업에 종사하는 사람들보다는 1.8배가 높은 것으로 나타났다." 그렇다면 무주택자들의 조기사망률은 얼마나 되는지 상상해 볼 수 있을까? (1996년 2월, 국립통계청에서 발표한 수치 참고)

· · · · · · · 경·제·적·공·포 · · · · · · ·

들에게로 향한 비난, 질책에 주의를 기울여 보자.
　우리 눈에 보이는 이런 모습들은 지리적으로 매우 가까이, 바로 옆에서 일어나고 있는 수많은 야만적인 태도들 중 겨우 한 예에 지나지 않는다. 우리는 이 잘못된 태도를 아주 그럴싸한 표현을 써서 덮어 버리고 있다. 〈사회적 프랙처〉라는 말로. 사회적 불공평도 아니고, 사회적 추문도 아닌…… 사회적인 지옥도 아닌…… 프랙처라는 것이다. 똑같은 이름의 정책을 내놓고 있듯이…….

· · · · · · · 경 · 제 · 적 · 공 · 포 · · · · · · ·

　우리의 도시 파리는 그렇지 않다고? 파리를 한 번 보자. 다른 수많은 도시들 중의 하나인 파리. 쉴새없이 행인들이 왔다갔다 하고, 자동차들이 지나다닌다. 수많은 상점과 극장, 박물관, 식당, 그리고 사무실, 공공기관들……. 모든 것이 활발하게 제대로 돌아가고 있다. 바캉스, 선거, 여러 가지 잡다한 뉴스거리들, 언론들의 보도, 주말 여행, 북적대는 술집. 이 가운데서 여러분들은 세미한 신음소리, 아주 작은 저주의 소리를 듣지 못하는가? 거리를 헤매는 자들을 간혹 마주치게 될 때, 그들의 눈에 고여 있는 눈물을 보지 못하는가? 파멸의 모습들이 눈에 띄지 않는가? 수많은 상품이 팔리고, 서적이 발간되고, 양장점이 즐비하

······경·제·적·공·포······

게 늘어서고, 축제가 열리고, 공정한 재판에 의해 정의가 실현되는 파리. 코메디 프랑세즈 국립극장에서부터 롤랑 갸로스에 이르기까지 수많은 극장에서는 화려하거나, 혹은 감동적인 연극들이 무대 위에 올려진다. 금융시장이나 세계적 시장이 아니라 꽃을 팔고, 치즈를 팔고, 온갖 야채와 조미료·고기를 팔고 있는 시장을 따라 길을 걷는 것은 언제나 즐거움을 준다. 우리의 문명은 이렇듯 늘 태연자약하다······.

그러나 분명코 걸인들은 있다. 포장도로가 그들의 집이며, 빈 상자 속이 그들의 잠자리이다. 도시의 구석구석에서 볼 수 있는 비참한 현실. 그러나 삶은 흘러가고, 시민들은 상냥하고 우아하며 에로틱하기까지 하다. 화려한 진열장, 한가로운 관광객, 세련된 의상, 무성한 가로수, 연인들의 약속 장소인 분위기 있는 카페, 이 모든 것은 끝나지 않는다, 끝이 있을 것 같지 않다.

정말일까? 분명 그럴 것이다. 이런 풍경이 보여 주고 있는 그대로, 혹은 사람들이 우리에게 소개하고 있는 그대로만 받아들인다면, 확실히 그러하다. 그렇게 보는 것이 좋다고 충고받은 (강요라고는 말하지 않겠다) 대로 바라볼 수만 있다면······. 혜택을 입은 자들이 언제나 더 많은 혜택을 누리고, 나머지 사람들은 항상 옆에 제쳐 놓는 것이라는 사실을 거부감 없이 받아들일 수만 있다면······. 이미 예정된 질서에 따라, 이미 그려져 있는 길을 따라 미끄러지듯이 앞만 보고 나아가기로 작정하였다면······. 우리가 모른 체하고 내버려두었다고 꾸지람을 들어 마땅한 일들을, 오히려 그대로 내버려두는 쪽이 옳다고 인정한다

· · · · · · · 경·제·적·공·포 · · · · · · ·

면…….

 그렇다면 우리는 이처럼 만들어진 조화(調和)밖에는 느낄 수 없을 것이다. 그렇다면 파리가, 점점 줄어들고 있는 소수의 무리와만 조화를 이루는 세계라는 생각을 수긍하고 받아들일 수 있었을 것이다. (그러나 이런 생각은, 그 소수를 제외한 모든 시민들의 존재를 무시하게 만들고, 우리가 그들을 염려해야 한다는 사실마저 잊어버리게 만든다.) 우리 자신은 절대적인 불행 곁에 있지 않고, 또 앞으로도 그럴 것이라고 설득하는 여러 가지 기만술책에 속아, 그 속임수가 우리에게 주는 혜택을 거절하지 않았을 것이다.
 그리하여 타인들에 관한 한 아무리 사소한 질문이라도 교묘히 피해 갔을 것이다. 파리가 다른 대도시들처럼 비참한 삶들의 편린을 보여 주고 있다손치더라도, 빈곤 때문에 많은 대중들을 사라진 게토 안으로, 교외의 특정 지역 안으로, 빈민 주택단지 안으로 밀어넣어 우리와 떨어뜨려 놓는다는 사실을 모르고 지내는 편을 택하고 싶었을 것이다. (그곳은 파리의 바로 옆에 붙어 있으면서도 그 어떤 이방도시보다 더 낯설고, 그 어떤 다른 대륙보다 더 멀게만 느껴지는 곳이다.) 또한 우리의 삶 속에 정체되어 있는 빈곤으로부터 우리를 떼어 놓을 수 있는 금기사항을 지키며 따랐을 것이다. 불행이 그들의 정맥 속에 퍼뜨려 놓은 시간이 얼마나 느리게, 오랫동안 그들을 괴롭히며 흘러가는지 아예 잊어버리고 생각조차 하지 않았을 것이다. 남아 돌아가는 잉여의 존재, 귀찮고 성가신 존재라는 데서 오는 그들의 수치스러운 고통을 알아차리지 못하였을 것이다. 이 사회에 부적합한 존재라는 두려움, 결함이 있는 자라는 생각 때문에 갖게 된 강박관념과 답답함, 심지어 자기 자신마저 스스로를 해로운 존재라고 취급하는 무기력감을 결코 공감하지 못하였을 것이다.

끊임없이 경멸당하고 거세당한 에너지를 가졌을 뿐인 젊은이들. 혹은 어떤 휴식 공간도 찾지 못하고, 당연한 이야기이지만 아주 작은 복지(福祉)의 혜택도, 아주 작은 배려도 받지 못해 피로해진 늙은이들. 이미 〈쫓겨난 자들〉과 앞으로 〈쫓겨날〉 가능성이 있는 자들의 고통……. 우리는 그들의 존재를 잊고 있으며, 앞으로도 잊어버릴 것이다. 그래서 그들이 〈고정된 거주지〉 안에 거처하지 못하고, 〈쫓겨난 자〉라는 하나의 자각, 하나의 이름 속에 등록되어 그 안에 거처하게 되어 버렸다는 사실조차도 곧 망각해 버릴 것이다. 그들은 먹이고, 입히고, 돌보고, 존재할 수 있도록 해주어야 하는 귀찮기 한량없는 육체의 희생물들이다. 그들은 나이, 손목, 머리카락, 정맥, 복잡하고 섬세한 신경계통, 성기, 위장을 가지고 여기 존재한다. 망가진 그들의 시간과 함께. 각자에게 있어서는 이 세상의 시작을 뜻하는 출생이라는 구체적인 사건과 함께.

한 노인의 삶을 한 번 들여다보자. 끔찍하도록 긴 오랜 세월 동안, 거북하기만 했던 그 오랜 세월 동안 지치고 패배당하고 함부로 취급받고, 몸도 마음도 엉망이 된 그는 이제 구걸조차 하지 않는다. 그러나 그의 노쇠한 시선과 똑같은 시선을 우리는 젊은이의 얼굴에서도 찾을 수 있다! 빈곤이 그의 얼굴에 그런

······경·제·적 공·포······

시선을 만들어 놓았던 것이다. 심지어 젖먹이들의 얼굴에까지. 그들의 얼굴은 기아에 허덕이는 아프리카 대륙 아이들의 얼굴과도 같다. 벌써 쭈글쭈글한 늙은이의 모습을 하고 있던 그 아이들, 아우슈비츠 수용소 포로들의 모습을 하고 있던 그 아이들……. 아우슈비츠에 수용되었던 포로들의 모습은 어떠하였던가! 모든 것을 빼앗긴 채, 고통과 금방이라도 찾아올 것 같은 죽음 앞으로 이송되어졌던 그들. 그들의 얼굴은, 마치 그들을 사냥하듯 내몰았던 이 세상에 대해서 모든 것을 다 맛보고 겪어보았다는 듯한 체념의 얼굴이 아니었던가! 인류의 역사에 관해 순식간에 모든 것을 알아 버리고, 수세기에 걸쳐 발전해 온 과학에 관해서 누구보다 잘 알게 되었다는 듯한 얼굴이 아니었던가!

불쌍한 젊은이들과 불쌍한 늙은이들의 시선들. 그 시선 속에서 아직도 그들의 나이를 짐작할 수 있을까? 때때로 느끼는 것이지만, 어떤 기다림을 담고 있는 시선은 더욱 바라보기가 힘든 법이다. 희망보다 더 불안한 것은 없기 때문이다. 희망보다 더 공포스러운 것은 없기 때문이다. 죽음이 다가오기 전에 찾아드는 자신의 종말보다, 살아 있는 동안 겪어야 할 자신의 종말보다 더 끔찍한 것은 없으리라. 자기도 모르는 사이에 잘못 내디뎌 버린 걸음……. 이제는 사라져 버린 길이건만, 그래도 가지 않으면 안 되는 길……. 더 이상 사람이라고 인정받지 못하는 사람들의 육체와 그 얼굴들……. 자신은 이러이러한 존재라고 자부심을 갖고 있던 시절, 혹은 인간으로 인정받던 시절, 자신이

· · · · · · 경·제·적·공·포 · · · · · · ·

무언가 임무를 맡고 있던, 혹은 맡고 있다고 믿었던 그 시절의 자신의 모습을 추억하면서, 그들은 지금 그 임무가 없어지고 말았다는 사실을 의식하며 여기에 있다.

그런데 우리는 모든 것을 사라지게 만들고, 모든 것을 체념 속에 집어넣어 화석이 되게 만든 그 세월을 기억하고, 반추해 본 일이 있는가? 아무도 느낄 수 없도록 천천히 흘러간 그 시간 속에서 이제 우리들 역시 그들 중의 한 사람이 되고 말았는데, 우리를 그렇게 만든 그 시간을 우리는 한 번 되짚어 본 일이 있는가? 그들은 우리가 듣고 보기는 하였지만 한번도 귀기울여 본 일이 없고, 눈여겨본 일이 없던 자들이었으며, 그들 역시 내내 침묵만 지키고 있던 자들이었다. 우리는 그들을 단지 옛부터 전해 내려온 환상 속의 존재들로만 생각하고, 그렇게만 인정하였다. 그리고 그들은 자신들을 가리키는 용어조차 제대로 된 단어를 요구할 수 없어서 무주택자(SDF), 정부보조금수혜자(RMist), 최저임금노동자(SMICard)와 같이 대문자로 표기된 약자, 유령 같은 단어로만 만족해야 하였던 자들이다. 그런데 우리가 이제 그들 중 한 사람이 된 것이다!

익명을 쓰게 될 때 위험은 더욱 증가한다. 머릿글자로 표시되는 이런 단어들은, 그 단어가 지적하는 사람들을 하찮은 존재로 떨어지게 한다. 또한 개인을 형성하고, 이에 따라 평등과 권리 분배를 가능케 하는 사생활과 개인의 이름의 상실감을 배가시킨다. 이런 단어들은 과거와의 단절을 전적으로 인정하며, 개인의 삶을 단 몇 개의 대문자로 축소시키는 속임수를 버젓이 허

· · · · · · · 경 · 제 · 적 · 공 · 포 · · · · · · ·

용하고 있다. 그 몇 개의 대문자들은 긍정적인 것이든 부정적이든 것이든, 그 대문자로 불리는 사람들의 어떤 자질도 나타내 주지 못한다. 마치 가축들에게 찍는 낙인과 비교할 수 있을 것이다. 또한 차마 승인할 수 없는 것을 이렇듯 말없는 문자로 표기하여, 계획된 카테고리 속에 분류함으로써 평범한 것으로 만들어 버리는 경향이 있다. 말 없는 문자라는 것은 참을 수 없는 것들에 대해 침묵하게 만들고, 아예 승인해 버림으로써 스캔들이 일어나는 것을 사전에 방지해 주는 역할을 한다.

이 약자들은 어떤 능력과 자격이 있어서 임명된 사람의 존재를 지적하는 기호들이 아니다. 예를 들면 기업체의 대표이사를 가리키고 있는 PDG 같은 약자와는 다른 것이다! 반대로 이 약자들은 밀려난 자들, 정의되지 않는 호칭 속에 포함되어, 모두 비슷비슷한 존재라고 가정된 부재자들 속으로 사라지는 것을 의미한다. 이 단어에서는 지칭하는 사람들에 대해 설명해 줄 만한 어떤 세부사항도, 그들의 운명에 대한 어떤 흔적도 찾아볼 수 없으며, 해석 또한 불가능하다.

사회로부터의 〈등록 취소〉라는 상황 속에 모두가 규격화되고 있는 것이다. 이제 등록 취소된 그 자리에는 아무도 없다. 빈 공간만이 남아 있을 뿐이다. 따라서 아무런 일도 일어나지 않는다. 고요함이 다시 내려앉는다. 망각이 자리잡는다. 과거에 미리 위탁하여 예약해 두었던 그들의 현재가 이제 와서 잊혀져 버린 것이다. 그래서 언젠가는 자신들도 이 수많은 〈등록 취소된 자〉들의 무리에 합류해야 될 것이라는 불안에 시달리는 자들은, 이

경·제·적·공·포

들로부터 도망치고 싶어 그들에게 점점 더 거리를 강요한다. 아이덴티티가 없어져 버린 어둠 속의 무리들과 벌써 자신을 동일시하고 있는 것은 아닐까?

우리는 이 익명자들의 집합체를 다른 대륙 위에 버려져 있는 거대한 군중들 속에서도 찾아볼 수 있다. 때로 기근과 여러 가지 전염병과 모든 형태의 종족 말살의 전쟁에 시달리기도 하고, 또 때로는 강력한 권력에 의해 지지받는 독재자들의 지배하에서 학대받기도 하는 민족들이 바로 그들이다. 아프리카의 군중들과 남아메리카의 군중들. 인도아대륙의 비참한 사람들. 그외의 지역에 있는 수많은 사람들⋯⋯. 세계 도처에 이러한 사람들이 존재하고 있건만, 쉽게 떠나는 여행지의 거리쯤에서 벌어지고 있는 대량 학살이나, 천천히 진행되는 죽음 앞에서 서구인들이 보여 주는 것은 냉담한 무관심뿐이다.

희생당하며 살아가고 있는 수많은 사람들에 대한 우리의 무관심⋯⋯. 이 버림받은 자들, 고통중에 신음하는 자들의 사진 두세 장이 TV에서 방영될 때 느끼는 단 몇 분간의 측은한 감정⋯⋯. 그것을 보고 분노를 느끼고(매우 관대한 분노이다), 타인의 아픔에 대해 비통한 심정이 된다는 사실에서 오는 도취감⋯⋯. 그러나 그 비통한 심정을 깊숙이 들여다보면, 우리는 그저 구경꾼일 뿐이라는 비밀스러운 만족감이 그 안에 깔려 있음을 부인할 수 없다.

구경꾼일 뿐이라고? 좋다, 구경꾼이라고 하자. 그러나 우리가 구경꾼이라면, 따라서 우리는 틀림없는 증인이다. 또한 우리는

· · · · · · · 경·제·적·공·포 · · · · · · ·

그 사실의 내용에 대해 소상히 알고 있는 자들이다. 굶어죽어가고, 끌려가고, 학살당하는 사람들의 모습과 비참한 장면들이 우리가 앉아 있는 응접실 소파·안락의자 옆에까지 다가오기 때문이다. 때로는 그 사건이 실제 일어나고 있는 바로 그 시간일 경우도 있잖은가! 비록 스크린을 통해, 광고와 광고 사이에 중계되는 것이긴 하지만……

  우리와 떨어진 먼 곳에서 벌어지고 있는 공포의 사건이나, 우리의 바로 옆에서 벌어지고 있는 공포의 사건(앞의 공포보다 결코 덜하지 않다)에 대한 우리의 무관심과 수동성 때문에, 더욱 위험한 문제가 도사리고 있음을 예측해야 한다. 무관심과 수동성은 일반적인 불행으로부터 떼어 놓음으로써 우리를 보호해 주는 것처럼 보이지만, 실은 우리를 더욱 허약하게 만들고, 위험 속으로 몰고 가는 요소들이다. 그 증거로 무관심과 수동성으로 일관해 왔던 우리는 지금 위험 속에, 그것도 위험의 한가운데에 처하게 되었다. 아주 특수한 재난이 시작된 것이다. 그 재난이 가지고 있는 주된 무기는, 매우 재빠르게 파고든다는 점과 불안감을 조성하지 않고 아주 자연스럽게 보인다는 점이다. 또한 처음 시작될 때, 양자택일의 문제가 아니라 반드시 받아들여야 하는 것이라고 설득하는 힘도 뛰어나다.

  우리가 처한 위험이라니? 그것은 이런 상황 속에서 현재의 구도가 계속될 경우 무주택자(SDF)들, 〈쫓겨난 자들〉, 즉 이 사회와 전혀 어울리지 않아서 무시당하고 있는 이 무리가 장차 우리의 미래 사회를 구성하는 군중의 모태가 될 것이라는 사실이다. 그리고 우리 모두가, 혹은 거의 대부분이 그 군중을 이루는 일원이 될 것이라는 사실이다.

다른 대륙의 민족들, 후진국의 민족들이 겪고 있는 이와 똑같은 현상이, 이곳 풍요로운 우리 지역에서는 절대 있을 수 없는 비정상적인 현상으로 받아들여지고 있음은 이상한 일이다. 많은 사람들은 이렇게 믿고 있는 것 같다. 즉 다른 환경에서는 너무나 자연스럽게 침범하였던 빈곤이지만, 그러나 과연 복잡하고 세련된 우리 지역까지 침범할 수 있을까? 전혀 어리석지도 않고, 정보가 넘쳐흐르고, 세련된 비평기구들과 예리한 사회과학의 혜택을 입고 있을 뿐더러 역사를 분석하는 데 있어서 뛰어난 감각을 가지고 있는 이 사회 안에서, 과연 그같은 〈당치 않음〉이 가능할까? 하지만 바로 이런 요소들 때문에, 그리고 씨니즘·환멸 때문에, 또 때로는 신념 때문에, 또 대개는 태만함 때문에, 사태를 명확하게 바라보아야 할 위급시에도 제대로 상황 파악을 하지 못하는 것은 아닌지 자문해 볼 필요가 있지 않은가?

이런 질문을 하는 사람들도 있을 것이다. 세계화되고 불규칙화하고 지방색이 없어지는 지금 같은 상황 속에서, 몇몇 국가들은 도대체 무엇 때문에 계속해서 특권을 지니려고 버둥거리는가? 공정성을 추구하는 것이 지금의 추세가 아니던가?

진지하게 생각해 보자. 우리가 분노하는 것은 다음과 같은 사실이다. 즉 재해지역들이 그 비참한 상황을 벗어나서 번창하는 국가들의 대열에 끼는 것을 목격할 수 있는 오늘날에, 이와는

· · · · · · ·경·제·적·공·포· · · · · · ·

반대로 이제껏 확장일로에 있었고, 지금도 여전히 예전만큼 부유한 우리 사회에 그 비참한 상황이 들어와 자리잡는 것을 목도하게 되었다는 사실이다. 하기야 예전과 비교했을 때, 지금의 사회에서는 이익을 취득하는 방식이 변하였다는 차이는 있다. 혹자들은 방식이 변했다기보다는 진보하였다고 보기도 하지만. 어쨌든 이같은 이익 취득 방식은 일방적으로 이익을 가로채는 능력이 증가함에 따라 더욱 공고히 자리잡게 되었다. 가로채기 능력은 점차 수가 줄어들고 있는 소수의 특혜자들에게로 집중된다. 한편 필요하다고 판단되고, 이에 따라 대우를 받을 수 있는 다른 관계자들의 존재 역시 감소하고 있다.

따라서 한 국가의 부(富)가 반드시 그 나라를 번영하는 국가로 만드는 것은 아니다. 한 나라의 부는 단지 몇몇 사람들의 부에 불과하며, 그 소유권은 겉으로 보기에만 세습 재산과 국가 재정의 총체 안에 등록되어 있을 뿐 실제로는 전혀 다른 기관, 다른 차원에 속해 있다. 세계화를 부르짖는 압력단체들 안에 속해 있는 것이다. 그리하여 아주 오랜 옛날, 수 광년 전처럼 느껴지는 옛날에는 그래도 국민들의 복지와 심지어 생존문제 같은 것을 염두에 두고 있었다. 그러나 지금의 부는 오직 이같은 경제형태로만 나아가고 있다.

더 이상 〈다른 사람〉들의 노동을 필요로 하지 않는 권력자들은(우리가 언제 그들에게 보호를 요청하였던가?), 누구나 항상 이런 식으로 기업을 이끌어간다. 그 〈다른 사람〉들이 건강진단서와 이력서를 들고 다른 곳에라도 찾아가 볼 수 있다면 다행이

·······경·제·적 공·포·······

겠지만, 그러나 애석하게도 다른 곳이란 더 이상 없다. 심지어 이 땅의 삶을 믿지 않고 저 세상의 존재를 믿는 신앙인들에게조차도, 그들의 이력서를 받아 줄 수 있는 다른 곳이란 없다…… . 우리에게는 지금의 세계를 대신할 수 있는 지리적 공간이 없으며, 다른 땅도 없다. 우리의 삶이 위로를 받는 꽃밭에서부터 우리가 묻힐 묘지에 이르기까지 모든 것이 존재하는 곳은, 바로 이 지구상에 있는 이 영토일 뿐이다. 아주 오랜 옛날부터 쭉 그래 왔듯이…… .

· · · · · · · 경·제·적 공·포 · · · · · · ·

　무관심이란 잔인한 것이다. 아이러니하게도 그것은 매우 활동적이며 강한 힘을 가지고 있다고 할 수 있다. 왜냐하면 무관심은 무엇보다도 해롭고 불결한 것인, 권력의 남용과 탈선을 허용해 주기 때문이다. 그리고 20세기는 바로 그러한 사실을 극명하게 보여 주고 있는 비극적인 증인이다.
　하나의 제도를 만드는 데 있어서 국민들로부터 무관심을 얻어냈다는 것은, 부분적인 동의를 얻는 것보다 훨씬 더 큰 승리를 거두었음을 뜻한다. 사실 어떤 체제가 대중적인 동의를 얻게 되는 것은, 다름아닌 대중들의 무관심에 의해서이다. 그때의 결과가 어떤 것인지는 우리 모두가 잘 알고 있는 바이다.

········경·제·적·공·포········

　무관심은 거의 언제나 다수파에 의해 표명되며, 제지를 당하는 법이 없다. 그런데 최근 몇 해는, 절대적인 지배력이 자리잡았다는 사실 앞에서 평화로운 무관심을 보여 줌으로써 이 분야의 챔피언이 되었던 시기이다. 또한 역사를 위장하는 데 있어서도, 한번도 보지도 듣지도 못한 일들이 일어났다는 점에서도 타 시대의 추종을 불허하며, 방관이 일반화되었다는 면에서도 단연 챔피언인 시기였다. 아무튼 20세기에 들어와 우리들이 보여 준 방관은 이제껏 한번도 기록된 적이 없었다. 이처럼 뚜렷하게 드러난 우리들의 관찰력 결여와 흥미 상실은, 침묵 속에서 진행된 끈질긴 책략이 대중들 속에 슬그머니 트로이의 목마를 들여 놓음으로써 퍼뜨려진 것임이 틀림없다. 그 책략을 주도한 자들은 경계심의 결핍을 기초로 해야만 그 책략의 출처를 알 수가 없고, 그래야 더욱 효과적이라는 것을 잘 알고 있었던 것이다.
　무관심이라는 것이 그처럼 효과적인 방법이었기에, 모든 사람들이 지켜보는 앞에서도(알고 있는 앞에서가 아니라) 전혀 그들의 주의력을 환기시키거나 불안감을 일으키지 않은 채, 지금의 정치적·경제적 상황으로까지 변해 올 수 있었다. 지금 전세계를 뒤덮고 있는 새로운 구도는, 살며시 우리의 삶 속에 침투하여 마침내 모든 사람의 삶을 지배하게 되었지만, 그 구도를 만들어낸 경제권력자들 외에는 누구도 그 사실을 알아채지 못하였다. 따라서 지금 우리는 이제까지 듣지도 보지도 못했던 제도들에 의해 경제권력의 지배를 받는 새로운 세계 속에 존재하고 있는 것이다. 하지만 우리는 전혀 그럴 리가 없다는 듯, 이제는

······경·제·적 공·포······

효력이 없어진 구세계의 경제구조에 매달려 여전히 쓸데없는 공상에 잠겨 있다.

지금 우리 사회에는 무심함과 무기력 증세가 너무나 만연해 있다. 〈정치적으로는〉 올바를지 모르겠지만, 궁극적으로는 사기 행위에 속하는 어떤 사회적 혹은 정치적 진전 상황에 대해, 만일 우리가 예외적으로 브레이크를 걸어 보겠다고 가정해 보자. 그 프로젝트들은 이미 오래 전부터 우리가 잠자고 있는 사이에 치밀하게 공들여 만들어진 것이기 때문에, 현재 적용중인 원리에 꼭 들어맞도록 매우 견고하게 제자리를 차지하고 있는 유일한 것들임을 곧 발견하게 될 것이다. 아주 깊이 뿌리를 내리고 있는 그 프로젝트들은 따라서 수정이 거의 불가능한 것처럼 보이며, 심지어 우리의 실생활 속에까지(!) 이미 말없이 자리잡고 있는 것처럼 보일 때도 많다.

우리가 그 프로젝트에 개입하게 되는 때는(혹은 개입한다고 믿게 되는 때는), 오래 전에 모든 준비를 끝낸 그 프로젝트가 이미 우리 삶에 확고히 자리를 잡은 후이며, 항의할 여지마저 벌써 철거해 버린 때이다. 심지어 그 프로젝트가 기정 사실화되었을 때조차 깨닫지 못할 경우도 있다. 이미 프로젝트의 한가운데에 들어와 꼼짝 못하게 되었을 때서야, 비로소 우리는 그 사실을 알게 되는 것이다.

우리의 수동성은 우리가 전세계의 상황을 포함하는 정치의 그물망 속에 걸려들게 내버려둔다. 우리가 처한 상황에 책임을 져야 할 정책이 긍정적이냐, 부정적이냐 하는 것은 부차적인 문제이다. 정말 문제가 되는 것은, 한 제도가 아무런 동요도 일으키지 않고, 아무런 논평도 비난도 받지 않은 채 자연스럽게 하나의 학설로 강요될 수 있었다는 사실이다. 간혹 아주 드물게, 그리고 아주 뒤늦게 논평이나 비난이 뒤따르기도 하지만 결과는 마찬가지이다. 그러나 그 제도는 벌써 가상의 공간은 물론 물리적 공간까지 점령하고, 시장과 시장의 움직임에 절대적인 패권을 부여하였다. 그리고 부(富)를 몰수하여 눈에 드러나지 않게 한 다음, 사람들의 손이 닿지 않는 곳으로 옮겨 놓는 법을 알고 있었으며, 심지어 상징의 형태로 전환시켜 효력을 갖지 못하게 하는 방법도 알고 있었다. 이 상징이야말로 가상의 무역, 곧 추상적인 거래의 핵심이다.

그러나 우리는 아직도 낡은 제도를 어떻게든 수리해 보려고 애쓰고 있다. 더 이상 통용되지 않는 제도인데도, 현재의 황폐한 상황의 책임을 그 제도에 돌리고 있기 때문이다. 그러나 사실 이 비참한 상황은, 온 세상에 편재하면서도 보이지는 않는 이 새로운 제도가 생겨남으로써 만들어진 것이다. 이 새로운 제도에 우리가 전혀 관심을 갖지 않고 있음을 눈여겨본 자들은 그들의 속임수를 쉽게 활용하고, 또한 연장시킬 수 있다는 용기를 얻었을 것이다.

우리를 위험 속에 밀어넣는 것은 상황이 아니다. 상황은 수정될 수도 있다. 정말 위험으로 안내하는 것은, 한 번 피할 수 없다고 제시된 사항이면 무조건 체념하고 맹목적으로 동의하려는 우리들의 일방적인 태도이다. 이런 방법에 의해 총체적 경영이

· · · · · · 경 · 제 · 적 · 공 · 포 · · · · · · ·

이루어지게 되면 불안감이 조성될 것이 분명하다. 정체를 알 수 없는 두려움이 싹트기 때문이다. 그러나 그 두려움을 느끼는 대부분의 사람들은, 그 공포의 근원이 무엇인지를 모르고 있다. 대개의 경우 그 총체성의 부차적인 결과, 예를 들면 실업문제 같은 것만 문제삼을 뿐이지, 총체성이 안고 있는 근본적인 문제점까지 거슬러 올라가서, 그 방식이 가지고 있는 지배력을 비난하는 일은 절대로 없다. 그저 운명이라고 받아들일 뿐이다.

공포라는 것은 태고적부터 유래한 것으로 보인다. 그것이 언제부터 시작되었는지는 알 수 없으나 아마 앞으로도 영원토록 모든 것을 지배할 것으로 보인다. 공포가 갖는 지칠 줄 모르는 현실성은, 즉 매순간 공포를 느끼게 되는 까닭은 공포의 속성이 과거완료에 속하기 때문인 듯하다. 말하자면 존재하였기〈때문에〉지금 존재하는 것이다. "모든 것은 시간과 함께 흔들린다"고 하였던 파스칼은, 이런 말을 한 적이 있다. "관습은 정당성을 갖는다. 과거에 받아들여졌었다는 단 한 가지 이유 때문에. 관습이 권위를 갖고 있는 신비한 근거가 바로 이것이다. 이 원리를 거슬러 올라가 보면, 관습의 권위는 약해지고 만다."

그러나 문제는 관습이 아니라, 관습을 뒤엎어 버린 근본적인 혁명이 있었다는 사실이다. 그 혁명은 경제세계에 자유주의 제도가 뿌리박게 하였으며, 그 제도가 구체화되고 작용하게 만들었다. 또한 그 제도의 논리 이외의 다른 논리는 모두 효력을 잃게 만들어서, 결과적으로 그 제도의 논리만이 살아남게 만들었다.

대혼란이라든가, 혹은 눈에 띄는 변화 같은 것은 전혀 없었다.

· · · · · · 경·제·적·공·포 · · · · · · ·

 그럼에도 불구하고 새로운 체제는 벌써 들어와서 절대적 권위를 가진 지배자로서의 권한을 차지하였으며, 굳이 그것을 과시할 필요도 없을 만큼 그 권위는 우리의 실생활 속에 젖어들었다. 그런데 이 체제는 분명 새로운 것이긴 하나, 어찌된 일인지 퇴행적 성격을 가지고 있다. 19세기의 개념으로 돌아가고 있기 때문이다. 〈노동〉이라는 요소가 사라진 것이 바로 19세기부터였으니까……. 전율!
 현재의 자유주의 제도는 국내의 다양성에 적응할 수 있을 만큼 유연하고 투명하지만, 그러나 매우 〈세계화〉되어 있어서 그 다양성을 민속(民俗)이라는 영역 속에 조금씩 가두어 놓고 있다. 이 체제는 엄격하고 독재적이지만, 걷잡을 수 없이 확산되어서 위치를 측정할 수 없도록 도처에 퍼져 있다. 그리고 단 한 번도 선포된 적이 없으면서도 경제의 모든 열쇠를 쥔 채 경제라는 것을 사업분야로 축소시키고 있으며, 사업의 영역에 속해 있지 않는 모든 것을 이 영역 속으로 빠르게 흡수하고 있다.
 물론 사경제는 이같은 대변혁 이전에도 권위라는 무기를 가지고 있었다. 그러나 현재의 사경제가 가지고 있는 권력은, 자율권에 있어서 전에 없는 풍부함을 누리고 있다는 점이 그 특징이다. 이제까지는 필수적인 존재들이었던 수많은 노동자·대중들은, 그동안 사경제에 압력을 가할 수 있었기에 그 권력을 약화시키고, 맞서 싸우기 위해서 단결할 수도 있었다. 그러나 그들은 지금에 와서는 점점 더 불필요한 존재들이 되어 아무런 영향을 미치지 못한다.

· · · · · · · 경 · 제 · 적 · 공 · 포 · · · · · · ·

　권위라는 무기라고? 사경제는 결코 그 무기를 빼앗겨 본 일이 없다. 때때로 빼앗기게 될 거라는 위협을 받은 일은 있었지만, 자신의 도구들, 특히 부·자원·소유물 들을 보존하는 방법을 알고 있었기에 결코 그 위협에 넘어간 일은 없었다. 또한 한동안이나마 어떤 이익을 포기하지 않으면 안 될 때가 있긴 하였지만, 그때 포기한 이익이라는 것은 절대 단념하지 않는 이익에 비하면 언제나 아주 작은 것에 불과하였다.
　심지어 일시적인 실패를 맛보았을 때조차도, 사경제는 도저히 누구도 흉내낼 수 없는 용기와 끈기를 가지고서 다시 자신의 위치를 회복하였다. 오히려 사경제가 가장 큰 힘을 발휘할 때가 바로 그때였을 것이다. 기회만 주어지면 사경제는 역경을 통해 더욱 번듯하게 성장하였다. 그동안 보존해 왔던 자신의 무기들을 그 어느때보다 열심히 갈고 닦으며, 자신이 내세운 이론들을 공들여 손질하고 조직망을 공고히 굳힘으로써, 남의 눈에 띄지 않게 스스로 위장하는 방법을 알고 있었기 때문이다. 그의 명령은 여전히 계속되었다. 사경제가 제시하는 방식이 간혹 부정되고, 제자리걸음만 하거나, 대중 앞에서 창피를 당하는 수도 때로 있기는 하였다. 게다가 아예 없어지는 것처럼 보일 때도 있었다. (그러나 단지 일시적으로 중단되었을 뿐이다.) 하지만 사경제 영역과 그 지배계급의 우세함은, 항상 보란 듯이 다시 회복되곤 하였다.
　이는, 권력이라는 것은 권위와는 다른 것이기 때문이다. 권위를 비웃기도 하며, 권위를 이용하기 위해서 그 권위에 특혜를

· · · · · · · 경·제·적·공·포 · · · · · · ·

주고 위임하는 것이 바로 권력이다. 그 권력은 이제껏 사경제를 주무르고 있는 자들의 손에서 다른 곳으로 넘어가 본 일이 없다. 그들은 때때로 권위를 잃은 일은 있으나, 권력을 빼앗겨 본 일은 단 한번도 없다. 파스칼은 힘이라는 용어를 써서, 이 권력에 대해 이렇게 설명하고 있다. "여론과 상상력에 기초하여 세워진 제국은 얼마 동안 통치력을 갖는다. 이 제국은 온유하고 자발적이다. 그러나 힘으로 세워진 제국은 영원히 통치한다. 이처럼 여론은 세상의 여왕이라고 할 수 있지만, 힘은 세상의 폭군이라고 할 수 있다."

사경제를 이끌어가는 계층은 계략을 꾸미고, 남을 밀쳐내고 그 자리를 차지하며, 이를 위해 기회를 엿보는 일을 잠시도 멈추는 적이 없다. 그래서 언제나 유혹과 선동을 멈추지 않는다. 그들의 특권은 대부분의 사람들에게 있어서 선망의 대상이다. 심지어 그 계층을 무너뜨려야 한다고 주장하는 사람들 중에도 이들을 부러워하는 자들이 많을 정도이니까. 돈, 전략상 거점의 확보, 공급할 수 있는 일자리, 다른 권력자들과의 관계, 교역의 지배, 우월성, 특정 분야에 대한 지식, 노하우, 여유, 호사스러움, 그 이외의 또 다른 〈수단〉들. 그 어느것도 이들로부터 이러한 특권들을 빼앗아갈 수 없다. 권한이라는 것은 항상 권위에 의해 부여되는 것은 아니다. 그러나 권력 안에는 이 권한이 늘 내재하고 있으며, 권력은 무슨 일이 있어도 이 권한을 놓지 않고 유지해 왔다.

오늘날 그 한계가 없는 권위는 모든 것을 점령하였으며, 특히

······경·제·적·공·포······

권력이 만들어낸 논리와 충돌하는 사고방식을 모두 점령해 버렸다. 이렇듯 권력은 어느곳에나 그 흔적을 남기면서 모든 것을 자기 것으로 만들 준비가 되어 있다. 그러나 권력은 이미 모든 것을 소유하고 있지 않았던가? 권력은 자신이 존재하는 그곳을 이미 자기 것으로 가로채어 그 열쇠를 쥐고 있지 않았던가? 그리고 자기 것이라 생각하는 끝없는 공간 속에, 더 이상 이용가치가 없어진 나머지 국민들을 가두어 놓고 유지하는 일에 그 열쇠를 사용하고 있지 않은가?

사경제의 권력은 이렇게 행사된다. 권력이 소유하고 있는 지배력은 이처럼 단단히 닻을 내리고 있으며, 포화상태에 이른 그 힘은 뚜렷하게 효력을 발생하고 있다. 그렇기 때문에 그의 논리를 벗어나서는 아무것도 생존할 수 없으며, 작동할 수도 없다. 자유주의 클럽 밖에는 구원이 결코 있을 수 없는 것이다. 각국의 정부는 이 사실을 잘 알고 있기에 사경제가 내세우는 이념에 복종할 수밖에 없다. 그러나 자유주의의 속성이, 이 이념 자체로부터도 자유로워지고 싶어서 이념의 원리조차 기피하고 비난하는 경향이 있는 만큼, 각 정부는 이들의 이념으로부터 자신을 방어하기도 한다!

지금은 자유주의 시대이다. 그럼에도 불구하고 우리 모두는 이 시대의 철학을 강요받고 있다. 공식적으로 표명되거나 분명한 학설로 치장된 일도 없건만, 그 철학은 세상에 얼굴을 드러내기도 전에 이미 구체화되어 활동하고 있었다. 그리고 지금 그 영향에 의해, 거역할 수 없는 독재적인 한 제도가 움직이고 있다. 그러나 아직까지는 민주주의라는 이름 아래 드러내고 활약할 수가 없어서, 몸을 사린 채 숨을 죽이고 있는 상태이다. 따라서 으스대거나 목청을 높이지는 못하고, 여러 가지 제약 속에서 나지막한 목소리로 소곤거리고만 있을 뿐이다. 우리는 정말 고요함의 폭력 속에서 살고 있는 것이다.

고요함과 그 속에서 자라나는 폭력의 논리는 생략의 원리를 기초로 하고 있다. 생략의 원리라니? 잘난 척하는 고요함과 무례한 폭력의 희생자가 된 비참한 자들의 존재와 빈곤이라는 문제를 아예 생략해 버리고 무시하는 원리를 말한다.

말 없이 시행된 이 제도가 가져온 결과는 대개 범죄로 드러나며, 때로는 살인행위로 나타날 때도 있다. 그러나 너무나 조용하게 이루어지는 이 폭력의 공격성은, 우리 같은 사회에서는 이제 포기해 버린 요소라고 할 수 있다. 지금 이 시간 우리 옆에서 시들어가고 죽어가는 사람들이 있는데도, 그대로 방치하고 있다는 사실이 그 증거이다. 그리고 이런 결과의 책임을 아무런 힘도 없는 그들, 즉 누구의 관심도 끌지 못하는 실업자들 자신에게로 돌리고 있다. 왜냐하면 일자리가 완전히 바닥이 났다는 것을 뻔히 알고 있으면서도, 그들에게 일자리를 찾지 않으면 안 된다고 명령하고 있으니까.

늘 되풀이되는 똑같은 이야기!

따라서 불행한 자들이라는 의미는, 실직으로 버림받은 자들의 의미로 순식간에 변해 버린다. 사회가 그들에게 강요하는 구직이라는 과제는 이제 그들을 짐 같은 존재로 변하게 하고, 우리와는 전혀 〈다른 자〉들로 만들어 버린다. 우리와 〈다른 그들〉은 이미 오래 전부터 최대한 헐값에 팔려 부당한 취급을 받아오던 자들이면서도, 어떻게 된 일인지 그런 자신들의 분수도 모르고 가당치 않게 요구하고 싶은 것이 있으면 덤벼들기도 하고, 거부하거나 이의를 나타내고 싶을 때는 투쟁도 불사한다. 아니 도대체 그들은 얼마나 미적 감각이 없는 자들이길래, 이렇게까지 주위와 조화를 이루지 못하고 볼썽 사납게 삐져 나온단 말인가? 얼마나 무례한 자들이길래, 반쯤 졸고 있는 우리의 한가로움을 이렇듯 방해한단 말인가? 얼마나 공중도덕을 함부로 무시하는 자들이길래, 자기들을 집에서 편히 쉬게 해주려고 애쓰는 기업가들의 노고는 생각지도 않고, 그에 대한 이익을 배려해 주지 않는단 말인가? 그들은 또한 얼마나 겸손할 줄 모르는 사람들이기에, 그렇게 맨 앞에 나서서 시끌벅적한 문제를 일으킨단 말인가? 〈우리 모두〉가 자기들의 안녕을 원하고 있는데, 오히려 그들을 못살게 구는 자들은 바로 자신들 스스로가 아닌가? (이때의 우리란, 자기의 안녕이 곧 모든 이들의 안녕을 위해 꼭 필요하다고 굳게 믿는 자들이다.)

  우리와는 〈다른 자〉들인 그들이 언제나 의심스러운 존재들로 취급받아 온 것은 사실이다. 또한 당연하다는 듯이 열등한 존재로 여겨져 온 것도 사실이다. 그리고 바로 이런 생각들이 〈우리의 신조〉라는 과일의 알맹이를 이루고 있다. 그들은 또한 위협하는 존재이며, 우리에게 필요한 일을 해준다는 것 외에는 아무런 가치도 없는 존재로 여겨져 왔다. 그런데 이제는 그들이 우

· · · · · · 경 · 제 · 적 · 공 · 포 · · · · · · ·

리에게 해줄 일조차 거의 없어졌을 뿐만 아니라, 그나마 있던 것도 점점 줄어들고 있는 형편이다. 그들이 해줄 수 있을 만한 일거리라는 것이 없어진 것이다. 그러니 그들의 가치가 이제부터 제로(zero)를 향해 곤두박질치고 있다고 해도 놀랄 사람은 별로 없을 것이다.

 이러한 사실들을 눈여겨보면, 그들을 지배하는 자들이 그들에 대해 실제로 어떤 감정을 느끼고 있는지를 알 수 있게 되며, 또 무엇을 기준으로 해서 그들의 가치를 평가하고 있는지도 알 수 있게 된다. 또한 시간이 흐를수록, 이 계산법에 따라 불행히도 일단 제로의 수준에 이르러 옆으로 밀쳐진 존재가 되고 나면, 어떻게 해서 순식간에 쫓겨난 자로 전락하고 마는 것인지도 금방 알 수 있을 것이다.

 제로로 향하는 비탈길의 경사는 현기증이 날 정도로 가파르다. 실직의 고통은 사회의 모든 계층에서 느껴지고 있다. 실직자 한 사람 한 사람에게 있어서 그 고통은 그들의 아이덴티티 자체를 모독하는 혹독한 시련이다. 그것은 그들이 이 사회와 균형을 이루지 못한다는 뜻이며(이 말은 틀린 말이다), 수치스러운 존재이며, 곧 다시 위험스러운 존재가 된다는 것을 뜻한다. 조금 더 부유한 위치에 있는 실직한 중역들 역시 적어도, 실직한 말단직원이 겪는 것과 같은 정도의 고통을 겪을 수 있다.

 한 사람이 얼마나 순식간에 자신도 모르게 밑바닥으로 내려갈 수 있는지, 사회라는 곳이 얼마나 냉정한 곳인지, 그리고 한 번 빼앗기고 나면 다시 희망을 갖는다는 것이 얼마나 불가능한

· · · · · · · 경 · 제 · 적 · 공 · 포 · · · · · · ·

일인지를 깨닫는 순간 그들이 느끼는 당혹감이란! 모든 것이 다 흔들리고, 모든 것이 다 멀어져 가며, 어디를 봐도 사방이 꽉 막혀 있다. 하나부터 열까지 모든 것이 다 약해져 버려서 언제 부서질지 모르게 되며, 심지어 주거문제까지도 목을 죄어 온다. 거리에 나앉게 될지도 모른다는 불안감이 시시각각으로 커져만 가고……. 이제 더 이상 살아갈 〈방법〉이 없는 이들에게 왈칵 달려들어 그들을 곤혹스럽게 만들지 않는 것은, 거의 찾아볼 수조차 없는 판국이다.

사회로부터 배제된 채, 사방이 막힌 벽 속에 갇혀 버린 자들이 점점 늘어나고 있다. 그리고 사회 전반에 걸쳐 합리성의 부재라는 현상이 뚜렷이 드러나고 있다. 예를 들어서 일자리를 잃는다는 것과 이제까지 살아 온 집에서 쫓겨난다는 것, 즉 길거리에 나앉는다는 것 사이에 도대체 어떤 상관관계가 있을 수 있단 말인가? 앞서 말한 분명한 동기, 즉 실직하였다는 것 때문에 이같은 처벌을 받아야 한다는 것은 있을 수 없는 일이다. 집세를 낼 수 없다는 사실, 지금까지는 꼬박꼬박 지불해 왔지만 앞으로는 그렇게 할 수 없게 되었다는 그 사실이 범죄로 취급된다는 것은, 깊이 생각해 보면 이미 그 논리 자체가 정말 놀라운 것이 아닐 수 없다. 세상 사람들이 다 알고 있다시피 일자리가 눈에 띄게 부족하기 때문에, 일자리를 구할 수가 없어서 집세를 못 내게 된 것이 아니던가! 혹은 운이 좋아 일자리가 있다고 해도, 쥐꼬리만한 봉급으로는 어렵사리 구한 집의 턱없이 비싼 집세를 감당할 수가 없어서 못 내는 것이 아니던가! 일을

······경·제·적·공·포·······

하기 싫어서 안하겠다는 것도 아니고, 일부러 다른 사람에게 피해를 주고 싶어서 있는 돈을 내지 않으려는 것도 아니거늘, 그 때문에 이처럼 가혹한 처벌을 내려서 사람을 거리로 내쫓는다는 것은 미친 사람들이나 할 짓이다. 아니면 고의적인 악의에서 나온 소행일 수밖에 없다. 집을 얻으려면 반드시 일자리가 있어야 하고, 따라서 그 일자리를 구하거나 혹은 지금의 일자리를 유지하려면, 반드시 신분 확인을 위한 주거지 증명으로서 집이 필요하다는 우리의 실정을 생각할 때 더더욱 그렇지 않은가!

그런데 길바닥으로 나앉게 하다니! 길바닥에 나앉는 것이, 어쩌면 우리의 사회제도에 적응하는 것보다 힘이 덜 드는 일인지도 모른다. 왜냐하면 우리의 제도는 길바닥보다 더 냉랭하니까……

이런 일은 단순히 불공평한 처사라고 보아넘길 일이 아니다. 이것은 잔인한 부조리이며, 한심하기 이를 데 없는 멍청이 짓으로서, 소위 선진국이라는 우리 사회의 거만한 태도를 웃음거리로 만들고도 남을 일이다. 이런 희생자들 뒤에서 사경제 권력자들이 얼마나 자신들의 이득을 꼼꼼하게 잘 챙겨 놓고 있는지 만천하에 드러내 놓고 고발하지 않는다면, 이같은 일들은 참으로 수치스러워 죽을 일이다. 그런데 엉뚱하게도 그 수치감과, 피폐한 하루하루의 삶과, 때로 죽음으로까지 이르는 비참한 운명을 감당하게 되는 자들은 결국 누구인가?

합리성이 결여되어 있지 않은가? 그렇게밖에 말할 수 없는 몇 가지 예가 또 있다.

······경·제·적·공·포·······

 우리는 부유한 지도급 계층의 사람들에 대해서는, 그들이 어떤 부를 어떻게 누리든간에 그들을 책하는 법이 없다. 그러나 그들보다 낮은 계층의 사람들에 대해서는, 그들이 당한 불이익의 정도가 우리가 당하는 것보다 약하다는 이유로 그들을 호되게 질책한다. 우리보다 덜 학대당하였다는 것에서 분노를 느끼기 때문이다. 말하자면 학대당한다는 사실을 하나의 기준으로 삼고서, 모두가 그 기준에 보조를 맞추어야 된다고 생각하는 것이다.
 그래서 아직 일자리를 갖고 있는 사람, 비록 봉급은 얼마 안 되지만 그래도 실직을 하지 않고 일을 하러 다니는 사람을 보면, 그를 일종의 특혜자로 여긴다. 남의 이익을 가로챈 자가 바로 그자라고 여기는 것이다. 이 경우, 실직이라는 학대의 사건을 기준으로 보고 있음이 분명하다. 극히 적은 봉급을 받고 일할망정 그나마도 갖지 못한 자들과 그 일자리를 나누고 싶어하지 않는다는 이유로, 그들을 마치 호사방탕한 폭군이라도 되는 듯이 그들의 〈에고이즘〉을 비난한다. 그러나 그들에게 요구하는 이 연대감을 재산의 분배, 이익의 분배로까지 확장시켜 보는 일은 결코 없다. 왜냐하면 이익의 분배, 재산의 분배가 우리 시대에는 말도 안 되는 것, 생각할 수도 없는 것, 그야말로 돼먹지 않은 생각으로 간주될 것이기 때문이다!
 호화스러움 속에 파묻혀 사는 사람들, 예를 들어서 철도 공무원들과 같이 다른 사람들보다 은퇴수당을 조금 더 넉넉히 받은 자들의 경우에는, 그들이 받는 특혜라 해봤자 고위층 인사들이

········경·제·적·공·포········

누리는 특권과 비교해 볼 때 사실 가소롭기 짝이 없는 것이다. 그렇건만 이들 하급 공무원들의 〈특혜〉를 비난하는 것은 아주 타당하며, 심지어 바람직하다고까지 생각한다. 진짜 특권자들이 한껏 누리고 있는 특혜는 단 한번도 문제삼아 본 일이 없으면서!

우리는 생각한다. 우리의 일자리까지 가로채 놓고, 그것도 모자라 부끄러운 줄도 모르고 감히 급료 인상까지 요구하는 이 위험한 약탈자들, 돈밖에 모르는 이들 근로자·노동자 들은 얼마나 복이 터진 자들인가!라고. 그런 그들이 일자리를 갖고 있으면서도 한술 더 떠서 급료까지 올려 달라고? 이런 파렴치한 행동을 서슴없이 하다니, 뻔뻔한 자들이라는 오명을 어떻게 벗을 수 있겠는가! 한 번 신문을 펼쳐 놓고 그들이 요구하는 봉급 인상의 액수를 생각해 보자. (이 인상을 위해 맹렬한 토론이 있었을 것이다. 오히려 인하되는 경우도 있고, 때로는 인상 요구가 거절되기도 한다.) 식도락가들을 위해 소개된 유명 식당의 결코 비싸지 않은 한끼 식사비와 비교해 보면, 그들의 뻔뻔스러움을 분명히 알 수 있다. 이 무례한 자들은 감히 유명 식당 한끼 식사비의 자그마치 3분지 1, 혹은 4분지 1이나 되는 엄청난 액수를 인상해 달라고 하는 것이다! 세상에!

또 한 가지 예를 보자! 정말로 혜택을 받고 있는 자들은 〈국가를 움직이는 힘〉이라고 부르면서 그냥 놓아둔 채, 겨우겨우 대우받고 있는 공공기관의 직원들, 하급 공무원들에게는 반감을 갖도록 오래 전부터 애써 오고 있다는 점이다. 그리하여 그들에게 좋지 않은 감정을 품고 있는 자신들은 이렇게 생각한다.

· · · · · · · 경 · 제 · 적 · 공 · 포 · · · · · · ·

　중소기업연합회 지도자들을 포함한 다국적 기업의 지도자들은 목숨을 두려워 않고 끊임없이, 끝없이 위험 속으로 뛰어드는 모험을 감행하고, 뭐랄까……, 어쨌든 뭔가를 이용하고 착취해야 한다는 생각으로 항상 머리를 싸매고 연구를 하면서 〈국가를 움직이는 힘〉으로서 맹활약하고 있건만, 반면 철도청에서 근무하는 만석꾼들이나 우체국에서 일하는 허가받은 벼락부자들이 하는 일이라곤 대체 무엇인가! 부끄럽게도 자기들의 안전만 생각하면서 치부를 하고 있지 않은가!라고.
　고용능력을 가지고 있고, 또 고용을 창출할 수 있을 것이라고 믿기에 〈국가를 움직이는 힘〉이라고 불리는 이들은, 바로 그 목적 때문에 정부로부터 지원을 받고, 면세 혜택을 받는 등 아낌을 받고 있건만, 실제로는 고용창출은커녕(실업이 계속해서 증가하고 있는 것이 그 증거이다) 오히려 더 거리낌 없이 해고를 단행하고 있다. 심지어 고용창출을 위해 특별 지정되어 특혜를 받고 있는 기업들까지도 마찬가지이다.
　그리하여 예전에는 우습게도 〈패트론〉이라고까지 불리었던 이 〈움직이는 힘〉들은, 이제는 음악가·화가·작가·과학자 기타 예능인 들까지 갑자기 밥벌레로 취급하고 있다. 그러니 지렁이같이 하찮은 시선을 들어서, 밤하늘에 빛나는 성좌 같은 이 재능인들의 찬란한 빛에 눈이 부시어 황홀해하는, 별볼일 없는 나머지 인간들이야 오죽 더 한심한 자들로 볼 것인가…….
　자신들은 직업이 보장되어 있다고 안심하며 파렴치하게도 편안히 푹 쉬고 있는 뻔뻔한 하급 공무원들은, 일자리가 사라진데

· · · · · · · 경 · 제 · 적 · 공 · 포 · · · · · · ·

다, 남은 일자리마저 대부분 불안정하고 부실한 현실에서 오는 공포를 자기들만은 느끼지 않아도 된다고 생각하고 있다. 그러나 바로 이러한 사고방식이야말로 우리 모두가 부끄러워해야 할 위험한 생각이다. 더욱 끔찍한 것은, 이런 자들이 노동시장의 가사상태를 지연시키고 있다는 점이다. 그런데 여기서 알아야 할 것이 하나 있다. 바로 이같은 노동시장의 가사상태와 공포가 지금 한창 개화기에 있는 현대 경제를 살찌우는 영양소이며, 〈사회적 응집력〉에 대한 가장 훌륭한 보증인이라는 점이다.

실업은 대중의 친구 제1호이던가?

발전을 향해 나아가고 있다면서도 이렇듯 빈곤에 시달리는 자들의 모습을 많이 보여 주고 있는 국가가(이것은 첨단의 많은 다른 국가들의 경우도 해당된다), 그리고 〈극빈자와 거지 들을 위한 급식소〉(이 급식소의 필요성이 절실한 만큼 이에 대한 비난도 만만치 않다)가 운영되고 있는 것을 수치스럽게 생각하기는커녕 오히려 자랑스럽게 생각하고 있는 국가가, 감히 세계경제의 제4위 국가임을 선언하고 있다는 사실은 어쩐지 좀 놀라운 일이 아닐까? 국민의 건강 · 교육 · 주택 등 수많은 시급한 문제들로부터 살짝 빠져 나와서는, 유감스럽게도 이런 문제들이 〈수익성이 없기 때문에〉 어쩔 수 없다는 식의 말을 변명이랍시고 하는 처지에, 그래도 세계 제4위의 경제대국이라고 교만하게 거드름을 피우고, 어깨를 으쓱거리고 있다는 것은 정말 놀랄 만한 일이 아닌가?

그러나 우리는 지나치게 이성적이고 물질주의적이고 야비한

· · · · · · · 경 · 제 · 적 · 공 · 포 · · · · · · ·

자들로 보여지고 있다는 사실에 대해서 지금 후회하고 있다. 제4위의 경제강국이라는 자부심에서 오는 기쁨으로 우리의 가슴을 두근거리게 해주는, 꽤 만족할 만한 수출실적과 수지균형의 향상에서 나온 결과가 과연 무엇인가를 감히 반문해 볼 정도로……. 제4위라고 하여 세계경제 대열의 귀빈석 자리를 차지하고 있기는 하나, 무주택자(SDF)들이 여전히 종이 상자 속에서 잠들고, 여전히 실업자의 수는 늘어가기만 하며, 소비곡선이 하향길을 걷는 등, 빈곤자들의 삶에는 아무런 영향도 미치지 못하는 것 같기 때문이다. 빈민 주택단지의 삶도 마찬가지이다.
 이와는 반대로, 경제계와 금융가에는 지대한 영향을 미쳤다. 그리고 이런 경제방식이 더할 나위 없이 합당하다는 생각에서 지금의 성공을 자축하며, 이 방식에 따라 사는 것이 옳다고 보는 기업주들의 삶에도.
 이들은 모두가 잠들어 있는 중에도 홀로 깨어 있는 놀라운 매력을 지닌 자들이다. 또한 빈곤을 만들어내고 있는 지금의 상황에 대해서도 조금도 당황하거나 두려워하지 않는 부러운 지혜와 뛰어난 능력을 가지고, 자신들만의 논리에 따라 자신들만의 이익을 합리적으로 추구하는 자들이다. 그러나 이들은 소설이나 영화 속에서 보는 빈곤에는 언제나 민감하게 반응한다. 소설을 읽고 영화를 보며 눈시울이 뜨거워질 때면, 이 빈곤의 상황에 둔감하게 반응하는 일반인들의 태도에 분노를 터뜨리며 자신들의 섬세함을 과시하기도 한다. 그 정도로 현명한 자들이다. 빈곤이나 불공평은 이들의 삶에는 결코 나타나지 않는 것이기에, 오락의 차원에서 만날 때만 빈곤이나 불공평한 상황이 참기 어려운 고통일 것이라고 잠깐 인정하며, 그 순간만 진지하게 생각에 잠길 뿐이다. 그리고는 영화와 소설 속의 빈곤과 불공평을 마치 자신이 당하고 있는 것처럼 여기면서 잘 조절된 쾌감을 느낀다.

예를 들어…… 빅토르 위고의 《레 미제라블》을 읽는 그들을 보자. 코제트와 코제트의 어머니는 스크린에서, 연극 무대에서, 책갈피에서 그들을 흐느끼게 하고 감동시킨다. 책 속에 나오는 가난한 불량 청소년 가브로슈에게는 따뜻한 눈길을 보내는 그들이지만, 어쩐 일인지 거리를 활보하고 있는 수많은 가브로슈에게는 증오심을 갖는 자들이다! 그들은 잔인하기 이를 데 없고, 착취를 일삼으며, 비정하고, 배가 나온 뚱뚱한 자기 자신들을 우습게도 학대받는 자나 혹은 그들의 보호자와 동일시한다! 그러면 매정하고 악착같기 짝이 없는 떼나르디에는 누구와 동일시되느냐? 그에게 자기 자신을 동일시하는 사람은 아무도 없다! 그래도 혹시…… 아니, 절대로 없다! 여러분들은 아마 상상도 못하겠지만 그들도, 우리도, 모두가 자신이 코제트이고 가브로슈라고 생각하고 있다! 심지어 장 발장까지도 될 수 있다. 깊이 생각해 보면 오히려 장 발장에 가깝다. 그들은 그들대로 모두가 장 발장이며, 우리는 우리들대로 모두 장 발장이다. 그러나 누구보다도 그들이야말로 명예로운 시장으로서의 장 발장, 즉 〈국가를 움직이는 힘〉으로서의 장 발장인 것이다!

자본주의의 유토피아는 결정권을 가지고 있는 그들이 존재하

········경·제·적·공·포········

면서부터 완성되었으니, 그들이 어떻게 이 유토피아의 삶을 즐기지 않을 수 있겠는가? 그들이 이 유토피아에 대해서 만족감을 느끼는 것은 지극히 인간적인 것이다. 너무 인간적인 것일까? 그들의 일은 사업에만 국한되지 않는다. 항상 더 많은 이익을 목표로 하는 일에 신경을 써야 하는 그들이기에 사업에서만 꾸물거리고 있을 시간이 없기 때문이다. 그만큼 이익이라는 것은, 그들에게 있어서 확실한 〈성공〉을 약속해 줄 수 있는 그 무엇이다.

그들의 세계는 흥미로 가득 차 있다. 그들은 이 세계에 대해 황홀한 비전을 가지고 있으며, 그 비전은 옛세계를 축소할 때 실현될 수 있다. 이 세계는 불길한 감을 주지만, 그래도 그 세계에 참여하는 자들에게 있어서는 의미를 가지고 있다. 그러나 이 세계의 패권은, 바로 이 세계의 논리와 지식에 의해 어쩔 수 없이 처참한 결과에 이르게 될 것이다. 그들이 위선적으로 교묘하게 보여 주는 모습이 어떤 모습이든지간에, 실제로 그들이 가지고 있는 권력은 오로지 자신에게 필요한 것을 위해서만 사용되기 때문이다. 그리고 자신에게 이익을 주는 것이면, 무조건 모두에게도 좋은 것이라는 생각을 심겠다는 거만함을 가지게 만든다. 그러니 그들의 논리에 따르면, 하급의 세계가 그들을 위해 희생당하는 것이 지극히 자연스러운 일이 아닐 수 없다.

그런데 그들은 이번에도 또 옳았다. 이 축복받은 시기와 상황, 즉 우리의 시대를 이용하기로 한 것이다. 이제는 이 시대의 어떤 이론도, 신뢰받을 수 있을 만한 어떤 그룹도, 어떤 사고방식도, 어떤 진지한 행동도 그들에게 반대하며 맞설 수 없게 되었다.
 이리하여 우리는 그들의 설득력 있는 책략의 걸작품을 목격할 수 있게 되었다. 그 책략은 우리를 이렇게 설득한다. 즉 지금으로서는 거대한 다수를 희생한 빈곤화 현상과 사회적 붕괴 현상을 연장하거나, 심지어 이를 촉진시키는 정책들밖에는 있을 수 없다고. 또 그것만이 우리에게 꼭 필요한 것이라고. 그리고 이 모든 노력이 바로 다수의 사람들을 위하는 것이라고……
 마치 후렴처럼 되풀이되고 있는 첫번째 논쟁거리는, 들을 때마다 마술처럼 우리를 매혹하는 〈고용창출〉이라는 장황한 약속이다. 그것이 퇴색한 상투적 문구로 이루어지는 공허한 약속이라는 것을 모두가 알고 있긴 하지만, 그래도 그 약속을 쉽게 무시할 수는 없다. 왜냐하면 이런 거짓말을 더 이상 하지 않는다는 것은, 곧 고용창출에 대한 신뢰를 끝막음한다는 뜻이 되기 때문이다. 그렇게 되면 결국 모두가 잠에서 깨어나 그동안 우리가 낮게 꾸는 백일몽도 아니고, 밤에 자면서 꾸는 꿈도 아닌 이상한 악몽 속에 있었다는 것을 깨닫게 될 것이다. 그리하여 거친 현실과 갑작스럽고 우발적인 위험, 그리고 긴급한 치료를 요하는 심한 고통에 직면하게 될 것이다. 그 고통은, 모든 것이 완전히 봉인되었다는 사실 앞에 〈너무 늦게〉 직면함으로써 생기게 되는 고통이다. 그야말로 전세계가 봉인되었다는 그 무서운 사실 앞에……
 이러한 공포에 맞설 만한 무기는 없다. 우리 의식의 각성, 사실의 정확성에 대한 감각, 주의력의 요구, 지성적인 노력, 이러

······경·제·적·공·포·······

한 것들을 제외하고는……. 이런 무기들은 적어도 우리들이 자율권을 소유할 수 있게 해준다. 다른 사람들의 견해에 흡수되지 않고, 스스로 자기 자신을 생각하여 자신이 설 자리를 만들고, 다른 사람들의 비전을 통하지 않고 스스로 자기 자신을 인정하는 능력에 이르게 되는 것이다.

다른 사람들의 판단을 내 판단에 통합시키지 않고, 그들의 판단에 끌려다니지도 않게 된다면, 그들이 내린 결정을 당연한 것으로 받아들여 두말없이 채택하는 일은 더 이상 하지 않게 될 것이다. 그리하여 우리 스스로를 자책하는 일도 없어질 것이다. 그렇게 되면, 예를 들어 실직자들에게 강요된 수치를 벗어날 수 있는 그 첫걸음을 내디딜 수 있게 될 테고, 그로 말미암아 모든 종속관계에서 벗어날 수 있을 것이다.

그러나 그렇게 한 걸음을 내디딜 수는 있겠지만, 그것이 곧 해결책은 아니다. 우리는 여기서 해결책들을 찾고자 하는 것이 아니다. 해결책은 정치가들의 몫이기에, 정해진 짧은 임기 동안 포로로 존재한다고 볼 수도 있는 정치가들은 그 해결책의 인질이 되고 만다. 유권자들은 항상 신속한 해결에 대한 약속을 요구하기 때문이다. 따라서 정치가들로서는 신빙성 없는 약속일지라도 남발하지 않을 수 없는 것이고, 국민들은 절대로 그 임무를 그들로부터 면제해 주지 않을 것이다! 하지만 정치가들은 애석하게도 진짜 근본적인 문제를 직시하려고 하지 않고, 지엽적인 사소한 문제에만 성급하게 달려들고 있다. 어설프게 언급된 피상적인 세부사항들은, 이 일반화된 불안감과 불행을 지금

·······경·제·적·공·포·······

보다 더 잘 참아내게 해줄 수는 있을 것이다. 그러나 보이지 않게 불안감과 고통은 점점 쌓이게 될 것이고, 따라서 더욱 골칫거리가 될 것이다. 이 골칫거리들은 다만 세부사항에 의해 교묘하게 가리워져 있을 뿐이다.

근본적인 문제가 무엇인지를 진지하게 검토하기도 전에 무조건 문제를 해결해야 한다고 협박하게 되면, 반드시 본질적인 문제를 변질시키고, 비평을 마비시키게 된다. 비평이 가해질 때마다 "네, 알겠습니다…… 그렇다면 당신에게는 다른 묘안이라도 있는 건가요?"(조소를 띤 어조로)라는 공격을 받기 쉽상이기 때문이다. 다른 묘안이라도 있느냐고? 물론 없다! 해결책이 없다는 것을 이미 알고 있는 상대방은, 해결책이 없으면 문제도 사라진다는 것을 예상하고, 확신하고 있었던 것이다. 그러니 이같은 문제를 제기한다는 것이 얼마나 비이성적인 일인가! 더군다나 이 문제에 대한 부언 해석이나 비평은, 그것이 아무리 사소한 것일지라도 그 자체가 얼마나 더 부조리한 것인가!

해결책? 아마도 그것은 없을 것이다. 그렇다면 우리의 분노를 일으키고 있는 어떤 음모에 대해 진실을 밝히고, 불행한 자들이 겪고 있는 고통을 이해하려는 시도조차 아예 하지 않아야 한다는 말인가? 인간의 존엄성을 취득하려는 시도를 시작도 하지 말아야 한다는 뜻인가? 어쨌든 해결책이 존재하는지의 여부도 분명하지 않은데, 끝끝내 문제제기를 고집하는 것은 분명코 부조리하고 불합리하고 비도덕적인 모독이며 이단행위이다.

바로 이런 것 때문에 날림식으로 만들어진 속임수의 〈해결책〉

· · · · · · · 경 · 제 · 적 · 공 · 포 · · · · · · ·

들과 위장되고 부정되고 숨겨진 문제들, 그리고 비난받는 질문들이 무수히 난립하게 되는 것이다.

해결책은 없을 수도 있다는 사실을 잊지 말자. 해결책이 없다는 것은, 문제가 잘못 제기되었으며, 진짜 문제는 우리가 주목하고 있는 곳이 아닌 다른 곳에 있을 수도 있음을 의미한다.

한 가지 문제를 놓고, 그 문제가 과연 올바로 제기된 것인지를 검토하기도 전에 문제의 해결책이 있을 것이라는 확신부터 요구하게 되면, 그 확신은 가설로 굳어지게 되고, 따라서 제기된 문제마저 왜곡시키게 된다. 그렇게 되면 본래의 문제가 당연히 만나게 될 무시할 수 없는 장애물들과 절망적인 결과에 이르지 못하고, 엉뚱한 방향으로 가게 된다. 그러나 이런 장애물을 피해 갔다고 해서 실제로 그것들이 사라진 것은 아니다. 오히려 용히 빠져 나가 몸을 숨겼기에, 그만큼 더 확고하게 뿌리를 내린 채 위험한 상태로 연장될 뿐이다. 본질적인 문제를 우회하고 피하고 왜곡하는 데만 관심을 쏟고 있을 뿐, 정작 본질에는 조금도 다가가지 못하게 된다.

따라서 그 질문에 대한 비평이라도 듣게 될까봐 미리 피해 달아나는 일이 생길 것이며, 해결책이 없을 수도 있다는 가능성은 고려해 보지도 않을 것이다. 처음부터 문제 해결이 불가능할지도 모른다고 생각했더라면, 오히려 지금의 상황에 더욱 진지한 관심을 집중하게 되었을 것이다. 그러하였더라면 해결책이 있을 것 같지도 않고, 흔적조차 보이지 않는데도 무조건 해결책이 있다고 믿는 데서 오는 이득에 마음을 빼앗기는 일은 없었

······경·제·적·공·포·······

을 것이다. 하지만 그렇지 않을 경우에는, 현재의 불안으로부터 도피하고, 그 불안의 실체를 무시하고, 잠재된 위협을 부인하게 될 것이다. 그렇기에 지금 우리는 속임수가 있다는 사실도 깨닫지 못하고, 오히려 그 중요한 속임수가 계속되도록 내버려둔 덕분에 진정한 문제가 무엇인지도 모르는 채, 엉뚱한 문제 주위에서 시간만 끌고 있는 것이다.

이러한 본질적인 질문들을 회피하면, 지금 당장은 가장 위험한 문제가 터져 나오는 것을 면할 수 있다. 그러나 위험한 사태를 두려워하게 되면, 오히려 최악의 사회를 향해 더욱 달음질치게 되는 것이 아니고 무엇인가? 계속 쇠퇴해 가기만 하는 체력을 가지고서 어디서, 무엇을 대상으로, 무엇 때문에 싸우는 것인지도 모르는 채 그저 계속해서 싸우기만 하는 셈이 아니고 무엇이란 말인가?

우리의 삶이 달려 있는 문제 앞에서, 마치 온 몸이 마비된 환자처럼 이렇듯 수동적인 태도로만 머물러 있는 것은 너무 끔찍한 일이 아닌가? 진정으로 우리가 해야 할 질문들 중의 하나는, 과연 우리가 살아남도록 그들의 프로그램 안에 입력되어 있기나 한 것인지, 그것부터 물어보는 것이기 때문이다!

그런데 정치는 이런 질문에서 벗어나 있을 뿐만 아니라, 아예 우리가 이런 질문을 하지도 못하게 막고 있다. 우리가 혹하기 쉬운 다른 질문으로 우리의 시선을 집중시키고, 그런 질문에만 여론의 초점을 맞추며, 엉뚱한 문제들 주위에만 매달리게 하고 있다.

······경·제·적·공·포······

　우리가 생각하고 있는 것보다 더 절실하게 사느냐 죽느냐의 문제가 달려 있는 최근의 현상들, 즉 노동이 없어졌는데도 아직까지 우리의 삶을 노동이 지배하고 있는 것처럼 속이는 현상들이 이처럼 계속될 때, 엉뚱한 곳에 관심을 두고 있는 우리의 방관적인 태도의 습관은 점점 악화될 것이다. 문제가 잘못 제기되었음을 지적할 것. 피해진 본질적인 질문들을 다시 거론할 것. 가리워진 질문들을 숨김없이 드러내 놓을 것. 더 이상 문제될 것이 아닌데도 의도적으로 중요한 것으로 간주하여 아직까지 거론되고 있는 질문들을 삭제할 것. 이렇게 하는 것만이 눈에 보이지 않아도 본질적이고도 시급한 온갖 질문들을 밝혀낼 수 있게 한다. 이런 질문들이야말로 권위를 가지고 있는 자들, 아니 실제의 권력을 누리고 있는 자들의 이중성을 낱낱이 드러내 줄 것이며, 노동에 기초하고 있는 낡은 제도에 우리가 종속되어 있을 때 그들이 어떤 이익을 얻게 되는지 폭로해 줄 것이다.
　지금이 〈위기〉의 시대라고 일컬어지고도 남을 시대인 만큼 그들의 이익은 더욱 증가하고 있으며, 그 위기가 가져다 준 효과는 경제시장에 아주 유리하게 작용하고 있다. 국민들은 공포로 인해 기가 꺾이고, 정신이 아득한 상태로 있게 되었으며, 게다가 임금은 아주 헐값으로 떨어진 것이다. 또한 정부는 너무나 강력한 권력을 가지고 있는 사경제에 예속되어 있거나, 적어도 그 어느때보다도 사경제에 의존하고 있다. 이 모든 것이 바로 사경제가 누리고 있는 이점으로 작용한다.
　부패하고, 윤곽이 잡히지도 않고, 분석되지도 않고, 더욱이나

······· 경·제·적·공·포 ·······

 진실이 밝혀지지도 않은 채 계속되고 있는 지금의 상황에 급하게 접목된 대부분의 〈해결책〉도 사경제의 이익에 한몫 하고 있다. 대충 허술하게 엉터리로 조작된 이 〈해결책〉들이 실패를 하고 있다는 것은, 현상황이 안고 있는 문제에는 단 하나의 해답밖에 없음을 증명해 준다. 그 해답은 바로 이 모든 상황을 그저 곰팡이가 생기도록 내버려두어야 한다는 것이다.
 사태가 워낙 긴박하게 되면, 분명한 사실이라고 증명된 것들마저도 조작해 내는 수가 많다. 그렇게 조작된 사실들은 가장 근본적인 금지사항, 즉 여전히 감추어져 있는 현재 상황에 대한 분명한 지각을 하지 못하게 만든다. 바로 이 사실을 인정해야만이, 조작을 가능케 했던 것이 무엇이었나를 뚜렷이 알 수 있게 된다. 한 사건이 활동하고 있는 것, 심지어 도망치고 있는 것, 위장된 껍질, 그 모순들까지 살펴보기 위해서 그 사건에 시선을 고정시키고 바라볼 때, 비로소 위장되지 않은 사건의 실체를 발견할 수 있을 것이다. 조작된 필연적 귀결 속에 숨지 않은 본연의 모습을······.
 허구적인 해결책이 없어졌을 때, 그때 비로소 우리를 헷갈리게 하지 않는 진정한 문제들을 인식할 기회가 올 것이다. 간교한 허상을 끊고 출발할 때, 그때 비로소 우리가 속해 있는 상황에 접근할 수 있게 될 것이다. 그때 드디어 그 사건에 조명을 비추고, 확신은 없지만 그래도 그것을 해결해 보려는 시도를 할 수 있을 것이다. 적어도 문제가 무엇인지, 특히 피해야 할 함정들이 무엇인지만은 틀림없이 밝혀낼 수 있을 것이다. 바로 여기

······경·제·적·공·포·······

에서부터, 반드시 여기에서부터 출발해야만 우리의 운명에 대항해서, 또 우리의 운명을 위해서 싸울 수 있다. 그리고 이 운명을 이끌어가는 능력을 얻게 되고, 다시 건강을 되찾는 일도 가능해진다. 비록 그 운명을 겪지 않을 수 없다 할지라도……. 그리고 바로 그 운명이 아무리 끔찍한 것이라 할지라도.

· · · · · · · 경·제·적·공·포 · · · · · · ·

한 운명이 가질 수 있는 탄력성과 그 떨림. 그 운명이 가질 수 있는 소망과 두려움. 얼마나 많은 소년소녀들이 이것을 빼앗겨 버렸고, 지금도 빼앗기고 있는지 모른다. 사회는 이들이 생존할 수 있고, 존중받을 수 있고, 신뢰받을 수 있는 유일한 수단으로 강요되었건만, 이들은 그 사회 속에서 살 수 없도록 운명지어졌다. 이들에게 유일하게 제공된 기회로서의 사회는 마치 신기루처럼 제공되었을 뿐이다. 합법적으로 소속될 수 있는 유일한 곳인 사회가 그들에게는 금지되어 있다. 왜냐하면 유일하게 활동중인 사회가 그들을 거부하였고, 또한 유일하게 그들 가까이에 있는 사회가 그들에게는 접근할 수 없는 곳이기 때문이다. 여기서 우리는 다시 한 번 우리 사회에 존재하는 한 가지 모순을 인정하지 않을 수 없다. 그것은 곧 노동시장이 위험상태에 빠져 소멸되어 가고 있는데도 우리 사회가 여전히 〈노동〉, 즉 고용을 토대로 하고 있다는 사실이다.

그리고 이 모순은 특정한 교외지역에서 더욱 악화되어 있음을 본다. 왜냐하면 대부분의 사람들에게 있어서 어려운 일로 알려져 있고, 많은 사람들에게 있어서는 별로 희망이 없는 것으로 알려진 〈노동에의 접근〉이, 나머지 사람들 특히 〈젊은이〉라고 불리는 자들에게는 전혀 기회가 없거나, 혹은 기회를 가질 권리조차 없다시피 하기 때문이다. 이때 젊은이라는 말에는, 소위 〈민감한〉 도시 외곽지역의 젊은이라는 뜻이 암시되어 있다. 권리를 상실한 이들의 유일한 생존형태 역시 같은 현상을 보이고 있다.

이러한 난관을 피할 수 없도록 미리 운명지어진 이 젊은이들이 받아야 하는 고통에는 출구도 없고 끝도 없으며, 심지어 끝이 있을 것이라는 거짓 약속 같은 것조차도 없다. 엄격하게 짜여진 사회 조직망은 거의 전통이 되다시피 하여, 그들이 합법적으로 살아갈 수 있는 방법과 살아야 할 합당한 이유를 갖지 못하도록 금지시킨다. 교외의 빈민가에서 태어남으로써 출생 전부터 이미 지리적 조건 때문에 버림받은 채 사회의 변두리에서 살고 있는 그들은, 아주 탁월하게 〈쫓겨난 자〉들이다. 거부당하고 쫓겨나는 데는 이미 달인의 경지에 이른 자들! 그들이 살고 있는 곳은, 처음부터 게토〔ghetto. 원래는 유대인이 모여 살도록 법으로 규정해 놓은 도시의 거리나 구역을 가리켰던 말. 요즘에는

· · · · · · · 경 · 제 · 적 · 공 · 포 · · · · · · ·

소수민족들이 따로 모여 사는 도시의 특정 지역을 게토라 부른다)로 만들고자 예정되고 계획되었던 곳이 아니던가? 예전에는 노무자들이 모여 살았던 게토이지만 지금은 일자리가 없는 자들, 삶에 대해 아무런 계획도 없는 자들이 모여 사는 게토인 그곳. 그들이 사는 집의 주소는 no man's land 중 한 곳이 아니던가? 우리의 사회적 기준으로 보아 이렇게 표현되고 있는 이곳은 〈그 어떤 사람의 땅도 아닌 땅〉, 혹은 〈인간이 아닌 자들의 땅〉, 심지어 〈비인간의 땅〉이라고 여겨지는 곳이다. 이곳에 들어와 살면 누구든지 몰락되어 가지 않을 수 없도록 과학적으로 고안된 것처럼 보이는 땅. 바로 그런 땅이 우리 주변에 얼마나 많던가!

　머지 않아 곧 성인이 될 것이며, 오래 살 수만 있다면 노인이 될 수도 있기에 〈젊은이들〉이라고 묘사하는 것만으로 충분치 않은 이 젊은이들도, 다른 모든 사람들처럼 미래라는 무거운 짐을 떠맡지 않으면 안 된다. 그러나 그들의 미래는 텅 비어 있으며, 그 공허한 미래에서는 사회가 현실적으로 사용하고 있는 것(혹은 그렇다고 믿게 하는 것)들이 이미 자동적으로 제거되어 있다. 그러니 그들이 미래로부터 도대체 무엇을 기대할 수 있을 것인가? 만일 그들이 노년의 시기에까지 이를 수 있다면, 그들의 노후는 과연 어떤 모습일까?

　그들의 삶이라는 선박은 바로 여기, 명백한 불공평과 불평등 속에 닻을 내리고 있다. 그들은 이같은 불공평과 불평등한 상황에 대해 아무런 책임도 없고, 또 스스로 이런 상황 속으로 찾아

······· 경·제·적·공·포 ·······

들어온 것도 아니지 않은가……. 벗어날 수 없는 이들의 한계는, 그들이 태어나기 전부터 이미 움직일 수 없는 것으로 고정되어 있었다. 그리고 항상 매정하게 거절당하고 추방당하도록 예정되어 있었던, 그들의 출생의 필연적 귀결은 수많은 사람들의 무관심과 관계가 있다.

우리 사회가 가끔 무관심에서 벗어나 그들에게 조그마한 관심이라도 보일 때는, 언제나 놀라며 분노하는 것으로 결론을 내리고 만다. 〈그들〉이 전혀 사회에 동화되지 않는다는 이유로 놀라고, 〈그들〉이 모든 것을 감사하는 마음으로 받아들이지 않는다는 이유로 분개하는 것이다. 우리 사회는 그들로부터 감사의 말을 들을 권리가 있지 않은가! 그런데도 그들은 결국 헛수고로 끝날 것이 뻔한데도 오히려 싸우려 들질 않나, 감정을 함부로 폭발시키질 않나, 사회제도에 가만히 따르지 않고 겁 없이 위반하려 들질 않나……. 아무리 그 제도가 자기들을 걷어차고 내쫓으려 한다고 한들, 어찌 그럴 수가 있을까! 사회로부터 영원토록 공격을 받는 것이 그들의 당연한 몫이건만, 출구 없는 그들의 장소에서 거의 언제나 무력을 사용해서 더 난폭하고 과시적이고 폭발적인 공격으로 대응하고 있다니! 이 땅의 토박이이건, 국적을 바꾼 외국인 출신이건, 혹은 여전히 외국 국적을 가지고 있는 이민자이건간에 유색 인종에 대한 거부감이라는 관습 속에 갇혀 있는 〈그들〉은, 우리 사회에 동화되지 않으려는 무례함을 가지고 있다!

그러나 어디에 동화된단 말인가? 실업이라는 상황에? 빈곤

······경·제·적·공·포······

에? 거절당하는 삶에? 권태에서 오는 허무감과 쓸모없는 존재라는 감정, 심지어 기생충 같은 존재라는 생각에 동화하라는 말인가? 아무런 계획도 없는 장래에? 동화라니! 퇴짜맞고 거절당한 수많은 그룹들 중 어느 그룹에? 어느 정도의 빈곤에? 어떤 종류의 시련에? 어떤 형태의 경멸에?

순식간에 그들을 가장 치욕적인 하층계급으로 밀어내고, 그 자리에 붙박아 버린 채 그들에게 역량을 발휘할 수 있는 가능성을 준 일도 없고, 주지도 않는 그런 계급제도에 동화하라는 말인가? 그들이 존중받을 모든 권리를 당연하다는 듯 거절해 버린 사회 질서에 동화하라는 말인가? 가난한 자들에게는 가난한 자들의 삶과 가난한 자들의 이익(말하자면 눈곱만큼도 없는 이익을 말한다), 그리고 가난한 자들의 일자리(일자리가 있다면)가 배당되어야 한다고 암암리에 주장하고 있는 법에 동화하라는 것인가?

시민권을 가지고 있던 아니던간에 프랑스에 살고 있는 이민자 자녀들과 프랑스 토박이들 사이를 여기서 구분하게 되면, 본질을 잊게 만드는 위험한 함정에 빠질 수밖에 없다. 그들이 거부당하는 까닭은, 그들의 국적 때문이 아니라 그들의 가난한 삶 때문이다. 문제는 빈곤인 것이다.

외국인 출신의 프랑스 이민 자녀들(혹은 성인들)에게 화살을 쏘고 있는 인종차별주의와 외국인 혐오 감정은, 진정으로 중요한 문제들 즉 빈곤한 삶과 빈곤 그 자체에 대한 문제들을 왜곡시키는 데 사용될 수 있다. 사회에서 〈쫓겨난 자〉가 되고 마는

······경·제·적·공·포······

조건을 피부색이 다르고, 국적이 다르고, 종교와 문화가 다르다는 데서 오는 문제, 말하자면 시장의 법칙과는 하등의 관계가 없는 문제로 이끌어가기 때문이다. 그러나 가만히 살펴보면, 쫓겨나는 자들은 오래 전부터 늘 그래 왔듯이 언제나 가난한 자들이다. 한두 사람이 그런 것이 아니라, 수많은 사람들이 다 그러하였다. 빈곤한 자들과 그들의 빈곤한 삶. 빈곤한 자들이 빈곤한 자들에게 맞서도록 만들고, 피학대자들이 가학자가 아니라, 또 다른 피학대자들에게 맞서게 하는 것은, 바로 이 빈곤이라는 조건이 가학자들의 공격의 표적이고, 그들이 거부하는 것 역시 이 조건이기 때문이다. 우리가 알기로는, 이슬람교의 수장을 싸구려 비행기 안에 〈스카치테이프로 붙이듯이〉 강제로 태워서 추방한 일은 이제껏 한번도 없지 않은가!

  조금도 달갑지 않은 이 빈곤층은, 부재와 몰수밖에 없는 곳에 존재하고 있다. 그곳은 우리의 도시 파리에 바로 이웃하고 있는 곳이면서도, 우리 사회와는 결코 양립할 수 없는 곳이며, 또한 그렇게 되도록 내팽개쳐진 곳이다. 사회는 더 이상 필요없게 된 자들의 일부를 그곳으로 추방해 버렸다. 그리하여 그들은 자신들의 존재를 무효화하도록 만들어진 대걸작품의 공간 속에 뿌리를 내리게 되었다. 사회로부터 따돌림당한 이 공간은 텅 빈 공간이며, 다른 곳에서는 얼마든지 구할 수 있는 것들이 부재하는 공간이다. 그렇기에 부재하는 것들이 더욱 선명하게 의식되는 곳이기도 하다. 결핍된 것으로만 장식되어 있는 곳⋯⋯. 이곳은 또한 빼앗김의 장소이다. (그러나 낯익은 장소, 개인의 삶이

· · · · · · · 경 · 제 · 적 · 공 · 포 · · · · · · ·

담긴 장소, 추억이 남아 있는 장소일 수도 있다. 또한 반드시 그래야만 한다.) 이곳은 어쩐지 속세를 떠난 은둔자·고행자 들에게나 알맞을 것 같은 포기의 장소이다. 이곳의 환경은 벌거벗고 있으며, 풀이 죽어 있고, 보는 사람들마저 기가 꺾이게 만드는 곳이다. 이 장소들이 노출하고, 유발시키고, 해석해 주고, 구상하고 있는 소외효과와 우울한 느낌을 있는 그대로 투명하게 드러내 주고 있는 무수한 상징들을 보라!

바로 여기 이 빈터, 이 끝없는 공허 속에서 수많은 이들의 운명이 붕괴되고, 그들의 에너지가 가라앉고, 정상적인 삶의 궤도들이 무효로 돌아간다. 청춘시절을 무력하게 이 장소의 덫에 빠뜨리고 만 젊은이들은 이런 사실을 잘 의식하고 있기에, 그들의 남은 삶에 대해서는 바로 코앞의 삶을 계획하기에도 급급하다. "10년 후의 너희 모습이 어떠할 것이라고 생각하니?"라는 질문에, 그들 중 한 명은 이렇게 대답하였다. "이번 주말에 내가 어떤 모습을 하고 있을지도 알 수 없는데, 10년 후라니?"

삶을 구성하는 요소들은 이러이러한 것들이라며 그들에게 펼쳐 보여 주는 것 중에서 무엇 하나도 가질 권리가 없는 그들이, 질질 끌려가듯 느리게만 흘러가는 나날 속에서 무엇을 느끼며 살아가고 있는지 상상이나 해볼 수 있을까? 학교에서 배우는 가치관들과 비교해 보았을 때, 모든 가치들을 박탈당하고, 그리하여 솔직히 아무런 가치도 없는 자들이라고 평가되는 그들은, 도대체 무엇을 느끼며 살아가고 있을까? 교육받은 가치에 대해, 또한 그것을 전달하는 학교 교육에 대해 그들이 아무런 감동을

······· 경·제·적·공·포 ·······

받지 않는다고 해서, 그것이 과연 놀라운 일이 될 수 있을까!
 그들은 도대체 무엇 때문에 발끈하는가? 일반 여론들은 그들이 발끈한다는 사실에 놀란다. 그들은 가난한 자들이다. 그러니 가난한 자들이 가난한 자로 취급받는 것은 당연한 일이 아닌가? 그들은 바로 여기 이 동네에 살고 있다. 그러니 가난한 동네에서 가난한 삶을 사는 것은 너무도 당연한 일이 아닌가?
 그들에 대해 적의를 품고 있는 이같은 편견이 너무나 일반에 퍼져 있기에, 이 소년소녀들은 이 지역에 산다는 이유 하나로 죄인 취급을 받고 있다. 집주소를 대는 순간, 단 하나의 일자리도 구할 수 없는 그들의 어려움을 생각해 보라. 그렇다고 그들이 아무런 잘못도 없는 순결한 자들이라는 뜻은 아니다. 그들의 비행과 범죄행위들을 부인하자는 것도 아니다. 다만 그들과 그들을 배척하는 자들, 양쪽 모두가 지극히 주관적인 사고방식에 사로잡혀 있다는 사실을 염두에 두자는 것이다. 그곳이 위험지대라고? 그러나 그렇게 될 수밖에 없도록 한 것이 바로 우리 사회가 아니던가? 그들만의 상황에서 그들이 저지른 행위들을 유죄로 인정하기로 하자. 그러나 그들이 일부러 그런 상황으로 찾아 들어간 것이 아니며, 스스로 그런 상황을 만든 것도 아니고, 선택한 것은 더더욱 아니다. 그들은 이런 치명적인 장소를 설계해 낸 건축가도 아니고, 그런 장소를 계획하고 승인하고 명령하였던 자들도 아니다. 동의한 자들도 아니다. 그들은 실업이라는 사태를 만들어낸 자들도 아니며, 그들의 부모형제가 또한 그들이 그렇게도 필요로 하는 일자리들을 뿌리째 뽑아 버린 폭

······경·제·적·공·포······

군들도 아니다! 그들은 단지 일자리를 가지지 않았다는 이유 때문에, 다른 모든 사람들보다 더 가혹한 벌을 받고 있는 자들일 뿐이다.

그들의 삶이 훼손되었음이 분명한데도, 그들은 말없이 이 상황을 참아내고 있어야 하는 걸까? 그들의 존재는 마치 끝없이 계속되는 희미한 악몽처럼 작용한다. 그리고 그 악몽은 은연중에 그들을 거부하는 사고방식에 기초하고 있고, 그들을 빼놓은 채 조직된 사회로부터 생겨난 악몽이다.

그런데도 우리의 씨니즘은 권력이 그들에게로 원망의 감정을 돌리도록 이끌고 있으며, 그 결과 그들은 권력으로부터 학대를 받고 있다. 그리고 우리는 이런 현상이 당연한 것이라고 여긴다. 왜냐하면…… 그들의 사회적 불행을 바로 그들에 대한 처벌이라고 믿고 싶으니까. 그들에게 내리는 처벌 중의 하나……. 그러나 이것은 부당한 생각이다.

우리는 이 〈젊은이들〉(나이든 사람들도 마찬가지이다)의 황폐한 삶에 대해 조금도 양심의 가책을 느끼지 않는다. 멸시받아야 할 수치스러운 존재라는 것 때문에 양심의 가책을 받아야 할 자들은 오히려 그들 아닌가!

사실을 말하자면 〈언어도단〉일 수밖에 없는 상황 속에서, 그들이 거칠게 폭력을 휘두르고 있음은 부인할 수 없다. 그러나 그들이 황폐한 삶의 희생물이라는 사실은 부인되어도 좋은가? 꺼져 가는 그들의 운명, 시들어 버린 젊음 따위는 무시해도 좋은가? 사라져 버린 그들의 장래는?

·······경·제·적·공·포·······

　사람들은 그들이 반항하고 공격한다는 사실 앞에서 분노한다. 그들은 자신들이 저지르는 비행에도 불구하고(한편으로는 그 비행 때문에) 절대적인 약자의 입장에 놓인 채 고립되어 있다. 그리고 동의고 뭐고 할 것도 없이 무조건 이 모든 상황을 받아들이라고 강요받고 있다. 그들의 반항은, 마치 덫에 걸려든 짐승이 이미 패한 것을 알고 마지막으로 죽을 힘을 다해 덤벼보는 것과도 같다. 너무나 강력한 제도의 한구석에 몰려 꼼짝 못하고 있는 그들에게는 어떤 〈대책〉도 없다. 그들은 이 사회의 제도 안에서 있을 곳을 찾지 못하고, 그렇다고 빠져 나올 능력도 없는 자들이다. 그런데도 그들이 멀리 가버리기를 원하고, 또 그런 생각을 숨기려 들지도 않는 자들 사이에 그들은 누구보다도 더 철저하게 뿌리박고 있다. 그들은 일자리도 돈도 장래도 없는 처지이며, 그 사실을 스스로도 잘 알고 있다. 에너지도 모두 잃어버렸다. 이런 이유로 해서 그들은 감추어진 고통의 희생자들이다. 그들을 흥분시키는 그 고통은 그들의 분노를 일으키며, 동시에 그 분노를 꺾어 버린다.

　이런 젊음을 생각해 보라. 그리고 우리들의 젊음이 이런 상태에 놓여 있다고 상상해 보라. (사회의 모든 계층에서 이들의 상황을 알기 시작했다고 하지만, 그들의 실제 상황은 우리가 알고 있는 것보다 더 심각하고 치명적이다.) 그들에게는 합법적인 시각으로 사물을 보는 것이 금지되어 있다. 희망이 없을 때, 다시 말해 미래라고 해보았자 나이만 더 먹게 될 뿐 아무런 계획이 없기는 현재와 똑같을 것이라고 예상될 때는, 불안이라는 것마

·····경·제·적·공·포······

저 아무런 의미가 없는 법이다. 그런데도 삶은 그들을 손짓해 부르고 있다. 그들이 호사스럽게 누릴 수 있는 유일한 것, 즉 남아도는 〈자유로운〉 시간을 과연 무엇으로 메울 수 있을지에 대해서 그들은 배운 것이 하나도 없다. 그 시간은 말 그대로 자유로울 수도 있고, 그들을 활동하게 만들 수 있을지도 모르지만, 그러나 대개는 그들을 숨막히게 하고, 혼란스럽게 만들며, 결국 그들의 적이 되고 만다.

아마도 가장 분노스러운 것은 오늘날에 와서 금지된 가치들, 즉 문화의 가치, 지성의 가치 같은 것을 완전히 압수해 버렸다는 데 있을 것이다. 이는 그 가치들이 그다지 〈잘 팔리는 상품〉들이 아니기 때문이다. 그리고 무엇보다도 이 가치들이, 죽기 전에나 볼 수 있는 깊은 혼수상태로 젊은이들을 몰고 가는 이 사회제도를 흔들리게 할 위험 요소들을 가지고 있기 때문이다.

이렇듯 그들에 대한 배려라고는 조금도 없는 멸시뿐인 곳에서, 그들은 수치심에 잠겨 살아간다. 증오 때문에 그 수치심이 다소 누그러졌다고는 하나, 그렇다고 해서 출생의 순간부터 줄곧 다른 사람들로부터 실패자로 취급받는 부당함을 막아 주지는 못하며, 스스로 그렇게 여기고 있는 생각을 없애 주지도 못한다. 또한 많은 희생자들처럼 스스로 죄의식을 갖고, 자신들을 하찮게 보는 타인들의 눈길을 당연한 것으로 받아들이며, 자신들을 비난하는 타인들의 생각에 동의해 버리고 마는 그들의 생각을 바꾸지도 못한다.

그토록 열등한 환경 속에서 화석처럼 굳어져야 하는 운명을

······· 경·제·적·공·포 ·······

그들이 과연 거부할 수 있을 것이라고 믿는가? 지금이라도 거부할 수 있다고 믿는가? 파괴적인 행동을 하지 않고도, 그들이 자신들의 조건을 부당하다고 주장할 수 있으리라고 믿는가? 과격한 반항의 태도를 보이지 않고도, 그들에게 주어진 운명을 비평할 수 있을 것이라고 생각하는가? 그 끔찍한 숙명에 미련하고도 사납게 맞서지 않고도, 그런 일들이 가능하리라고 보는가? 도대체 누가 그들을 옹호해 줄 수 있을 것인가? 어떤 계층이? 어떤 책들이? 어떤 사상이?

그들은 왜곡된 방법들, 흔히 볼 수 있는 폭력이나 불법행위를 써서만이 그들의 운명과 그들이 짊어지고 있는 멍에를 뒤흔들어 볼 수 있을 뿐이다. 그러나 그런 방법들은 그들을 점점 더 쇠잔하고 약하게 만든다. 어떤 의미에서 그들의 폭력은, 그들을 합법적으로 교도소라는 울타리 안에 유기하는 것이 이롭다고 생각하는 자들의 바람에 부응하는 행동이기도 하다.

그런데도 우리는 이처럼 버림받은 자들, 사회적으로 무가치하다고 판단되어 팔다남은 재고품 같은 이 존재들에게서, 모든 권리와 의무를 갖추고 시민다운 삶을 약속받은 자들과 같은 행동을 기대하고 있다. 그러나 실제로 이 청소년들은 어떤 의무이든 간에 의무를 수행할 수 있는 기회는 모두 빼앗긴 자들이며, 처음부터 엄격하게 제한되어 있던 그들의 남은 권리마저 쉽게 우롱당하고 있는 자들이다.

그러나 그것이 바로 그들의 운명이 아니던가! 그러니 세상 사람들이 자기들을 멀리하고, 함부로 떠다밀고, 당연하다는 듯

· · · · · · · 경 · 제 · 적 · 공 · 포 · · · · · · ·

멸시하며 반말을 내뱉는다고 해서, 세상 사람들 모두가 지키는 예의범절이라든가 살아가는 방식의 규범을 함부로 위반하는 것은, 얼마나 우리를 슬프고 실망스럽게 하는 행동인가? 그들의 존재에 그렇게도 관대하게 민감한 알레르기 반응을 보여 주고, 그들이 반칙을 범한 자로서 스스로 가책을 느낄 수 있도록 옆에서 도와 주는 우리 사회의 예절을 그들이 받아들이지 못한다는 것은, 얼마나 유감스러운 일인가!

지금 우리는 누구를 비웃고 있는가?

일거리라는 구실로, 여러 가지 형태의 한심한 싸구려 일감을 그들에게 내밀면서, 우리는 누구를 비웃는 것인가? 경찰도 아닌 그들에게, 자신이 살고 있는 아파트의 이웃 사촌들을 감시하게 하는 쓰레기 같은 일감이 바로 그 한 예가 아닌가! (이것이야말로 오늘날 가장 최근에 만들어진 새로운 직종이다.) 우리는 공인된 밀고자들이나 다름없다! 그리하여 치밀하게 서서히 준비되고 있는 갱들의 전쟁이 벌어질 날도 머지 않았다. 하지만 안심하자. 계획에 대한 계획이라는 것은, 다른 많은 계획들이 그러하였던 것처럼 다음날이면 바로 잊혀지는 법이다. 그러나 지루하게 늘어 놓는 장황한 연설들만은 방송매체와 사람들의 생각을 주도하고, 많은 시간을 잡아먹게 될 것이다. 해로운 것은 아니지만 그렇다고 해서 별다른 영향을 미치는 것도 아닌, 그저 그런 엉성하고 불합리한 해결책으로 사람들의 마음을 안심시키기 위해 권력층이 내놓는 아이디어는 우리의 상상력을 초월한다.

허상 같은 세상 속에 갇혀 있는 이 청소년들에게는, 더더욱이

······경·제·적·공·포······

나 아무런 영향도 미치지 못하는 그 해결책이라는 것들……. 그들의 세계에는 전망이라고는 조금도 보이지 않으며, 대부분 직업과 연결되게 마련인 시민의식이라는 것도 없고(따라서 그들은 이런 시민의식을 따라갈 방법이 도무지 없다), 광고 덕분에 신성화된 상품들도 없다. 적어도 그들로서는 그러한 상품들을 합법적으로 얻을 방법이 거의 없다.

자신들이 요구하는 것을 거절당하고, 그 요구에 부응하려는 불확실한 소망도 거절당한 그들은, 외부와 차단되어 있을 때만 유효한 자기들만의 규범을 만들어내는 수밖에 없다. 그것은 바로 어긋난 규범, 반란의 규범이다. 그렇지 않으면 정신착란 상태에 빠지는 수밖에 없으리라. 그래서 마약의 덫에 걸리고, 테러리즘의 유혹에 빠지게 되는 것이다. 폭력을 쓰는 프롤레타리아가 되려는 유혹도 벗어나기 힘들다. 결국 그렇게 된 것이다!

그들이 절대로 모방할 수 없는 삶의 모델들밖에는 아무것도 없는 그들에게, 도대체 새삼스럽게 잃을 만한 것이 있던가? 그 모델은 사회가 그들에게 강요한 것이면서도, 그들이 따르는 것만은 금지되어 있다. 그들에게 금지된 사회기준들, 동시에 그들을 배척하는 사회기준들을 모방할 수 없다는 무능력은 곧 이들의 사회탈퇴로, 난폭한 거부로, 무능함의 표시로, 비정상의 증거로, 또한 끝까지 그들을 부인하기 위한 매우 이상적인 구실로 뚜렷이 기록된다. 버려진 자, 폐기처분된 존재로서 우리들의 뇌리 속에서 사라져 버리게 하기 위한 구실로…….

반칙!

······ 경·제·적·공·포 ······

　이렇게 해서 우리는 부조리의 절정, 계획적인 무자각 상태의 절정에 이르게 되었다. 그 절정은 슬픔의 절정이기도 하다. 왜냐하면 선배들이 그러하였던 것처럼(당연히 그들의 후손들처럼), 그들도 이 사회로부터 추방된 모습으로 여기 이곳에 서 있기 때문이다. 그들의 구원의 삶과 위상이란 이미 아무런 효력을 가지고 있지 못한 것이지만, 그러나 이러한 것들은 제도의 테두리를 벗어났을 경우에는 합법적으로 찾는 것이 더욱 불가능하게 되어 있다. 우리 사회는 바로 그런 제도에 기초를 두고 있다……. 그리고 그들은 이런 사회로부터 추방되었다.
　우리 사회의 최후의 모습은 아직까지는 위장되어 있고, 그 시간이 다가오는 것도 지연되고 있다. 이 젊은이들이 묘사하는 사회의 이미지는, 아마도 그같은 최후의 모습에 대한 이미지일 것이다. 노동 위에 유일한 기준과 기초를 세우려고 고집하는 사회 속에서, 노동의 소멸이 만들어내고 있는 상황에 대한 이미지, 거기에서 아마도 우리 사회의 공포에 질린 미래의 모습을 찾을 수 있을 것이다. 무의식적으로 예감한 이 이미지는, 우리의 공포를 더욱 자극한다. 그렇기에 우리는 사회의 테두리 밖에 나가 있는 자들과는 다르다고 스스로 선언하고, 또 그렇게 믿고 싶어 하는 것이다.
　〈젊은이들〉이 가지고 있는 이러한 이미지는, 그들을 결박하여 거의 폐지되다시피 한 제도 밖으로 쫓아 버린 이 불안한 사회가 두려워하고 있는 바로 그 모습일 것이다.
　쫓겨난 채 꼼짝 못하고 있는 이 소년소녀들은, 손에 만져지는

· · · · · · 경 · 제 · 적 · 공 · 포 · · · · · ·

간막이가 없는데도 절대로 탈출할 수 없는 감옥 같은 공간으로 강제 이송되어, 현기증을 느끼며 공허감과 마주하고 있다. 도망치지 못하게 물리적인 힘으로 막고 있는 것은 아무것도 없건만······.

흥분하기 쉬운 나이에 있는 그들이, 시대에 뒤떨어진 낡은 꿈과 헛된 노스텔지어를 가지고 지금 여기에 있다. 낡아빠진 사회에 대한 열광적인 소망이 증오라는 가면을 쓰고서 그들의 가슴 속에서 자라고 있다. 아마 그들은 우리 사회가 아직도 환상을 품게 할 수 있는 마지막 남은 자들일 것이다! 사회로부터 밀려나 이제 그 사회의 경계선 끄트머리에서 모든 것이 금지된 채 살아가고 있는 그들은, 그 땅을 여전히 약속의 땅이라고 믿고 있는 유일한 자들이다. 마치 싸구려 소설 속의 사랑이 연인으로부터 거절당하였을 때 더욱 열렬해지고, 사랑에 대한 환상이 더욱더 커지는 것과 같이.

〈젊은이들〉 중 많은 자들에게는(아마 모두가 해당될 것이다) 이렇듯 어리석은 꿈이 살고 있다. 지리적으로는 인접해 있지만, 그들이 살아온 삶을 돌아볼 때는 절대로 접근이 불가능한 우리 사회 속에 끼어 들어오고 싶다는 꿈······. 우리가 생각하고 있는 것보다 훨씬 더 많은 젊은이들이 감히 꿀 수 있기를 바라는 꿈이 또 하나 있다. 이것은 몹시 구체적이기에 그만큼 더 비현실적인 꿈이다. 바로 일자리를 얻겠다는 꿈! 그러나 그들은 전혀 니벨룽겐족들과 같은 타입은 아니다. 그들은 오히려······ 보바리 같은 타입이다. 그렇다. 보바리 부인 에마 같은 유형의 사

······경·제·적·공·포······

람들! 그래서 그들은 보바리 부인이 그러하였듯이, 반드시 있어야 하지만 실제로 내 손에는 없는 것, 약속한 일은 없지만 그래도 이야기하고 찬양해 본 일이 있는 것에 대한 갈망으로 가득 차 있다. 가지고 싶다는 꿈은 꾸게 하지만 손에는 결코 쥘 수 없는 것, 그것에 대한 갈망……. 그들은 에마 보바리가 그러하였듯이, 상상은 할 수 있지만 결코 만날 수도 없고 절대로 일어나지도 않는 것, 그것을 포기하지 않는다. 그것 없이는 끝이 보이지 않는 권태의 바다만이 영원토록 넘실거릴 테니까.

그들은 에마가 그러하였듯이 존재하지 않는 무엇을 갈망하며, 너무나 훌륭하기에 그만큼 더 공상적이라고 생각되는 프로그램에 욕구불만을 느끼며 부재의 희생자, 공백의 포로가 되어 버렸다. 에마가 사랑 없이 존재하였듯이, 그들은 여기에 위상 없이 존재한다. 실재한다고 믿었던 것을 갈망하고, 또 그것을 박탈당한 그들은 에마가 그러하였듯이 방탕한 생활을 한다. 소망하는 것을 헛되이 흥내내어 보지만, 에마가 그러하였듯이 그들도 우스꽝스러운 모습만 보여 줄 뿐이다. 하기야 지금의 우리 사회 자체가, 진정으로 추구해야 할 사회의 모습을 희화해 놓은 것이 아닐 경우에 해당하는 이야기이겠지만……. 보바리 부인을 두고 "그것은 바로 나다"라고 하였던 플로베르는, 따라서 보바리 부인이 꾸었던 헛된 꿈의 공모자이기도 하다. 그런 플로베르이기에, 이 사회는 우리 모두가 납득할 수 있는 진정한 사회를 희화한 우스운 형태를 하고 있다는 사실을 알고 있었다.

한번도 손에 넣어본 적은 없었지만 꼭 손에 넣을 수 있을 것

······경·제·적·공·포······

이라고, 아주 좋은 것이며, 꼭 필요하고 확실한 것이라고 사람들이 속삭여 준 것들……. 그것을 손에 넣기 위해서, 에마가 빚을 졌듯이 그들은 남의 것을 훔치고, 에마가 불륜에 빠졌듯이 그들은 마약에 빠진다. 그녀가 그러하였듯이 그들도 〈매일매일 똑같이 되풀이되는 날〉 속에 갇힌 채 〈끝없는 변화〉[8]를 소망하고, 그녀가 그러하였듯이 그들도 자신이 태어난 변두리 동네에서 뭔가 눈에 띄는 사람이 되고 싶어한다. 비록 그것이 규범과 상식을 벗어난 행동일지라도……. 그리하여 그녀가 그러하였듯이 그들도 위험한 일에 말려들게 될 것이며, 그 소용돌이 속에서 헛되이 몸부림치며 버둥거리게 될 것이고, 결국엔 그녀가 그러하였듯이 그들도 당연히 실패의 결말을 보게 될 것이다. 그러는 동안 우리 사회에는 오메氏 일행의 도덕론이 영원히 전파될 것이다. 훈장을 주렁주렁 단 모습으로 일장 연설을 늘어 놓으며, 이 젊은이들이 품고 있는 독을 밀폐용기 속에 안전하게 담아두었으니 안심하라고 장담하는 그들의 간교한 도덕론이…….

그들이 그 잘난 척하는 태도와 장황한 연설로 전세계적인 공포를 뒤덮어 버리는 바람에, 세상 사람들은 우리 앞에 존재하는 공포에 둔감해져 버렸다. 죽음에 대항해서가 아니라, 오히려 얼마 남지 않은 그들의 삶을 없애기 위해서 열정적으로 싸우는 그들의 영웅주의가 만들어낸 아름다움에 눈 멀고, 귀 멀고, 이해할 수도 없게 되어 버린 것이다. 그 교묘한 계획에 우리가 무

---

8) 플로베르, 《보바리 부인》, 1857.

·······경·제·적·공·포·······

관심할 수 있었던 것은, 그들이 미래에 대한 우리의 공포에 마법을 걸어 버렸기 때문이다.

그들은 자기들에게 주어진 짧은 시간을 최대한 이용하여 뭔가 새로운 것을 꾸며내는 데 놀라운 재능을 가지고 있다. 자신들이 내놓은 계시의 말씀을 잘 조립하여 튼튼한 요새처럼 구축하고, 더 나아가 실내장식까지 공들여 꾸미고 다듬는 그들의 재능……. 더 나아가 모든 것이 소멸해 가는 혼란을 틈타, 이 계시의 말씀을 이용하여 자신들의 존재를 부각시키려는 그들의 광기어린 야욕은 차라리 아름답다고 해야 할까……. 이것저것을 마구잡이로 모아서, 한심한 대로나마 그렇게 지속해 나가려고 하는 그들의 야심……. 그러나 시간이라는 차원 속에 묶여 있는 그들이기에, 그들의 육체와 그들의 호흡 역시 요람에서 무덤에 이르기까지 무질서 속에서 소멸되어 가고 있는 중이다. 삶으로 하여금 단지 죽음의 서곡으로만 끝나지 않게 해주는 스토아 철학……. 삶이 단지 그것뿐이어서는 안 된다.

· · · · · · · 경·제·적·공·포 · · · · · · ·

 여기서 잠시 이야기를 돌려보고자 한다. 그러나 〈도시 외곽지역의 문제들〉로부터 벗어나지는 않을 것이다. 오메氏 일행이 다소 의식적으로 꾸민 말을, 우리의 의식에 퍼뜨린 데서 빚어진 문제들로부터 벗어나지도 않을 것이다. 마치 많은 양의 독이 우리 몸에 퍼진 것처럼, 우리가 그들의 장광설에 의해 마취상태에 빠진 것은 사실이다. 그렇게 우리를 둔하고 어리벙벙하게 만드는 것이 바로 그들의 사명이므로.
 반대로 지성의 사명은, 잘난 척하는 그들의 한심한 태도와 말에 대해 비평할 수 있도록 자극을 주고, 비평할 수 있는 방식을 제시하는 것이다. 그리고 그들의 말이 아닌 다른 말도 들을 수

······경·제·적·공·포······

있도록 가르쳐 주는 것이다. 설령 그것이 침묵의 소리라도 좋다. 침묵의 소리를 듣는 법을 배우고, 침묵의 소문에 귀를 기울이고, 침묵의 언어를 이해하고, 침묵으로부터 소리가 새어 나오게 하고, 침묵이 갖는 그 알 수 없는 의미가 정의되도록 한다면, 그러면 우리는 주위의 수다스러움 속에서 어느 정도 벗어날 수 있게 될 것이며, 쓸데없는 말의 홍수가 파놓은 함정에 빠지는 일도 줄어들 것이다. 그렇게 될 때 비로소 우리는 사고(思考)할 수 있는 여유를 갖게 될 것이다.

사고는 확실히 저절로 배워지는 것이 아니다. 그것은 어느 누구라도 할 수 있는 것이며, 그 무엇보다도 자발적으로 할 수 있는 것이며, 또한 우리가 생각할 수 있는 두뇌를 가진 인간인 이상 가장 자연스럽게 할 수 있는 것이다. 하지만 사람들이 가장 쉽게 외면하며 피하는 것 또한 사고이다. 사고한다는 것은 아예 잊혀질 수도 있다. 세상의 모든 것이 우리로 하여금 사고하는 일을 잊어버리게 만들고 있기 때문이다. 모든 것이 우리가 사고하는 것을 반대하고, 심지어 우리 자신부터도 반대하는 만큼, 사고에 열중하려면 뻔뻔할 정도의 대담성이 요구된다. 더욱이 사고에 들어가기 위해서는 연습이 필요하다. 예를 들면 사고란 엄격한 것, 까다로운 것, 진저리나는 것, 맥빠지는 것, 엘리트들만의 것, 사람을 마비시키는 것, 그리고 끝없이 권태로운 것이라고 표현하는 이 형용사들을 모두 잊어버리는 연습이 우선적으로 필요하다. 또한 우리 마음 깊은 곳에 내재되어 있는 어떤 느낌과 지성 사이에, 그리고 감정과 사고 사이에 엄격한 구분이

· · · · · · · 경·제·적·공·포 · · · · · · ·

있다고 믿게 만드는 계략에 속지 않는 연습도 필요하다. 만일 그렇게만 할 수 있다면, 그것은 정말 구원을 얻은 것 같으리라! 그렇게 할 수만 있다면, 어떤 신분을 가진 사람이든지간에 인간으로서 누려야 할 모든 권리와 자율권을 지닌 시민이 될 수 있을 것이다. 따라서 생각하는 일이 장려받지 못하고 있음은 조금도 이상한 일이 아니다.

왜냐하면 사고만큼 우리를 잘 움직일 수 있는 것은 없기 때문이다. 흔히 우리가 생각하듯 맥없이 포기하는 것과는 정반대로, 사고는 모든 행위 중에서도 극치의 행동이다. 사고만큼 모든 것을 전복시킬 수 있는 행동은 없다. 사고보다 더 두려움을 줄 수 있는 것도 없다. 또한 그보다 더 부끄러운 것도 없는데, 이 사실은 결코 대수롭지 않게 넘길 일이 아니다. 사고한다는 것은 정치적인 것이기 때문이다. 정치적인 사고만 그런 것이 아니다. 사고한다는 그 〈행동〉 자체가 정치적인 것이다. 따라서 오늘날에는 그 어느때보다도 사고하지 못하게 하고, 사고하는 능력을 갖지 못하게 하려는 음모가 은밀하게 번지고 있다. 그리고 은밀한 만큼 더 큰 효과를 얻고 있다.

그러나 사고하는 능력은 우리에게 점점 더 유일한 수단이 되고 있으며, 앞으로도 그럴 것이다.

다른 책에서 이야기한 바 있지만,[9] 여기서 다시 그것을 재정리해 보고자 한다. 1978년 오스트리아의 그라츠에서 열린 국제

---

9) 《고요함의 폭력》 중에서.

· · · · · · · 경·제·적·공·포 · · · · · · ·

회의에서 있었던 일이다. 강연자 중 한 사람이 청중에게(각 나라 사람들이 모두 모여 있었다) 〈프랑스 시인〉인 말라르메를 알고 있느냐고 물었다. 그러자 강연장은 순식간에 웃음바다가 되었다. 말라르메를 모르다니! 그리고 얼마 후에 한 이탈리아인이 발언을 하게 되었는데, 그는 이 웃음에 대해서 몹시 분개하였다. 이번에는 그가 여러 가지 이름을 내놓고는 이렇게 물었다. "이들을 알고 있습니까?" 우리 모두는 그것이 어떤 작가들의 이름인지, 무엇을 가리키는 것인지 알지 못하였다. 그것은 바로 기관총의 상표 이름이었던 것이다. 그는 당시에 내전이 한창이던 국가에서 머물다 온 사람이었는데, 그 나라에서는 〈국민의 90퍼센트〉가 이 이름들을 알고 있지만, 말라르메가 어떤 사람의 이름인지, 무슨 상표의 이름인지를 아는 사람은 단 한 사람도 없다고 말하였다. 절실한 삶의 문제 앞에서 기관총의 상표 이름을 외지 않을 수 없었던 그들에 비해, 점잔을 빼며 유식한 체하는 엘리트 집단, 한 마디로 〈지성인〉들이었던 우리는 진정한 삶의 가치를 모르고 있었던 것이다! 그 이탈리아인 친구가 보기에 우리들이 추구하는 가치라는 것은 덧없고, 자기도취적이며, 편협하고, 무의미한 것에 불과하였다. 그것이 그를 분노케 만들었던 것이다. 그러나 이같은 그의 시각에는 뭔가 생각해 보아야 할 요소가 있었다. 그것도 아주 시급하게……. 그 친구가 아주 불쾌해하며, 노여움에 가득 찬 눈초리로 우리를 응시하였을 때, 강연장 안의 우리들은 부끄럽고 당황해하면서(회의의 주제가 극히 치욕스럽게도 〈문학과 기쁨의 원리〉였다!) 그런 노여움을 표할 줄 아는 그에게 갈채를 보냈다.
 그러나 나는 뭔가 답답하고 거북하였기에 발언권을 요청했다. 그리고 대다수의 국민들이 말라르메를 모르는 쪽을 선택할 수밖에 없었던 상황을 자연스럽게 보는 시각은 바람직하지 못한 것이 아니겠느냐고 말했다. 그 자리에 있었던 우리는 마침 모두가 말라르메의 시를 아는 쪽을 선택했던 사람들이지만, 그러나 사실 우리들에게 있어서도 말라르메의 시를 읽고 안 읽고는 큰 문제가 되지 않으며, 말라르메의 이름을 모른다는 것 또한 별문제가 되지 않는다. 우리 모두를 경멸하던 그 이탈리아인 친구 역시 우리의 박식함을 유감으로 여길 수 있었던 것은, 말라르메의 시를 읽는 쪽을 선택하였기 때문이다.
 그런데 말라르메의 이름과는 거리가 먼 그 사회의 수많은 대다수들 중에서 말라르메의 시를 읽고, 그 시가 자신들의 기호에 맞는지 안 맞는지를 알 수 있을 만한 자들의 수를 비율로 나타내 보면, 우리 사회에서 말라르메의 시를 읽는 자들의 비율과 비슷하다. (우리 사회에서도 그 퍼센티지는 극히 작은 수치이다.) 그러나 그들은 우리처럼 말라르메의 존재를 알 수 있게 해주는 일련의 교육과정을 거쳤고, 그에 대한 정보를 얻을 권리와 그 시를 읽을 것인지 안 읽을 것인지를 선택할 자유를 가지고 있지 않았다. 그리고 그 시를 읽으면서, 그 시가 좋다든지 나쁘다든지를 평가할 권리도 가지고 있지 않았다.
 만일 기관총을 든 포병이, 혹은 아프리카의 농민이(앞서 말한 이탈리아인 친구가 언급해 준 리스트를 되풀이하고 있지만, 이 리

· · · · · · 경 · 제 · 적 · 공 · 포 · · · · · ·

스트는 이제 시대에 뒤떨어진 예가 되고 말았다), 혹은 칠레의 광부들이나 유럽에 있는 대부분의 육체노동자들이(오늘날에는 실업자들이라고 해야 할 것이다)[10] 말라르메에 대해서나 그 이름에 관계된 것에 대해서 전혀 모르고 있는 것은, 전적으로 그들의 기호에 달린 문제가 아니다. 그들은 그의 시에 접근할 기회가 없었던 것이다. 이는 그들이 그런 기회를 얻지 못하도록 도처에서 감시를 하고 있었기 때문이다. 대신 그들에게는 기관총을 손에 쥘 기회만이 있었을 뿐이다! 그러나 다른 자들, 즉 우리 같은 사람들에게는 말라르메의 시를 읽고 싶거나, 혹은 거절할 선택권이 주어졌던 것뿐이다!

나는 계속해서 말을 이었다. 하지만 만일 아프리카의 농민이나 기타 다른 지역의 사람들이, 우리가 누리는 만큼의 풍요로움 속에서 지식의 대상을 스스로 선택하고 그것을 결정할 수 있다

---

10) 거의 20년이 지난 오늘날에는, 그 이탈리아인 친구는 다른 예들을 들 수도 있을 것이다. 그러기 위해서는 굳이 여러 나라들을 여행할 필요 없이, 프랑스의 직업소개소들을 한 바퀴 돌기만 하면 된다. 그곳에서 특수한 문화를 만나게 될 것이기 때문이다. 점차 소멸되어 가는 직업들을 요구하는 자들이 지금 그 생소한 문화 속에서 헤매고 있다. 이미 수가 많은데도 수효가 늘어만 가고 있는(!) 그들은, 그 문화의 기초를 배우고 있는 유일한 자들이다. 그 문화는 어찌나 난해한지, 그만큼 난해한 것은 스테판 말라르메 작품의 어느 페이지에서도 찾아볼 수 없을 정도이다! 그야말로 약자(略字)들의 숲으로 이루어진 문화이다. 아마 그 이탈리아인 친구가 들으면 이런 말을 하게 될지도 모른다. "PAIO, PAQUE, RAC, DDTE, FSE, FAS, AUD, CDL이라는 약자의 뜻을 아세요? 그밖에도 수많은 것들이 있지만, 이 정도만이라도 알 수 있을지 모르겠군요." 당신은 대답할 수 있겠는가?

면, 무엇인가가 달라질 것이라고. 이탈리아인 친구가 말한 사회에서 사는 사람들에게 있어서, 말라르메의 이름을 모르는 것은 가치 있는 일이고, 기관총의 이름을 모르는 것은 말도 안 되는 일일까? 그 친구는 내전이 벌어지고 있는 사회의 사람들은 반드시 그래야만 한다고 결정을 내렸다. 그러나 그 사회의 시민들 자신은, 그런 결정을 스스로 내릴 만한 상황에 처해 있지 못하였다. 그들은 그런 자유와 권리를 가지고 있지 못하였던 것이다. 우리가 가지고 있는 그 자유와 권리를……

각 진영의 정치운동 지도자들은(혹은 뚜렷한 갈등으로 둘로 갈리어졌을 경우 양쪽 진영의 지도자들은), 상대 진영의 사람들이나 기관총을 들고 직접 싸우는 국민들보다는, 자기 진영 사람들끼리 더욱 가깝게 지내고 교류도 더 잦은 것이 당연한 일 아닌가?

다소 느리고 노골적으로, 또한 다소 비극적으로 막다른 골목을 향해 가고 있는 제도들은, 말라르메의 시를 읽는 눈에 띄지 않는 독자들이 많을수록 더욱 위협을 느낄 것이고, 그들의 지배력도 그만큼 제한을 받게 될 것이다. 권력층은 그 사실을 너무나 잘 알고 있기에, 그 문제에 관한 한 실패하는 법이 없다. 그들은 어디에 위험이 도사리고 있는지를 아주 잘 알고 있다. 그렇기 때문에 독재체재가 강요된다면, 그들이 우선 본능적으로 찾아내서 추방하거나 제거하는 대상은 바로 말라르메의 독자들일 것이다. 이들을 지지하는 자들이 아무리 적다고 해도 말이다.

말라르메의 시를 읽는 일은 엘리트들만의 일이 아니다. 그것은 우리를 가두고 있는 껍질을 깨려는 시도이다. 언어를 분석하고 그 기호와 언어를 해독하고, 그리하여 세상이 의도적으로 우리에게 감추고자 하는 모든 진실에 귀를 열고 눈을 뜨려는 시도이다. 그것은 우리의 공간을 확장시켜 준다. 사고할 수 있게 하며, 더욱 섬세하고 더욱 유연성 있게 생각하도록 만들어 준다. 그리고 사고할 때만이 비평과 각성이라는 중요한 무기를 사용할 수 있다.

　기관총은 강한 힘을 가지고 있으며, 때로는 최악의 사태를 피하기 위해서 필요불가결한 것이다. 그러나 기관총의 난폭성은 이미 예상된 것으로서 충돌을 가져오게 하고, 늘 똑같은 권력의 자리바꿈이 영원히 반복되게 할 뿐이다. 방정식은 그대로 두고, 식(式)에 사용된 항(項)만 바꾸는 일이다. 역사는 이처럼 반란에 의한 자리바꿈으로 점철되어 있다. 그리하여 계급제도는 여전히 강건하게 유지된다.

　말라르메의 시를 읽는다는 것은, 어떤 능력의 습득을 전제로 한다. 그 능력이란 어떤 숙달된 기술을 갖게 하여, 이를 통해 어떤 권리를 가질 수 있게 해주는 능력을 말한다. 또한 모든 반론을 제거하고 축소하는 제도에 〈아니다!〉라고 맞설 수 있는 능력을 말한다. 또한 우리를 옭아매어 꼼짝 못하게 하기 위해서 고의적으로 만들어낸 말들이 가지고 있는 위험을 고발할 수 있는 능력을 말한다.

　그러나 대중들을 모으고 더욱 복종시키기 위해서, 권력을 가진 자들은 사고하는 데 필요한 힘들고 위험한 연습을 하지 못

경 · 제 · 적 · 공 · 포

하도록 우리의 의식구조를 다른 곳으로 돌린다. 그리고 대중들을 더욱 손쉽게 다루기 위해서 문제의 정확성에 접근하지 못하게 하며, 연구하지도 못하게 한다. 그리하여 사고를 위한 훈련은 몇몇 사람들에게만 주어지게 된다. 그리고 그들만이 자신들의 권력을 지켜 나갈 것이다.

그래서 말라르메에 대한 결론을 내리려는데…….

그때 청중 가운데 한 남자가 소리쳤다.

"Mallarmé is a machine gun!(말라르메는 기관총이다!)"

맞는 말이다!

나는 끝맺음 말을 그에게 맡겼다.

······ 경 · 제 · 적 · 공 · 포 ······

 이 〈젊은이들〉, 다루기 〈어려운 지역〉이라고 이름 붙인(다루기 어려운 동네여서가 아니라, 정말 어려움에 처한 사람들이 살고 있기 때문에 이렇게 불러야 한다) 지역의 젊은 주민들에게 있어서, 말라르메의 이름을 대신할 수 있는 것은 기관총의 이름이 아니라 공허감이다. 여러 가지 계획, 장래, 마음에 그리는 행복, 아주 작은 소망, 이런 것들의 부재와 거기에서 오는 공허감······. 그러나 지식의 길로 들어서서 말라르메의 시를 읽는 기쁨을 누릴 수 있게 된다면, 이런 공허감 같은 것이 보상되지 않을까······.
 꿈도 꾸지 말자!
 어째서? 이 소년소녀들의 유일하고도 특별한 사치는, 바로 자

······경·제·적·공·포······

유롭게 남아도는 시간이 아니던가? 그러니 그 충분한 시간을 이용한다면, 그들은 얼마든지 이 지식의 영역으로 침입해 들어갈 수 있지 않을까? 그러나 그렇지 않다. 그들의 시간은 그들에게 아무것도 허락해 주지 않는다. 모순된 우리의 낡은 제도가 그들을 속박하고 있기 때문이다. 그 제도는 그들이 거부당한 바로 그것을 그들에게 다시 강요하고 있다. 그들이 거부당한 것이라니? 임금제도에 연결된 삶, 임금제도에 의존되어 있는 삶이 그것이다. 바로 우리가 〈유용〉하다고 말하는 그 삶. 그것은 그들에게 유일하게 승인된 삶이지만, 그러나 그들은 그 삶을 영위할 수 없다. 다른 사람들에게 있어서도 실현 가능성이 점점 적어지고 있는 그 삶이, 그들에게 있어서는 이제 전혀 불가능한 것이 되어 버렸기 때문이다. 그럼에도 불구하고 그 삶에 대한 환상이 그들을 붙들고 있다. 따라서 그들은 그 삶의 부재라는 현실이 만들어낸 공허감에 지배받지 않을 수 없다.

이 공허한 삶이 도시 외곽지역의 청록색 불모지를 무겁게, 무겁게 짓누르고 있다.

그들이 살고 있는 세계의 반대편 극에는, 아주 재미있고 풍요로운 세계가 존재한다. 그러나 그 세계 역시 경시되고 있고, 소멸중에 있다. (사실이다. 소멸중에 있다는 것이 바로 그 세계가 가지고 있는 특징 중의 하나이다.) 그 세계는 제트기를 타고 세계를 돌아다니는 부호들의 세계가 아니라, 연구와 사고(思考)와 농담과 그리고 열정이 존재하는 곳이다. 말하자면 그 세계는…… 바로 지성의 세계이다. 그러나 오늘날 지성이라는 용어

······경·제·적·공·포······

는, 사회의 격려를 받아가며 사회와 함께 협의하고, 의도적으로 계획한 경멸의 시선을 받으며 배척당하고 있다. 지성이라는 단어를 욕설처럼 내뱉으며, 지금이라도 금방 새어 나올 것 같은 비웃음을 참고서 열심히 공모를 꾸미고 있는, 소위 지성인이라는 극히 적은 수의 얼간이들이 주고받는 음모의 눈짓을 보라. 그것은 전혀 무죄하다고 할 수 없다.

만일 그 지성의 세계로 들어갈 수 있는 열쇠만 있다면, 하릴없이 빈둥거리는 이 젊은이들 중 많은 자들이 다른 능력 있는 젊은이들만큼 그 세계로 들어갈 수 있을 것이다. 어떻게 보면, 빈민지역의 청년들이 다른 젊은이들보다 그 세계로 들어가기가 더 쉬울 수도 있다. 그들은 누구보다도 더 많은 시간을 할애할 수 있으니까. 그러나 얼마든지 자유롭게 쓸 수도 있을 그 시간이 사실은 쓸모없이 버려지는 공허하고 빈 시간, 수치와 상실의 시간, 해로운 시간이 되어 버리고 만다. 그런데 그 시간이라는 것이야말로 우리가 소유할 수 있는 물질 가운데 가장 중요한 것이다. 젊은이들의 삶은, 시간이라는 것에서부터 출발해야만 완전한 불꽃을 피우며 타오를 수 있을 것이다.

그러나 이렇게 가정하고, 그것이 가능하다고 상상하는 것은 부조리의 절정이라고 할 수 있을 것이다. 이 〈젊은이들〉은 초등학교 때부터 벌써 끔찍한 경험을 하게 될 정도로, 소외(혹은 소외화)되어 있다. 따라서 그들 외의 사람이, 규범을 알 수 없는 그들의 영역에 들어가 위험을 무릅쓰는 일은 거의 없다. 마찬가지로 그들도 우리의 영역에 좀처럼 발을 들여 놓지 않는다.

· · · · · · 경 · 제 · 적 · 공 · 포 · · · · · · ·

　이 지역과 이 지역의 주민들은 은연중에, 그러면서도 엄격하게 우리로부터 떨어져서 그 거리를 고수한다. 자신들의 모습을 감추고, 자신들의 실체를 파악하지 못하게 하려면, 역시 벽이 있는 것이 효과적이다.
　우리와 완전히 분리되어 있다고는 하지만, 그래도 지리상으로 이처럼 가까이 붙어 있는 이곳, 빈민 주택단지 안으로 우리가 산책하러 들어가는 일이 있을까? 없다. 왜냐하면 우리는 이성적인 판단에 의해, 그곳을 아주 위험한 지대라고 생각하고 있기 때문이다. 그러나 우리 모두가 두려워하는 위험 앞에서, 그곳의 주민들이 이미 균형을 잃고 쓰러졌다는 사실에 대해서 생각해 본 일이 있는가? 그들이 사회로부터 절대적이고 영원한 추방을 당하였다는 사실을……. 그리고 그 추방이 이제는 너무나 당연하고 일반적인 현상이 되고 말았음을…….
　그들이 도시 변두리의 자기 동네나, 혹은 자기 동네와 비슷한 곳 이외의 장소에 나타나 활보하고 다니는 것을 쉽게 볼 수 있었던가? TV 속이나 전철, 싸구려 술집, 혹은 국립 직업소개소 같은 곳을 제외하고, 우리와 그들이 공유할 수 있는 장소가 과연 있었던가? 민족학 혹은 민속학에 관한 TV 프로그램을 통해서, 그들이 자신들의 동물원 안에 있는 모습을 보게 되는 경우나, 혹은 전사(戰士)로서의 그들이 자신들의 국경선을 침입해 우리의 동물원 안에서 다소 소란스러운 일을 벌이는 경우를 제외하고, 그 이외의 장소에서 우리가 그들을 볼 수 있는 기회가 있었던가?

· · · · · · · 경 · 제 · 적 · 공 · 포 · · · · · · ·

　도대체 누가 이 경계선을 만들었을까? 이 〈젊은이들〉은 좋은 동네의 고등학교보다 자기 동네의 기술고등학교를 정말 더 좋아할까? 살기 좋은 우리 지역보다 자신들의 황량한 공간을 더 좋아할까? 그렇다면 그들을 구성하고 있는 물질이 어떤 특별한 물질이라서, 그들로 하여금 이 좋은 것들을 거부하게 만드는 것일까? 아니면 그냥 단순히 그들이 가난한 자들이기 때문일까?
　사회는 분명코 그들의 것이 아니다. 그런데 그런 사회를 그들과 연결시켜 주는 유일한 사회적 그룹이 있다. 바로 경찰이다. 그런데 문제는 이 두 그룹의 관계가 너무나 밀착되어 있다는 점이다. 그 긴밀한 관계 속에서 각 진영이 벌이는 비극적인 게임은 상대방의 예측에 서로 너무 잘 들어맞으며, 항상 똑같은 틀, 똑같은 무례함, 똑같은 함정으로 서로를 상대한다. 따라서 그들 사이의 관계는 마치 근친상간이라는 불륜의 관계처럼 보일 정도이다!
　그들의 운명에 아주 잘 들어맞고, 그들의 장래와도 긴밀한 관련을 맺고 있는 개념에 따라, 오직 그들만을 위해서 만들어냈다고 할 수 있는 유일한 교육 공간이 있으니, 이름하여 감옥이라는 곳이다.
　그들과 사회를 맺어 주는 또 하나의 영역이 있다. 이 〈젊은이들〉이 꽉 막힌 자신들의 영역의 반대편 끝을 만날 수 있는 곳, 그곳은 다름아닌 학교이다. 그들은 자기들을 추방하는 자들과 대개 이곳에서 처음으로 직접 만나게 된다. (때로는 마지막이 되기도 한다.) 아주 친밀한 관계를 맺으며 같은 영토 위에서 매일

······경·제·적 공·포·······

　매일 공식적으로, 그리고 의무적으로 얼굴과 얼굴을 맞대고 만나는 것이다. 그런데 그들, 즉 교사와 학생이 서로를 잘 만나고 싶어하지 않는 가장 두드러진 이유는 무엇인가?
　이렇게 된 가장 중요한 요인은, 교사들의 재정적 상황이나 사회적 조건, 교사직을 택하게 된 동기가 어떤 것이었느냐에는 상관없이, 일단 그들이 벽의 저편 즉 특권을 누리는 자들의 세계로부터 온 자들이라는 사실과, 그런 그들이 자신의 학생들은 이편 세계에 그대로 남아 있게 내버려둔다는 사실 때문이다.
　교사들과 교육기관의 가치관과 목적은 제쳐두고, 어쨌든 그들은 학생들을 추방하고, 모욕하고, 학생의 부모들을(결과적으로 학생들까지) 막다른 골목으로 몰아냈던 자들과 관련되어 있는 자들이다. 아이들의 부모를 삶 밖으로 내쫓아, 결국 지금의 이 장소에서 잊혀진 존재로서 살아가게 만든 자들과……. 게다가 교사들은 학생들과 그들의 가족을(프랑스 시민권을 가졌던 안 가졌던 상관없이) 최하층 천민으로, 혹은 손을 대서는 안 될 존재로 취급하는 바로 그 국가가 위임한 자들이다. 이런 사실은, 꼭 옳다고 할 수는 없겠지만 버려진 영토 안에 침범해 들어온 적군의 행위로 보일 수도 있다.
　그 합법성 여부야 어떻든 이 침범행위는, 국가의 편에서 보면 사라져 가는 약속들의 마지막 흔적이며, 민주주의가 할 수 있는 마지막 노력이다. 그리고 분배라든가, 적어도 평등 같은 가치에 대한 국가의 의지를 보여 주는 마지막 표시이다. 또한 비록 상징적인 것에 지나지 않을지라도, 이곳 학생들이 가질 수 있는

· · · · · · ·경·제·적·공·포· · · · · · ·

권리의 마지막 지표이다. 그리고 이 권리야말로 이 아이들에게 있어서 그 어떤 것도 대신할 수 없는 가치를 지니는 것이다. 그러나 이미 출생의 순간부터 희생을 당해 온 이 아이들의 편에서 보면, 이 침범행위는 마치 세상이 자기들을 향해 시비를 걸어오는 것처럼 느껴질 수도 있다. 그리고 이들을 대하는 교사들의 태도와 감정이 실제로 어떤 것이든간에, 이 행위는 사회 일반이 품고 있는 경멸의 연장선상에 있으며, 이 경멸감이 가장 깊이 각인되어 있는 영토 안에서 행해지고 있다. 그리고 그 결과는 우리 모두가 잘 보고 있는 그대로이다.

교육? 초등학교 아이들에게 있어서 교육이라는 것은 생각지 않은 뜻밖의 선물이며, 이 세상에서 존재하는 것 중 가장 훌륭한 것을 다른 동네의 아이들과 똑같이 공유할 수 있는 것이고, 그들에게 허락된 신비한 마법과도 같은 부분이다. 그것은 또한 유일한 것이자, 최후의 수단이기도 하다. 그러나 이와 같은 교육에 제공되는 최소한의 엄격주의는 가능한 한 가장 빠른 시일 내에 중단되기 마련이다. 그리고 〈최후의 기회〉라는 개념이 아이들에게 고통을 강조하고, 그들을 위협하는 위험을 강조하며, 아이들뿐만 아니라 교사들에게까지도 은연중에 불안감을 조장해서 결국은 초긴장하게 만든다.

이들 세계의 다른 편 끝에 있는 가치들, 즉 유혹적이기는 하지만 너무나 먼 곳에 머물고 있기에 여전히 손에 닿을 수 없는 것, 솔직히 말하면 그들에게는 아예 금지된 것……. 이것에 대한 향수를 악화시키는 곳 또한 학교라는 곳이다. 이 가치들은 겉으로 보기에는 아직 남아 있는 것 같지만, 실제로는 더 이상 통용되고 있지 않다. 따라서 이 가치들은 이곳 아이들에게 더더욱 접근이 불가능한 것일 뿐이다. 이 가치들은 불길하고도 이상한 나라의 앨리스에게 제공되었던 음식접시와도 같다. 그 맛있게 보이는 음식들은 그녀가 스푼을 갖다대는 순간 즉시 사라져 버리지 않던가! 한번도 맛보지 못할 것이 분명한데도, 맛볼 수 있다고 허망한 거짓 약속을 할 수밖에 없는 학교는, 그래서 아픈 곳을 찔러 괴롭힌다는 표현이 딱 들어맞는 곳이다.

이미 금지된 삶, 벌써 예전에 빼앗겨 버린 삶(게다가 더 이상 목표로 삼을 수도 없게 된 삶). 그 삶에 대한 입문 지식을 새삼스럽게 아이들에게 주입하는 것은 악의에 찬 농담으로밖에 생각할 수 없지 않을까? 그것은 오히려 그들로 하여금 그들의 절망적인 현실에 다시 한 번 확실하게 직면케 만드는 확인사살 같은 것이 아닐까?

그것이 우리 국가의 마지막 노력이라는 설명을 어떻게 그들에게 해줄 수 있을까? 그들을 학대하는 사회를 위해, 오직 그 사회를 위해 품어볼 수 있는 마지막 희망이라는 사실 또한 어떻게 그들에게 이해시킬 수 있을까? 그들을 걷어차는 사회를 위해서라니! 그 사회 역시 그들처럼 위조되고 거짓된 〈사건들〉이 씌워 준 역사라는 가면을 쓰고서, 그 수많은 사건들이 짜낸 그물망에 붙잡혀 있다는 사실을 어떻게 그들에게 이해시킬 수 있을까?

그러나 무엇보다도 바로 이러한 사실들을 그들에게 반드시

······경·제·적·공·포·······

가르쳐 주어야 하지 않을까?

그런데 이 빼앗긴 장소의 아이들은, 인류 역사에서 가장 중요한 시기인 지금 이 시대와 비교할 때 훨씬 앞서가고 있는 아방가르드이다. (어떤 사람들은 지금 이 시대가 역사의 종말의 시대이며, 따라서 이제 역사에 대해서 아무런 이야기도 하지 않기 때문에 더 이상 역사에 관해서 말할 필요가 없다고 주장한다.) 오늘날 우리 사회는 퇴행하고 있다. 결코 그들이 우리보다 더 처져 있는 것이 아니다. 사회는 지금 자신의 역사가 어떻게 움직이고 있는지 전혀 모르고 있다. 그 역사는 사회라는 것을 빼놓은 채 저절로 구성되고 있으며, 사회를 제거해 가고 있다. 이와 같은 상황에서, 이 아이들이 바로 이 역사의 맨 앞자리에 서 있는 것이다. 그들은 이미 터치라인 밖에 있다. 따라서 올 데까지 와서 종착역에 도달했으면서도 영원히 존속할 것처럼 주장하는 이 사회보다 그들이 앞선 삶을 산다기보다는, 사회가 그들보다 더 뒤로 물러서 있다고 할 수 있다. 그러므로 만일 우리 인류가 끝까지 잠에서 깨어나지 않는다면, 만일 어제의 문명이 이미 뿌리 뽑혔음을 인정하고, 대신 새롭게 승인된 문명 속에서 새롭게 재편성될 계획을 세우지 않는다면, 그렇다면 우리는 사라진 옛세대의 표현대로 수치감 속에서 학대당하며 사는 삶을 받아들이지 않을 수 없을 것이다. 그리고 새로운 세대의 지지자들이 잉여의 쓸모없는 이 존재들로부터 해방되어 자유를 얻게 될 때까지는, 죽는 순간까지 그 세계 속에서 배척당하며 아무런 저항도 하지 못하고 시들어가게 될 것이다.

······경·제·적·공·포········

 우리 사회는 선구자인 이 아이들에 대해서 만큼은 굳이 속이려거나 변화시키려고 수고한 일도 없고, 아예 시도조차 하지 않았다. 극히 소수의 이 배척당한 어린 존재들은, 이미 우리 시대의 가장 현대적인(!) 모습을 하고 있는 자들이기 때문이다. 또한 그들이 그 현대적인 삶을 너무나 실감나게 겪고 있기 때문이다. 그리고 그들의 부모들처럼 그들 역시 이같은 상황에 대해 체념하지 못하고 있기 때문이며, 수많은 다른 사람들이 모르고 있는 것, 혹은 알고 싶어하지 않는 것들에 대해서 그 아이들이 이미 너무나 잘 꿰뚫어보고 있기 때문이다.
 오늘날에는 그들을 추방하도록 되어 있는 프로그램에 따라, 그들의 운명이 좌우되는 부조리가 엄연히 존재하고 있다. 당사자인 그들이 이 사실을 어떻게 본능적으로 예감하지 않을 수 있겠는가? 본보기로 제시된 이 냉혹한 프로그램은, 외부로부터 가해지는 타격을 통해 추방되는 것이 아니라, 이 아이들이 자신도 모르게 스스로 가하는 타격에 의해 추방되도록 만들어졌다. 더군다나 그 프로그램에서 추방이라는 말은 언급조차 되고 있지 않으며, 따라서 추방에 대한 대책을 세우고 있지도 않다. 그보다는 추방을 계획하거나, 적어도 그 계획에 동의하고 있는 우리의 제도를 정당화하는 쪽이다. 이 프로그램은 또한 이 〈소년 소녀들〉과 그들의 가족을 추방하는 것이 논리적이며, 바람직하고, 지금까지의 추방만으로는 불충분하다고 판단하는 우리 사회에 의해서, 그리고 그런 우리 사회를 위해서 만들어졌다. 이 프로그램을 보고 있노라면, 이 사회에 들어와 있도록 입력된 이

·······경·제·적·공·포·······

들은 최하층민의 역할을 담당하기 위해 암암리에 이 프로그램 안에 갇혀 있다는 인상을 주기도 한다.
　지금은 사회 자체가 〈전체적으로〉 쓸모없고, 은연중에 달갑지 않은 존재로 되어가고 있다. 그러나 우리 사회는 아직 이 사실을 깨닫지 못하고 있다. 그런 사회로부터 우리와 같은 영역의 사람들(오늘날에는 같은 사회계층의 사람들을 같은 영역의 사람이라고 생각한다), 가까운 친지들, 보통은 이웃들, 그리고 때로는 가족들까지 싸구려 비행기를 타고 외국으로 쫓겨가거나, 혹은 그렇게 될지도 모른다는 위협을 받고 있다. 그런 모습을 보는 것이 과연 고무적이라고 생각하는가?
　왜냐하면 지금 이 자리에서 이민을 갈 수도 있고, 지금 이 자리로 이민을 올 수도 있지만, 이것이 바로 빈곤으로 인하여 자신의 본국으로 추방당하고 있다는 뜻이기 때문이다. 하기야 좀 더 공식적인 추방을 하였을 때에 생기는 장점도 한 가지가 있긴 하다. 추방당하지 않는 사람들은 그 추방사태를 보면서, 자신들은 그래도 〈안에 들어 있는 자들〉이라고 믿게 된다는 점이다. 그들은 그 허구의 위상에 매달려 있는 것이다.
　이 동네의 〈젊은이들〉이 예감하고 있다고 생각되는 것, 그것은 그들에게 교육을 전달해 주는 자들 역시 속임을 당하고 있는 자들이라는 사실이다. 교사들 역시 열악한 사회적 위치에 있는 사람들인 것이다. 한 마디로 정도(正道)를 벗어난 교육이다. 이는 그 교육이 앞이 완전히 꽉 막힌(또는 꽉 막히게 될) 전망에 대해 가르치고 있기 때문이다. 더군다나 더 끔찍한 것이지

145

······경·제·적 공·포······

만, 가르치는 자들에게까지 미래가 닫혀 있기 때문이다. (혹은 닫혀지게 될 것이기 때문이다.)

다시 한 번 말하지만, 학교에서는 이런 사실들을 가르쳐 주지 않는다.

불결하고 비참하고 폭력이 난무하는 미국의 슬럼가, 판자촌이 다닥다닥 붙어 있는 마닐라나 리우, 그외 다른 지역의 빈민가에 대해서도 가르치지 않는다. 이런 지역은, 지구상에 이런 곳이 있는지조차도 모르는 수많은 사람들 사이에서 그저 방치되고 있을 뿐이다. 기아로 허덕이는 자들이 들끓는 아프리카, 남아메리카, 그밖의 다른 곳의 지옥의 리스트······. 인간이 매번 겪어야 하는 이 불행······. 그러나 비록 이런 운명에 처해 있긴 하지만, 그렇다고 이들이 처음부터 비참한 자, 배고픈 자, 희생자가 되기 위해 이 땅에 태어난 것은 아니다.

우리는 어쨌든 수백만 명의 사람들 각자가 수백만의 분노스러운 상황을 겪고 있다는 사실을 인식해야만 한다. 그리고 매번 그 상황들이 단 하나뿐인 그들의 삶 전체, 그 소중하고 이해하기 힘든 삶의 실체를 삼켜 버리고 있다는 사실도 인식해야 한다. 요람에서 무덤까지 전개되면서 소멸해 가고 있는 우리 각자의 삶의 실체를······.

이 공포는 분명 우리가 아닌 다른 대륙의 다른 사람들에게 퍼져 있는 공포이다. 하지만 우리 역시 그 공포를 그들과 동시에 느낄 수 있다. 〈겪어서 알지는〉 못하지만, 〈보아서 알고〉 있는 것이다. 또한 우리는 그 공포가 지금 우리 가운데, 우리 문

········경·제·적·공·포········

앞에까지 도사리고 있음도 잘 알고 있다. 우리가 느끼는 공포는 다른 대륙에서 느끼는 것보다는 덜 충격적이긴 하다. 그러나 이곳에서의 공포는, 아직까지는 모든 사람들의 몫이 아니라 특정인들의 것이라는 사실 때문에 여론으로부터 더 많은 비난을 받게 되고, 따라서 더 고독하고 더 치욕적일 수도 있다. 한 마디로 우리가 겪는 공포는, 그것을 〈엄폐〉하고 있는 국가로부터 더 우롱당하고, 더 상처입은 공포이다. 너무나 뼈아프게.

우리가 이런 사실을 모르고 있지 않다는 것을, 바로 우리 사회가 쫓아냈던 이 아이들이 분명하게 가르쳐 주고 있다.

이론상으로 볼 때 그들의 학업은 분명 지나친 태도, 불공평한 상황에 대항하는 무기이자, 배척에 저항할 수 있는 마지막 수단이다. 그러나 초등학생이 어떻게 이런 학업에 동화할 수 있을까? 동화할 수 있는 방법이라도 제공한 일이 있었던가? 증거가 될 만한 예라도 있는가? 같은 나이 또래의 다른 학생들에게 그렇듯이, 그들에게도 지식으로 향하는 길은 늘 엄격한 면과, 따라서 반감을 일으킬 수 있는 면을 가지고 있다. 그러므로 지식에 접근하기 위해서는, 사회에 대한 기본 지식을 배우려고 애쓰는 노력이 요구된다. 그렇다면 결국 사회로부터 배척당하는 기본 지식을 배우려고 애쓰라는 뜻인가?

우리의 교육이(사회로부터 주어진 교육이다) 모델로 제시하고 있는 이 사회에 대해서, 아이들은 그 내막까지도 잘 알고 있다. 권력의 내막이 아니라 권력이 가져온 결과의 내막을 알고 있는 것이다. 그것은 흔히 감추어지고 위장된 것이지만, 이 아이들은

· · · · · · 경 · 제 · 적 · 공 · 포 · · · · · · ·

이미 이런 것에 아주 친숙하다. 이들은 무질서한데다 결핍투성이인 그들의 일상적인 삶을 통해서, 붕괴가 일어나기 직전의 결정적인 균열을 무의식적으로 알아보지 않는가?

그들은 길가로 내던져졌다. 그들이 버려진 길에는, 지나다니는 통행인의 수가 점점 줄어들고 있다. 반면 지구의 다른 편에서 살던 각계각층의 사람들이 점점 몰려와 그들과 합류하며, 그들처럼 실패의 삶을 살아간다.

그 길은 분명 하나의 길임에도 불구하고, 그 끝은 한 장소로 이르지 않는다. 그 길은 어디로 이어지는가? 아무도 모른다. 그것을 알 수 있는 사람들, 곧 새로운 문명의 기획자들은 절대로 그 길을 택하지 않는다. 그들은 다른 곳에서 살고, 다른 길로 통행하며, 이곳에는 전혀 관심이 없다. 그들에게 있어서 이곳의 풍경은 민속박물관에서나 볼 수 있는, 혹은 잊혀지기로 되어 있는 과거에 속할 뿐이다.

끔찍할 정도로 시대에 뒤떨어진 것을 마치 현행하고 있는 것처럼 교육하거나 교육하게 만드는 것은, 사회 자체가 납득하기 위한 몇 가지 유일한 방법 중 하나(최선의 방법)이다. 이 아이들은 아마도 그 사실을 알아차리고 있을 것이다. 그 방법은 또한 더 이상 존재하지 않는 것을 따라 계속 살아가기 위한 방법이며, 그리하여 존재하지 않는 그것을 승인하는 방법이다. 그리고 불길한 몇 가지 오해와 쓸모없는 고통만을 일으키는 환상들을 영원히 존속시키기 위한 방법이다.

여기서 우리는 아주 일반화된 속임수 하나를 볼 수 있다. 그

······경·제·적·공·포······

속임수는 사라진 사회의 유령과 같은 제도들을 강요하고, 노동의 소멸을 단순한 일시적인 공백상태일 뿐이라고 제시한다. 그렇다면 굳이 도시의 외곽지대가 안고 있는 문제들에 관하여 새삼스럽게 강조할 필요가 없지 않은가? 그 속임수에 의할 것 같으면, 이 문제들은 우리 사회의 어느 수준에서나 발생될 수 있는 문제일 뿐이라고 한다. 다만 약간 다른 방식과 조금 더 느린 리듬에 따라 일어날 수 있는 현상이, 이곳에서는 극단적인 증상으로 나타난 것에 불과하다는 것이다. 이런 속임수의 말을 듣고 있노라면, 너무나 다른 두 세계 사이의 엄청난 대립과 충돌, 거리감이 도처에 산재해 있음이 느껴진다. 그 하나는 교육이 제시하고 있는 추천할 만한 세계로서 모든 것이 법에 따라 진행되는 세계요, 다른 하나는 교육의 대상이 되고 있는 세계로서 계속해서 교육을 시키고 있지만 더 이상 교육의 의미를 간직하고 있지 않은 세계이다. 작은 의미마저도······.

이곳, 이 아이들의 세계에서는 다양한 규율과 그 내용들이 문제시되지 않는다. 고용에의 길이 이미 닫혀 있다면, 시체안치소 같은 곳에서 자라나는 이 아이들에게 문화 지식을 가르치는 것을 목표로 삼을 수도 있을 것이다. 적어도 그 교육은 이들에게 인간으로서의 그들의 존재가 이 세상에서 갖는 의미를 가르쳐 줄 수 있을 것이며, 인간에게 부여된 가능성에 대한 통찰력을 길러 주고, 지식의 영역으로 들어가는 길로 안내해 줄 수 있을 것이다. 그리고 이런 것을 통해서 무엇 때문에 살아야 하는지, 어떻게 삶을 개척해 나가야 하는지, 그리고 그들에게 내재되어

········경·제·적·공·포········

있는 힘으로부터 어떤 의미를 찾을 수 있는지 등을 알 수 있게 해줄 것이다.

그러나 오히려 지금의 교육은, 이 새로운 세대들에게 직업 없이도 지낼 수 있는 삶의 양식을 준비시키기보다는, 그들을 거부하는 꽉 막힌 장소로 들어가도록 떠밀고 있다. 그리하여 그들을 더 이상 존재하지도 않는 것으로부터 추방된 자들로 만들어내는 데 전력투구하고 있다. 결국 이 아이들은 이렇게 해서 불행한 자들이 되고 마는 것이다.

이미 지나간 과거의 환경에서나 접근이 가능하였던 장래를 지금에 와서 목표로 한다는 구실로, 프로그램상에서 우리에게 할당되지 않은 것은 무시하고 배척하는 반면, 이미 사라져 버린 장래에 도달하기 위해 필요하다고 생각하는 것은 어떻게 해서든 보존하려고 애쓰고 있다. 예정했던 장래가 전개되지 않을 것이 분명하기 때문에, 그 장래를 스스로 포기하겠다는 것 외에는 다른 어떤 것도 계획하지 않는 것이다. 또한 이 젊은이들이 아무것도 가진 것이 없는 자들이기 때문에, 그나마 있는 것까지 남김없이 빼앗겠다는 것이다. 그때 가장 먼저 빼앗을 수 있는 것이 바로 무상으로 주어진 것, 쓸데없이 풍성하게 남아도는 것, 문화에 접촉할 수 있게 도와 주는 것 등이다. 이러한 것은 물질이 아닌 인간과 관계되는 영역에 속하는 것으로서, 경제의 세계로부터 추방당한 광대한 수의 사람들이 아직도 원하는 유일한 것이다.

지금 우리의 교육은, 젊은이들을 기업체에 넣을 수 있도록 충

· · · · · · · 경 · 제 · 적 · 공 · 포 · · · · · · ·

분히 준비시키지 않고 있다는 평가가 일반적인 경향이다. 그러나 우리의 현실에서는, 기업체들이 이 젊은이들을 원하지도 않고, 필요로 하지도 않는다. 그런데도 우리는 그 기업체에 맞도록 그들을 〈교육〉시키려고 안달이다. 좀더 〈현실적〉이어야 한다는 강박관념 속에서 우리 모두가 긴장하고 있는 탓이다. (적어도 긴장해야 한다고 생각한다.) 그러나 〈현실적〉이 되어야 한다는 말은, 사실상 더욱더 〈꿈꾸는 자〉가 되며, 더욱더 허구적이 되어야 한다는 뜻이다. 더군다나 우리는 단 하나의 목표를 정해 놓고, 그 목표에 충분히 집착하지 못하는 것에 대해 자책하기까지 한다. 그 목표란, 한시라도 빨리 더 이상 존재하지 않는 샐러리맨의 세계 속에 학생들을 등록시키는 것이다. 그래서 교과목과 교육과정 중에서 초등학생, 중고등학생, 전문대생, 대학생 들을 직장으로 데려다 줄 것 같지 않는 쓸데없는 부분들을 조금씩 가지쳐 나가야 한다고 판단한다. 그리고 오로지 〈직장에 끼워넣기〉만을 점점 더 목표로 삼아야 한다고 권고한다. 하지만 직장에 아이들을 끼워넣을 수 있는 일은 결코 일어나지 않을 것임은 두말할 필요도 없다. 이것이 바로 우리의 교육과 사회가 말하고 있는, 소위 〈구체적〉이라는 방법과 계획이다.

　장래가 전혀 보이지 않는 구멍가게만한 공장에서, 그까짓 엉뚱한 환상 따위가 무슨 의미가 있는가! 어떤 젊은이들(인용부호를 쓰지 않았다), 즉 안전한 가정에서 자란 젊은이들은 사고(思考)를 할 수 있는 기초 교육을 받을 것이다. 그들은 매우 그럴듯한 범주에 속하는 자들이 만들어낸 예술, 문학, 과학, 그밖

· · · · · · · 경 · 제 · 적 · 공 · 포 · · · · · · ·

의 다른 분야들의 작품을 이해하고 감상할 수 있도록 부름받은 자들이다. 이 젊은이들 중 몇몇은 수익성이 좋은 그룹, 즉 사회적으로 존경은 받지만 책임감은 별로 없고, 대개는 아첨꾼들이 모이게 되는 꽤 괜찮은 그룹에 합류하게 될 것이다. 왜냐하면 이들은 이들만의 시장을 가지고 있으니까.

그러나 생각이 깊은 몇몇 사람들은, 어찌되었든간에 쓸모없는 이런 지식들을 역시 쓸모없는 사람들에게 가르쳐서 무슨 소용이 있을까라는 점에 매우 현명하게 주목할 것이다. 경제적인 면에서 볼 때, 그런 처사가 과연 합리적인 것일까? 게다가 이 쓸모없는 젊은이들로 하여금 굳이 자신의 상황에 눈뜨게 만들 필요가 어디 있을까? 그리고 그것 때문에 더 많이 고통받게 만들 필요가 어디 있으며, 사회를 향해 비판하는 방법을 알려 줄 이유가 어디 있을까? 지금 그들은 이처럼 조용하게, 얌전히 있는데, 무엇 때문에 그들을 들썩거리게 한단 말인가? 그보다는 〈직장을 찾아야 하는〉 그들의 상황 속에 더욱 깊숙이 밀어넣어, 확실하게 가두어 놓는 편이 훨씬 낫다. 직업을 찾는 일에 전념하는 동안은, 그들을 그림처럼 얌전한 자들로 붙들어둘 수 있을 것이다. 〈한쪽으로 제쳐 놓은 자처럼〉이라는 말은 반 고흐가 한 표현이다. 이런 표현을 쓴 것을 보면, 그는 뭔가를 알고 있었던 사람이다. 이 표현처럼 지금의 젊은이들은 이런 말을 표어처럼 쓸 수 있을지도 모른다. "마치 존재하지 않는 자처럼 존재하는 것이 더 낫다."

〈존재한다〉고 해서(혹은 〈존재하지 않는 자처럼〉 존재한다고 해서) 모든 사람이 화가가 될 수는 없으며, 더욱이나 반 고흐 같은 세계적인 인물이 될 수는 없는 노릇이다. 하지만 많은 젊은이들이 〈하릴없이 동네를 어정거리는 자〉, 〈비행청소년〉들이 된다고 하면, 그것은 그들의 본성이 악하기 때문이라는 증거만 되고 말 것이다.

이렇게 말하는 사람들도 있었다. 이 모든 상황에도 불구하고, 어쨌든 그들이 이곳에 존재하고 있는 이상, 그들의 상황을 이용하지 않을 까닭이 어디 있는가?라고. 그래도 아직은 때때로 견습생이나 종업원 몇 명이 필요할 때가 있지 않은가? 그들은 국비로 교육을 받은 자들이고, 게다가 언제라도 즉시 일을 시킬 수 있는 자들이 아닌가? 이런 상황을 포기하는 것은 어리석은 일이다라고……. 그러자 이 말이 떨어지기가 무섭게 즉시 일이 진행되었다. 놀랄 만한 주도권이 발휘된 것이다. 고용조합계약제도(CES), 국제기독교노동조합연합(CIS), 면세조치, 정부보조금제도를 비롯하여, 국가를 〈움직이는 힘〉들에게 유리하도록 만들어진 여러 가지 세심한 정책들이 비오듯 쏟아져 내리고 있다. 이 〈움직이는 힘〉들이 자신의 혜택을 더욱 넓힐 수 있도록……. 그리하여 이웃에 대한 그들의 숭고한 사랑을 아낌없이 펼 수 있도록…….

·······경·제·적·공·포·······

　정부는 이렇게 단언한다. 우리의 많은 제도들은, 우리 나라를 〈움직이는 힘〉들이 이웃이라고 생각하는 자들에 대한(그들의 동료들이 아니라!) 주체할 수 없는 사랑에 기초하고 있다고……. 그리고 기업가들에게는 또 이렇게 부탁한다. 스스로 〈시민의 기업〉으로 자처해 달라고, 그리고 이왕지사 그렇게 한 번 선언하였으니, 실제로 시민적으로 보이게 해달라고……. 그들은 그것을 강요하지는 않는다. 다만 그렇게 하도록 권할 뿐이다. 기업가들이 그런 일을 기뻐하며 쾌히 받아들일 것이라고 확신하기 때문이다. 일단 이런 간청을 받은 기업으로서는, 무엇이 옳은지 그른지에 대해서 그들의 뜻을 들은 이상, 체면치레로라도 당연히 한 번쯤은 옳은 쪽을 택하지 않겠는가?

　기왕에 말이 나왔으니, 그 〈시민의 기업〉이라는 제도에 고개 숙여 고마움을 표하자. 그 어떤 초현실주의자라도 감히 그런 것은 생각지 못하였을 것이다!

　어쨌든 〈시민의 기업〉은, 혹은 그렇게 되도록 권고를 받은 기업은 옳은 쪽을 택할 것이라고 전제되어 있다. 그리하여 고용을 확대하고, 본래 기업이 성장해 온 지역을 떠나 다른 곳으로 옮겨가지 않도록[이것을 〈지방색 폐지〉라고 일컫고 있다] 수천 프랑의 정부보조금 및 면세혜택, 유리한 계약을 맺을 가능성들을 제공받고 있다. 친절하게도 기업은 그러한 조건들을 모두 받아들인다. 그러나 고용은 확대하지 않는다. 게다가 모든 것이 자기 뜻대로 되지 않을 성싶으면 다른 지방으로 옮겨가거나, 아니면 그렇게 하겠다고 위협한다. 그러자 실업이 증가한다. 정부는 다시 조건을 제시한다. 기업은 이를 받아들인다. 고용을 확대하지 않는다. 실업이 증가한다……

　기가 막힐 노릇이다. 그렇다면 국민 전체는, 그리고 다른 모든 국가들은, 또 누구보다도 먼저 좌파 정당들은, 최근 몇 해 동안 기업의 번영이 사회 번영에 버금갈 만한 중요성을 지닌다고 믿어 왔다는 이야기인가? 또한 정말로 기업의 성장이 고용을 창출하리라고 믿었다는 것인가? 그렇다. 그들은 아직도 그렇게 믿고 있다. 아니 그렇게 믿으려고 애쓰고 있거나, 적어도 그렇다고 주장하고 있다! 1980년에 우리는 이런 사실을 목격하였다. "노동자 집단은 국가가 사기업에 융자를 해줄 것을 요구하고

······경·제·적·공·포······

있다. 그러나 그렇게 되면 사기업들은 더 많은 이익을 얻기 위해 계속해서 그들을 착취하게 될지도 모르며, 그날 그날의 운세와 증권가의 시세, 위기의 바람이 일으키는 상황에 따라 고용과 실업을 번갈아가며 발생시키는 일을 반복할 것이다."[11]

〈기업에 대한 보조금〉을 지급함으로써 창출된 고용의 수는, 기대했던 수치에 미치지 못하였다. 그것도 조금이 아니라 엄청나게 못 미친 것이었으나, 그러나 이것은 이미 예측한 바였다. 실업사태가 호전될 것이라는 생각은 10년 전, 12년 전에도 이미 교만한 생각이었으나, 그때만 해도 그것을 증명할 만한 사례가 많지 않았다. 그러나 지금은 그 사실이 어엿이 입증되고 있다. 그런데도 여전히 고집을 부리다니!

실업 때문에 생기게 되는 빈곤이, 도대체 어떤 기적적인 작업에 의해서 기업들에게 주어지는 혜택으로 변하게 된 것인가? 여기에 대해 의문을 품는 사람은 아무도 없는 것 같다. 고용창출을 위한 혜택을 받고도 아무런 결과도 보여 주지 않는 기업들은 어찌된 일인지, 계속해서 빈곤을 호소하고 있다. 그러나 전체적으로 볼 때, 경제계는 아주 활발하고 건강하게 돌아가고 있지 않은가! 아니 더 정확히 말하자면 국가로부터 간곡한 청을 받고, 그리하여 모든 혜택을 누리며 애지중지 사랑받고, 따라서 뭇사람의 기대를 모으는 선행을 베풀 수 있을 것이라고 (넉넉하게 할당된 기금을 가지고 고용창출을 할 것이라고) 인정

---

11) 《고요함의 폭력》 중에서.

· · · · · · 경 · 제 · 적 · 공 · 포 · · · · · · ·

받았건만, 결과는 모두 물거품이 되고, 실업만 더욱 증가하였을 뿐이다.[12]

하지만 왜 기업에게 이런 도덕적인 짐을 지워야 하는가? 기업은 그런 일을 해야 할 사명감을 가지고 있지 않다. 그들에게 그런 사명감을 강요하는 것은 정부이다. 그러나 그렇게 〈간청〉해도 기업들로부터 아무런 결과도 얻어내지 못하고 있다. 그나마 구걸한 효과가 조금 있어서, 대중들에게 몹시 애매하나마 〈약간의 기대〉라는 담보물을 안겨 주었을 뿐이다. 기업인들에게 속삭이는 소리로 수줍게 제안을 건네 보는 정부이긴 하지만, 이들도 기업이 그 요구를 흔쾌히 받아들일 경우, 그들이 누려야 할 이익에 손해가 생긴다는 사실을 결코 모르지는 않는다. 그러나 그 이익이야말로 기업이 존재하는 이유이며, 기업이 가지는 기초적인 의무가 아니던가.

그렇다면 기업이 더 이상 고용을 필요로 하지 않기 때문에 고용을 하지 않는다는 그 뚜렷한 현실을, 우리가 직시하지 않는 까닭은 도대체 무엇인가? 우리는 분명하게 이 상황에 직면해야 한다. 이 상황은, 간단히 말해서 이제까지와는 전혀 다른 상황

---

12) 1958년에 2만 5천 명으로 집계되었던 프랑스의 실업자 수가 1996년에는 3백50만 명에 이르게 되었다. 이같은 실업률 급증은 프랑스에서만 볼 수 있는 특수한 현상이 아니라, 전세계에 걸쳐 나타나고 있는 일반적인 현상이다. 오늘날 1억 2천만 명으로 집계된 전세계의 실업자 중에서 3천5백만 명이 선진국가의 실업자들이며, 다시 그 중 1천8백만 명이 유럽인인 것으로 나타났다. (《직업의 뒤안길》 M. Hassoun, F. Rey, 1995년 자료 참고)

이다. 사실 이보다 더 충격적이고, 더 공포스러운 상황이 있을까? 이런 상황에 직면하기 위해서는 초인간적인 상상력이 필요하지 않을까? 누구라서 감히 그럴 만한 용기를 가질 수 있을 것인가? 그럴 만한 능력을 가진 사람이 과연 있겠는가?

정부의 특혜를 받고 있는 기업들은, 지금 계속해서 인원을 대량으로 감축해 나가고 있다. 이것은 곧 현금의 소비를 줄이고 있음을 의미한다. 이같은 〈재구축〉 현상은 기업들 사이에 왕성하게 퍼져 가고 있다. 이 재구축 정책은, 무엇보다 그 유명한 〈사회계획안〉들, 달리 표현하면 오늘날의 경제를 공고히 하기 위해 미리 프로그램된 해고 정책들을 내포하고 있다. 그런데 우리 모두의 삶과 가정을 파괴하고, 또 모든 정치적·경제적 현안들을 무효화시키고 있는 것이, 다름아닌 바로 이 재구축 정책 때문이라는 변명에 우리가 분노하는 이유는 무엇인가? 이러한 위선적이고 간악한 용어들이 있다는 것을 고발이라도 하자는 것인가? 아니면 이러한 용어들을 담은 사전이라도 편찬하자는 것인가?

자선을 베푸는 것이 기업의 사명이 아니라는 점을 다시 생각해 보자. 정작 가증스러운 것은 이런 기업을, 일반인의 복지를 위해 제시된 도덕적·사회적 지상 명령을 우선적으로 따르는 〈움직이는 힘〉이라고 소개하고 있다는 그 사실에 있다. 그러나 사실상 기업은 기업으로서의 의무와 윤리를 따라야 하는 법이며, 그 의무와 윤리는 바로 이윤 추구이다. 기업이 추구하는 그 이윤 자체는 절대적으로 합법적인 것이며, 사법적으로도 아무런 하자가 없다. 옳은 이야기이다. 하지만 우리 시대에 와서는, 옳

· · · · · · 경 · 제 · 적 · 공 · 포 · · · · · · ·

건 그르건간에 고용은 부정적인 요인이 되고 있다. 비용이 엄청 나게 들고 불필요하며, 이윤 추구에 있어서는 오히려 해로운 요소인 것이다! 불길한 요소인 것이다!

그래서 이들, 즉 국가를 〈움직이는 힘〉들을 동원할 수 있는 유일한 것으로서 〈부의 창조〉라는 것이 제시된다. 또한 이 〈움직이는 힘〉들은, 이렇게 제시된 부의 힘을 빌어 성장을 자극할 수 있는 유일한 자들로 간주된다. 왜냐하면 성장은 곧 고용으로 전환되기 때문이다. 예전에는 노동이 필수적인 것이었지만, 이제는 전혀 필요없게 된 세상에서 살고 있다는 사실을 까맣게 잊어버리고 살 수 있다고 생각하는 듯하다.

그렇게도 수없이 노래 부르고 주문처럼 외었던 고용은, 이제 구시대적인 요소, 실제적으로 전혀 쓸모가 없으며, 편견과 재정 적자만 부르는 요소로서 간주될 뿐이다. 그것도 다른 사람이 아니라, 바로 고용을 분배할 수 있는 유일한 자들이 그렇게 생각하고 있다. 그래서 고용인원 감축은, 가장 안심하고 시행할 수 있으며 얼마든지 변화 가능한 조절장치로서, 그 무엇보다도 우선권을 지닌 경제의 원천으로서, 이익을 끌어낼 수 있는 본질적인 요소로서, 지금 가장 유행하는 경영방식 중 하나가 되었다.

과연 언제쯤이면 우리는 이 고용감축에 대해서 무조건 분개하거나 반대할 것이 아니라, 논리적인 해결책을 찾기 위해서 진지하게 고려해 볼 것인가? 사실 지금의 우리에게는 그 당연한 귀결에 대항할 능력도, 의지도 없다. 그런 우리인 만큼 언제쯤이면, 절대로 무상이 아닌 음흉한 약속으로 우리를 현혹하는 정치적 선전의 수단에 넘어가지 않기 위해, 신중하게 이 문제를 생각해 볼 것인가? 밝히 진실을 드러내지 않는 현상황으로부터 조금이라도 더 유리한 점을 끌어내려고 안달인 경제적 이익의 수단에 넘어가지 않기 위해······. 다른 길들을 찾기 위해······. 지금의 상황이 우리를 이끌어갈 뿐만 아니라, 우리 스스로도 고집하고 있는 그 위험한 길들을 벗어나기 위해······.

지금 깨어 있는 사람들은 얼마나 더 오랫동안 잠든 척하고 있을 것인가?

〈부〉라는 것은, 물질적 재화의 〈창조〉에서 출발할 때보다 생산적인 투자와는 아무런 관계가 없는(있다고 해도 아주 느슨한 관계만 있는) 완전히 추상적인 순이론에서 출발할 때 더 많이 〈창조되는〉 법이다. 우리는 언제쯤이면 그같은 사실을 깨달을 수 있을 것인가? 진열장 안에 놓여 있는 〈부〉, 상품, 재화 들은 대부분 모호한 실체에 지나지 않으며, 2차 제품들을 진열해 놓는 구실이 될 뿐이다. 그리고 이 2차 제품들은 정작 〈부〉와는 그다지 관계가 없다.

오늘날 경제를 침략하고 있는 〈2차 제품〉들은, 경제를 카지노 게임이나 경마장의 마권업자들의 작업처럼 만들고 있다. 2차 제품의 시장은, 오늘날에 와서는 고전적인 시장들보다 더욱 중요하게 여겨진다. 경제의 새로운 형태인 이 시장에서는 더 이상 투자를 하지 않고, 경매에 입찰하는 쪽을 택하고 있다. 도박의 성격을 띠고 있지만, 실제로 돈은 걸지 않고 하는 도박이다. 이 게임에서는 물질적인 상품이나, 그보다 더 상징적인 금융상품

····· 경·제·적·공·포 ·····

에는(금융상품 역시 근원은 실질자산에 두고 있다) 돈을 걸지 않는다. 다만 이 게임을 더욱 풍성하게 만들 단 하나의 목적으로 고안된 가상의 가치에 투기할 뿐이다. 그러므로 이 경제는 아직 존재하지 않고, 앞으로도 존재하지 않을 눈에 보이지 않는 사업 그 자체를 놓고 벌이는 도박이라고 할 수 있다. 그리고 이렇게 출발한 이 도박은, 다시 경기에 따라 증권·부채·이율·환전 등을 중심으로 하는 게임을 대상으로 한판의 다른 게임을 벌이게 된다. 그렇기 때문에 이런 게임들은 모든 의미에서 왜곡되었으며, 이 게임에 임하기 위해서는 아무런 제약도 받지 않는 환상이나, 초심리적인 차원에서 행하는 예언적 성격을 띤 몹시 독단적인 상상력이 필요하다. 또한 이 경제는, 이 모든 도박들의 결과를 놓고 벌이는 도박이다. 그리고 이런 결과들에 대해서 다시 도박을 벌이며, 다시 그 결과에 대한 도박을 벌이고, 그 결과에 대해 다시 도박을……. 이렇게 끝없이 계속된다.

 이 경제는 또한 존재하지도 않는 것이 사고 팔리는 암거래이기도 하다. 실질자산이 거래되는 것이 아니고, 심지어 이 실질자산에 기초를 둔 상징들이 교환되는 것도 아니다. 대신 이 거래에서는, 예를 들면 중장기 기간의 계약으로 인해 생길 수 있는 위험이 사고 팔린다. 그 계약이라는 것들은 아직도 계약이 체결되지 않았거나, 혹은 상상에 불과한 계약일 뿐이다. 또한 부채가 양도되기도 하는데, 그 부채를 협상하고, 되팔고, 되사는 일이 끝없이 되풀이된다. 그런가 하면 대개 합의하에 아직 만들어지지도 않은 가상의 가치에 대한, 즉 허상의 것에 대한 허구의 계약을 체결하기도 한다. 이때 가상의 가치들은, 그 계약에 보증을 받음으로써 또 다른 계약들이 체결될 수 있도록 부추기게 된다. 그리고 이렇게 체결되는 계약들을 놓고 역시 합의하에 그 다음의 계약들이 체결된다! 모험과 부채를 거래하는 시장이, 허구의 안전 속에서 이같은 어처구니 없는 짓에 빠져들게 만들고 있다.

이 시장에서는 가능성에 대한 보증이 끝없이 협상되고, 이 협상을 중심으로 암거래가 이루어진다. 상상으로 이루어지는 수많은 거래와, 그 자체가 오직 대상이요 주체인 수많은 투기들이 아슬아슬하게 묘기를 부리며, 인위적으로 만들어진 거대한 시장을 형성한다. 이 시장은 그 자체에 기초하고 있을 뿐, 그 어느 것에도 의존하고 있지 않다. 시장 자체가 가지고 있는 실재성 외의 어떤 실재성과도 거리가 멀다. 닫힌 원 속에서 존재하는 이 시장의 실재성이라는 것도 사실은 허구이자 가상의 것이며, 전혀 제약이 없는 가정(假定)으로 인해 항상 복잡하기 이를 데 없다. 그리고 바로 이 가정에서부터 모든 것이 확대 적용해 나가고 있다. 이런 식의 투기가 계속되어 바로 그 투기에 다시 투기하고, 다시 그 투기에 투기하며, 거기에 다시 투기하는 일이 되풀이된다. 이 시장은 언제 어떻게 변할지 모르는 불안정한 시장이며, 현실성이 없고, 환상에 기초를 두고 있는 시장이다. 그러나 이렇게 뿌리를 내린 그 시장은, 그 풍부한 상상력 속에서 환각에 사로잡혀 있다.

어느 날 저녁 아르트에서,[13] 헬무트 슈미트 전 독일 총리가

······· 경·제·적·공·포 ·······

이 시장에 대한 이야기를 하면서, 〈선택에 대한 선택을 선택하기〉라는 말을 해서 모두가 웃은 일이 있었다. 그날 그는 이 초현실적인 시장에서 이루어지는 교역량이, 다른 시장에서 이루어지는 교역량의 〈1백 배가 넘는다〉고 확인시켜 주었다.

이렇듯 이 유명한 시장경제는 이제 지극히 기본적이고 확고하게 자리잡았으며, 수많은 국민들을 책임지는 시장으로 간주되고 있다. 그리고 그 시장이 가지고 있는 권력은(그야말로 진짜 권력이다) 굉장한 열기에 사로잡혀 그 열기의 지배를 받으면서, 모든 것을 그들 특유의 거래 중심으로 끌어당기고 조작하기 위한 강력한 환각제라고 말할 수 있다. 바로 이 거래를 통해서 어마어마한 양의 이윤이 신속하게, 단번에 얻어지고 있다. 그러나 이 이윤은, 이 거래가 이루어지면서 얻게 되는 작업상의 도취감이나 편집광적인 즐거움, 이제껏 경험해 보지 못한, 정신을 나가게 만들 정도의 권력과 비교하면 부차적인 산물에 불과하다.

바로 여기에 〈부의 창조〉가 가지는 의미가 있다. 즉 부의 창조는 강박관념적인 작업, 전지구의 운명과 삶이 점점 더 매달리고 있는 무도병(舞蹈病)에 대한 간접적인 구실이 되고 있는 것이다. 이제 이 간접적인 구실은 시간이 갈수록 점점 덧없이 사라지고, 쓸모없는 것이 되어가며, 반대로 그 진짜 이유가 점점 윤곽을 드러내고 있다.

이런 경제시장들은 이미 말했듯이 그 어떤 〈부의 창조〉에도,

---

13) 1996년 4월 8일.

· · · · · · 경 · 제 · 적 · 공 · 포 · · · · · ·

그리고 그 어떤 현실적인 생산에도 이르지 않는다. 부지도 필요로 하지 않으며, 직원도 고용하지 않는다. 극단적인 경우에는, 가상의 시장을 회전시키기 위해 한 대나 혹은 몇 대의 전화기와 컴퓨터만 있으면, 그것으로 충분하다. 그런데 다른 사람들의 노동을 포함하지 않고, 실재적인 재화를 생산하지도 않는 이 시장에다 기업들은 자신의 이익을 위해 점점 더 자주, 점점 더 많은 것을 투자하고 있다. 그리고 그 이익은 다른 곳에서보다 더 빠르게 얻어지고, 더 많이 얻어진다. 이 기업들이 고용을 확대할 수 있도록 정부에서 허락한 보조금과 그밖의 혜택들이, 바로 이같은 아주 유리한 금융게임을 허락한 것이다!

이런 맥락 안에서, 〈부의 창조〉로부터 출발하여 고용을 창출하려는 것은 인도주의자의 꿈에 불과한 것이다. 왜냐하면 성장은(실은 이익의 성장일 뿐이다) 발전으로 나아가지도 않고, 물적 산물의 경영으로 나아가지도 않기 때문이다. 이러한 성장은 꿈처럼 이상한 답보상태로 머물게 할 뿐, 노동의 필요성으로 통하는 법이 결코 없다. 그러니 점점 더 증가하고 있는 노동에 과연 무슨 관심이 있겠는가. 이 성장은 오히려 인간의 잠재력을 축소시키는 기술주의 시스템과 자동기계화를 도입하거나, 혹은 그 설비를 더욱 완벽하게 함으로써, 결과적으로 인건비를 대폭 절감하게 만든다.

정부가 주는 혜택의 수익자로서 비약중에 있는 기업들이 지금 대량으로 해고를 단행하고 있다는 것은, 누구나가 잘 알고 있는 사실이다. 전문가들의 견해에 따르면, 이보다 더 큰 이익

······경·제·적·공·포······

을 가져올 수 있는 방법은 없다고 한다. 예상하였던 바이지만, 정부가 이들 기업에게 아무런 계산도 요구하지 않고, 고용을 확대하여야 한다는 강요도 하지 않으면서 〈고용을 위한 정부보조금〉제도를 지속하는 한, 그렇게 될 수밖에 없음은 말할 필요도 없다. 그런데 이러한 상황에서, 훨씬 더 많은 이익을 가져오기 위해서 절대적으로 필요한 이 혜택을 사용하지 말라고 기업들에게 슬며시 암시라도 하게 되면……. 그들이 과연 어떤 반응을 보일 것 같은가?

여기에서, 우리 자신도 결코 무죄라고 할 수 없는 사고방식을 자기도 모르는 사이에 즐기고 있었음을 깨닫게 된다. 고용을 창출하기는커녕 오히려 성장이 고용감축을 만들어내고, 또한 성장이 바로 그 고용감축에서 비롯하는 것이 사실이라면? 사회의 전반적인 경제를 경영하는 데 있어서 분명코 부적당하다고 생각하였던 것이, 오히려 금융시장들을 더 합리적으로 경영할 수 있게 해주지 않는가?라는 식의 사고를…….

이리하여 최근에 우리는 이런 글을 읽을 수 있었다. "〈고용을 위한 국가적인 노력〉에 참여해 달라고 기업에게 설득하는 것도 쉽지 않은 문제이지만, 그들의 재구축 계획을 막는 것 역시 그에 못지 않게 어려운 문제이다. 그러나 1995년에 폭넓게 정부 혜택을 받은 기업들, 즉 르노(Renault), 아이비엠(IBM), 지이씨 알스톰(GEC-Alsthom), 토탈(Total), 혹은 다논(Danone) 같은 유수한 기업들은 1996년을 대비하여 심각한 인원감축을 계획하였다……. 아직 잠자고 있는 사회계획안들은 계산에 넣지 않았

· · · · · · 경·제·적·공·포 · · · · · ·

는데도 이 정도이다." 이처럼 우리의 예상을 뒤집는 주제를 어느 조합기관, 혹은 어느 좌파기관이 발행하는 신문에서 읽을 수 있을 것인가? 그렇다. 이것은 《파리 마치》에 실린 글이다![14]

　70년대 말과 80년대에는(그러나 지금까지도 계속되고 있다) 기업이 너무나 신성시되었기에, 기업을 보존하거나 더욱 번창시켜야 한다는 그 목적을 위해서라면 어떠한 희생도 마다하지 않고 단행하였다. 그렇게 성장한 기업이 이제는 실업을 피하기 위해서 반드시 해고가 필요하다고, 자못 학구적인 태도로 설명하기에 이르렀다. 그러니 그렇게 말하는 기업을 어떻게 도와 주지 않을 수 있겠는가? 가슴이 뭉클하지 않는가?

　오늘날에도 여전히 자신을 희생시킬 준비가 되어 있는 기업은, 더욱 능숙한 일처리 솜씨를 보여 주고 있다. 이번에는 〈지방을 제거한다〉고 한다. 이 표현의 우아함에 감탄하지 않을 수 없다. 말하자면 몸에 나쁜 지방질을 제거한다는 뜻이리라. 그리고 몸에 나쁜 지방질이란, 바로 지금 일하고 있는 남녀 직원들을 의미하는 것이리라. 오! 그러나 실은 남녀 직원을 제거한다는 말이 아니란다. 그들의 지방으로 비누를 만들고, 그들의 살갗으로 전등을 만드는 식의 악취미는 이미 유행이 지난 것이기 때문에 이제는 그렇게 하지 않는다고 한다. 이번에는 단지 그들의 직업만을 제거할 뿐이라나! 기업의 이런 세심한 배려 덕분에, 이제 그들은 최신 유행을 따를 수 있게 될 것이다. 실업자라니?

---

14) 1996년 3월 21일자.

· · · · · · 경 · 제 · 적 · 공 · 포 · · · · · ·

무슨 소리! 시대에 따를 줄 아는 사람이 되어야 할 것 아닌가!
　무엇보다도 자신에 대해 스스로 책임을 질 줄 아는 사람이 되어야 한다. 〈지방을 제거한다〉, 즉 고용에 드는 비용을 절약한다는 것은, 경제에 있어서 가장 필요한 요소들 중 하나이다. 바로 이 이야기를 하면서 얼마나 많은 정치인들과 기업인들이 한편으로는 고용창출을 맹세하고, 또 한편으로는 인원절감을 자랑하고 있는가!
　상원 의사당에서 열린 원탁회의 석상에서[15] 로익 르 플로슈 프리쟝[16]은, 고용감축이 하나의 유행처럼 되어 기업마다 으레 따르는 방식이 되었다고 지적하면서, 이제 기업들 사이에서 〈고용감축을 높이 평가하는〉 일이 끝나기를 바란다고 말하였다.
　비봉급생활자들의 무노동은, 사실 기업에 있어서는 흑자를 가져온다. 따라서 그 유명한 〈부의 창조〉에 지대한 공헌을 하고 있는 것이며, 이들을 고용하지 않거나, 특히 지금부터라도 그들을 더 이상 고용하지 않겠다는 자들에게 이익을 약속한다. 그렇다면 그들의 부재에 따라 발생된 이윤의 일부분, 즉 그들을 고용하지 않음으로써 얻어진 이익의 일부분은 마땅히 그들에게로 돌아가야 옳지 않을까?
　잘 알다시피 〈부의 창조〉는, 고용을 공급하는 데 있어서 결코 무시할 수 없는 요소이다. 그런데 바로 이 노동비 절감이 그런

---

15) 1996년 4월 13일.
16) 프랑스 국유 철도(SNCF)의 대표자.

······경·제·적·공·포······

〈부의 창조〉의 일부를 용이하게 해준다고 가정되지 않았던가? 이렇게 해서 창조된 부가 단지 약간의 재산만을 증식시켰을 뿐이라고 말한다면, 그것은 정말로 치사한 일일 것이다.

  그런데 우리 나라 정책의 결정권을 지닌 자들과 기업가들은 얼마나 관대한가! 우리는 그들을 본받아야 한다. 그들 중 한 사람의 이야기를 들어 보자. 이것은 라디오에서 들은 이야기이다.[17] 그의 말에 의하면, 기업이 지니고 있는 한 가지 사명이 있는데, 그 사명에 중요한 의미를 부여해야 한다는 것이다. 그리고는 그 의미란, 바로 〈인간적인 의미〉라고 하였다. 그 말에 새삼 놀랄 필요는 없다. 기업은 〈시민의 것〉이라는 사실을 확인해 준 것뿐이므로. 그래서 그가 주장하는 유일한 법이 바로 〈공민 정신〉이다. 그가 말하는 이 법은 경제전쟁, 곧 〈고용을 위한 전쟁〉을 일으키게 된다. 그럼에도 불구하고 그는 "한 회사는, 그 회사가 생산하는 부만을 분배할 수 있을 뿐이다"라고 지적하였다. (바로 이 순간 라디오 청취자는 회사가 그것을 분배하지 않을 수도 있다고 생각하였다!) 그리고 그 휴머니스트는 "결코 간과해서는 안 될 충분한 수익성의 논리"가 어쨌든 존재한다는 사실에 주목하였다. 그래서 〈고용을 위한 고용〉을 하겠다는 것인가? 여기에서 그는 잠시 당황하며, 약간 망설이는 듯하였다. 그러더니 이윽고 결심한 듯 이렇게 말하였다. "성장이 어느 정도

---

17) 1996년 8월, 프랑스 문화방송, 자메(D. Jamet)와 부스케(J. Bousquet)의 대담 중에서.

· · · · · · · 경·제·적·공·포 · · · · · · ·

궤도에 올라서면, 다시 직원들을 모집하게 될 때가 올 것입니다." 그러나 성장이 어느 정도의 선에 이르러야, 그같은 용감한 행동을 할 수 있게 되는지에 대해서는 말하지 않았다. 아무튼 이 말을 하고 나서, 그는 좀더 명랑해진 듯하였다. 그래서인지 이런 말을 하였다. "시장에서 이기려면 좀더 생산적이 되어야 합니다." 그리고는 마침내 활기를 띠며, 그 방법까지 제시하기에 이르렀다. "그러기 위해서 기업의 짐을 덜어 주는 것입니다." 이제 그의 목소리는 아주 경쾌하게 울리며 말도 많아졌다. 사뭇 노래를 하는 듯한 어투였다. "시간당 경비를 줄이고, 사회부담금도 줄이고, 사회후원금도 마찬가지이고……."

역시 전파를 타고 들려오는 프랑스 경영자 전국평의회(CNPF) 회장의 목소리이다.[18] 이 나라를 〈움직이는 힘〉들 중에서 지도급 인사인 그는, 역시 기업의 고용을 촉진할 목적으로 자신이 거느리고 있는 군대에 최근에 허가된(그보다는 감동적인 마음으로 기꺼이 제공되었다고 해야 할 것이다) 이점들에 관한 이야기를 하면서, 잠시 주저하는 빛을 보였다. 물론 그 이점들을 받아들이는 것에 대해 주저하는 것은 아니다. 이점이라면 그들과 그의 신자들은 언제라도 기꺼이 이용할 준비가 다 되어 있으므로. 문제는 그 이점을 이용하는 보답으로서 그들에게 요구된 것(요구라기보다는 수줍게 제안된 것), 즉 고용창출이다. 이 요구에 꽤 분개하던 그는, 결국 모 기업에서 고용촉진을 위해 주어진 정부

---

18) 1995년 7월 8일, RTL 방송 중에서.

······경·제·적·공·포······

보조금 덕분에 "연간 해고율을 약간 줄이는 노력을 〈아마도〉 할 수 있을 것이다"라고 인정하기에 이르렀다. 그런데 그 줄어든 해고율이라는 것이 5퍼센트란다! 게다가 "이 분야에서 반대론을 펴는 것은, 경제 현실을 올바로 이해하지 못하고 있음을 드러내는 증거"[19]라는 말도 잊지 않았다. 그러면서 여전히 라디오를 통해서 "기업이 고용을 창출해야 한다고 강요하지 말고, 그보다 먼저 대중들의 소비를 억제해야 한다"고 권고하였다. 그리고 "해고문제는 정의에 관한 일이 아니다……. 복직의 문제에 대해서도 우리가 원하는 대로 하도록 내버려두라"는 식으로 이야기하였다. 끝으로 "사회계획안을 알리기에는 정치적으로 적당치 못한 시기"가 있음을 이해해 달라고 하면서, 지금은 무엇보다도 우선 "세계적 상황에 적응하기 위해서 지방을 **빼야만 할 때**"라고 주장하였다. 예상하였던 대로이다.

그러나 이제까지 보지 못했던 경제인들의 이런 갑작스러운 애타주의적 경향은, 그 자체가 일정한 틀에 끼워져 이미 정해진 것으로서 세계적인 기구들(세계은행, 경제협력개발기구, 국제통화기금 등)로부터 명령을 받은 것이다. 이 기구들은 전세계의 경제를 마음대로 주무르고, 따라서 각 국가의 정치적 생명도 조종하고 있는 셈인데, 이런 일을 하기 위해서 사경제를 지배하는 자들과 호흡을 맞추고 있다. 마침 사경제를 지배하는 자들이야말로 경쟁을 하기보다는, 서로 뜻을 맞추어 협력하는 일에 더욱

---

19) 1994년 5월 30일, 〈데포세 토론회〉 중에서.

· · · · · · · 경·제·적·공·포 · · · · · · ·

능숙한 자들이 아니었던가!

  각 국가와 정치계층 인사들은 실업사태로 인해 몹시 상심하고 있는 것처럼 보인다. 그래서 밤이나 낮이나 그들의 마음을 짓누르고 있는 이 문제를 퇴치하고자 열심히 힘을 합하고 있다고 공표하고 있을 때, 경제협력개발기구는 어느 한 보고서에서[20] 좀더…… 뉘앙스를 풍기는 한 가지 의견을 제시하고 있다. "경기에 따른 실업의 정도가 한 단계 더 높아져야만, 그때 비로소 급료 조정을 실시할 수 있을 것이다"라고 선언한 것이다.

  형제 사랑의 열기와 연회 기분에 들떠 있는 그 보고서는, 그 점에 대해 분명히 밝히고 있다. 마치 신문지상에 애인이나 배우자 구함의 광고를 싣는 자들에게 사람의 마음을 끄는 방법을 제시하듯이……. "임금이 매우 낮은 일자리라도 받아들이겠다는 노동자들의 열성은, 부분적으로는 실업수당이 상대적으로 후하느냐 그렇지 못하느냐에 달려 있기 마련이다……. 거의 모든 나라에서 실업수당을 받을 수 있는 기간이 너무 길 경우, 그 기간을 축소한다거나 혹은 수당을 받을 수 있는 조건을 더 엄격하게 만드는 데는 다 그만한 이유가 있기 때문이다."[21] 자, 이

---

20) 1994년 6월, 파리, 〈고용에 관한 OECD의 연구 논문〉. 1994년 7월, 세르주 알리미가 〈외교세계〉의 〈사회 붕괴의 여러 현장에서〉라는 글 속에서 인용함.
21) 세계은행, *World Departement report, workers in an integrating world*, 1995년 옥스퍼드대학교 출판부. 1995년 9월, 〈외교세계〉의 〈내일을 노래하는 자들을 위하여〉라는 글 속에서 자크 드코르누아가 인용함.

·······경·제·적·공·포·······

것이 바로 그 보고서에 발표된 이야기이다.

국제적이고 다국적이며 초국가적인 사경제의 권력자들은, 강박관념에 사로잡힌 정치가들처럼 누구의 마음에 들어야 한다는 걱정 따위는 전혀 하지 않는다. 그들은 유권자들을 유혹하려고 하지도 않고, 그들에게 추파를 던지지도 않는다. 수다를 떨 필요도 없고, 화장을 할 필요도 없다. 그저 자기들끼리 테이블에 둘러앉아 카드 게임을 벌이면 되는 것이다. 게임의 목적은 단 하나, 본질에 이른다는 것이다. 본질이라니? 어떻게 이익을 관리할 것인가? 어떻게 이익을 부추길 것인가? 〈움직이는 힘〉들이 힘을 합쳐 만든 이익으로, 어떻게 전세계적인 기업을 활발하게 움직일 수 있도록 할 것인가? 등등······.

이렇듯 세계은행은 격식을 차리거나 완곡어법을 사용하지도 않고, 곧바로 본론으로 들어간다. "현재 노동시장의 탄력성이 점점 증가하고 있는 중인데, 그 탄력성은(이 말은 임금 인하와 해고를 가리키는 완곡어법으로서, 나쁜 평판을 가지고 있는 단어임에도 불구하고 그들은 이를 떳떳하게 사용하고 있다) 근본적인 개혁을 염두에 두고 있는 지역들에게 있어서는 필수적인 것이다." 여기에 국제통화기금이 한술 더 뜬다. "유럽 정부들은 자신들의 정책이 소득 분배에 미친 영향 때문에, 노동시장의 근본적인 개혁에 뛰어드는 것을 두려워해서는 안 된다. 고용을 보호하는 여러 가지 조치들과 실업보험, 합법적인 최저임금 등을 굳이 개조하지 않아도 노동시장의 유연화 작업은 얼마든지 가능하다."[22]

내쫓긴 자들을 상대로 이제 막 치열한 전투가 벌어지려고 한

······· 경·제·적·공·포 ·······

다. 그들은 너무나 많은 일자리를 단호하게 고집하고 있다. 이제껏 우리가 목청 높여 그토록 말을 해왔는데도, 그들을 충분히 내쫓으려면 아직도 멀었다. 정말 성가시게 신경을 돋구는 존재들이다.

그러나 경제협력개발기구는 빈곤 때문에 막다른 골목으로 밀려나고 나서야, 비로소 일을 하겠다는 이 사람들을 어떻게 다루어야 할지를 잘 알고 있다. 〈노동자들의 열정〉을 고취하기 위해 추천된 〈전략〉과 고용에 관한 경제협력개발기구의 보고서는, 우리가 보았듯이 이 점을 아주 분명하게 설명하고 있다. 게다가 "새로운 고용의 대부분은 생산성이 아주 떨어진다. (…) 따라서 이 새 직종들은 아주 낮은 임금을 줄 때만이 존속 가능하다."[23] 그러나 이 원리는 고용의 훨씬 넓은 범위에서 적용되고 있다. 따라서 "노동시장, 특히 유럽의 노동시장이 지금보다 더 탄력성을 갖지 않는 한, 봉급생활자들의 상당히 많은 비율이 직업을 갖지 못하게 될 것이다." 이와 같이 증명되었다!

달리 말하면 고용주들은(사실 이들에게는 〈사회적〉 존재가 되어야 할 의무가 없다), 이 노동자들이 어떤 일자리든 무조건 받아들일 수 있는 상황에 처하지 않는 한, 이들을 고용하거나 해고하지 않기 위해 따분한 노력을 들여야 한다는 생각에 결코 동의하지 않는다. 더군다나 그런 데는 그다지 신경을 쓰고 있지

---

22) 1994년 5월 23일, IMF의 보고서 중에서, 세르주 알리미가 인용함.
23) 1994년 6월, OECD의 보고서 중에서, 세르주 알리미가 인용함.

······ 경·제·적·공·포 ······

도 않다. 지금의 노동자들을 위협하고 있는 현상황을 볼 것 같으면, 그들은 이미 까다롭게 굴 만한 처지에 있지 못하기 때문이다.

그러므로 이 쓸모없는 자들을 참여시키지 않고 이 문제를 토론하거나, 그들을 마음대로 처리하는 것 정도는 극히 당연한 일이다. 또한 그럴 만한 자격을 가진 자들이 그들을 대신해서 말하고, 효과적인 방법을 동원해 그들을 마치 동물 훈련시키듯 훈련시킬 계획을 짜는 것도 지극히 있을 수 있는 일이다. 효율적인 방법이란, 그들의 행복을 위해서 기술적으로 연구하고 고의적으로 만들어낸 〈불안〉 속에 그들을 집어넣는 방법이다. 그러나 그 결과는 너무나 고통스러운 것이어서 그들의 삶을 노략질하고, 때때로 수명을 단축시키기도 한다.

그들을 돌본다는 것은 일종의 자선행위가 아닐까?

더군다나 사실 이런 일 외에 그들을 위해 할 수 있는 일이 과연 어떤 것이 있겠는가? 매순간 매행위가 이미 그들을 위한 일이 아니던가? 세계적이고, 세계화되고, 총체적이고, 모든 규칙을 자율화하고, 지방색을 없애고, 탄력성을 지니며, 초국가적인 성격을 띠고 있는 이 새로운 경제조직 안에서는, 그들의 신망을 잃게 할 만한 행동을 전혀 하지 않는다. 그들을 상대로 투쟁하는 일도 없다.

비록 존재하지도 않는 일자리 속에 어떤 비싼 값을 치르고라도 국민들을 집어넣으려 하고, 고용이 더 이상 필요치 않음이 확연한 회사에 무슨 수를 써서라도 고용의 자리를 마련하려고 하는 이상한 편집증에서 비롯하는 일이긴 하지만……. 또한 그 편집증으로 인해 분명히 폐쇄되고 사라져 버린 그 길을 포기하지 못하고, 다른 길을 찾아보려는 시도를 완강히 거부하게 만들고 있지만……. 없어진 그 길을 고용으로 이끄는 길이라고 주장은 하고 있지만, 실은 그 길을 걷는 사람 모두를 몰락케 만드는 길이다…….

그 편집증은 랭보가 상기시켜 준 공포, 곧 〈경제가 주는 공포〉로부터 오는 불행이 영원히 계속되게 만든다. 그리고 그 공포를, 새로운 시대가 문을 열기 전에 항상 만나게 되는 자연스러운 현상이라고 강조한다.

여기 세상이 다 아는 경제학자 에드먼드 S. 펠스가, 미국의 상황에 대하여 묘사한 내용이 있다.[24] 그는 컬럼비아대학교의 교수이자 저술가로서 온건파에 속하는데, 실업문제를 놓고 경제계가 보여 주는 반응의 여러 가지 모델들을 제시하면서, 각각의 모델이 가지고 있는 유리한 점과 불리한 점을 마지못해 이렇게 분석하고 있다. 우선 재구축을 실시하였을 때 얻게 되는 장점이 있다. 재구축은 "불안감이 노동자들에게 영향을 준 덕분에 고용주들이 그들의 인건비를 줄일 수 있게 되었으며, 간혹 고용도 창출할 수 있게 되었는데 (…) 그 고용이라는 것은, 임금도 아주 낮을 뿐만 아니라 임시직에 불과한 서비스 부문에서의 고용을 말한다."

---

24) 1996년 3월 12일, 《르 몽드》誌 중에서.

······경·제·적·공·포······

 그의 묘사는 계속된다. 그는 정말이지 경제협력개발기구가 꿈꾸는 이상적인 인물임에 틀림없다. "일자리를 잃어버린 미국의 샐러리맨은 어쩔 수 없이, 가능한 한 빨리 직업을 다시 찾지 않으면 안 된다. 정부에서 지급하는 실업수당은 그가 받던 월급과 비교할 때 너무나 적을 뿐 아니라, 그나마도 최대한 6개월밖에는 지불되지 않기 때문이다. 게다가 실업수당이 주어지면, 집세보조금이나 학비보조금 같은 다른 사회보조금을 받을 수 없다. 한 마디로 그 실업자는 빈털터리로서, 앞으로는 스스로 살아갈 방법을 찾지 않으면 안 된다." (그런데 그 스스로 살아가는 방법이 어떤 것인지 궁금하다!) "그러므로 그는 빠른 시일내에 일자리를 찾고, 그 직업을 받아들여야 한다. 비록 자신이 찾고 있던 일자리가 아닐지라도, 그것을 받아들이지 않으면 안 되는 것이다." 골치 아픈 문제는 "자질이 없는 노동자들에게 있어서는, 급료가 낮은 일자리조차 찾기가 매우 어렵다는 것이다."

 특히 펠스가 유감스럽게 생각하는 것은, "이 실업자들이 부차적인 생계활동을 한다는 사실이다. 말하자면 거리에서 구걸행위를 한다거나, 마약거래·뒷거래를 하는 것이다. 따라서 범죄가 증가하게 된다. 이같은 조직망에 의해서, 그리고 어떤 특정한 방법을 통해서, 그들은 자기들만의 〈복지국가〉를 건설한 것이다." 말할 필요도 없이 이런 상황은 무질서를 만들어낸다. 따라서 이 점이 펠스로 하여금 유럽의 사회보장제도를 비난하지 못하게 만든다. 그의 말에 의할 것 같으면, 유럽에는 사회보장제도가 있는 까닭에 범죄발생률이 이 제도가 없는 미국보다 낮

· · · · · · 경·제·적·공·포 · · · · · ·

다는 것이다. 그러나 이 제도는 "일자리를 찾으려는 열의를 축소시키는 경향이 있다"는 단점을 가지고 있다.
  자, 다시 같은 문제로 돌아왔다. 그러나(죽을 수밖에 없도록 〈자극받은〉 빈털터리인, 그 미국의 샐러리맨은 여기에 대해서 무언가를 알고 있을 것이다) 펠스는 일자리가 결코 남아돌지 않는다는 사실과 많지도 않다는 것, 그리고 극히 궁핍한 상태에서 직업을 찾으려고 아무리 고군분투해도, 불과 15분짜리의 노동마저도 얻을 수 없다는 사실을 모르고 있다. 실업은 만성적이며, 영원히 계속될 것이라는 사실도 모르고 있다. 일자리를 찾도록 자극받는 것은, 여전히 일자리를 찾지 못하도록 자극받는 것이나 다름없다는 사실도 모르고 있다. 실업자를 절망스럽게 만드는 이 절망적인 일자리 수색작업에 셀 수도 없이 많은 실업자들이 열중하고 있다는 사실, 더욱이 아무런 응답도 받지 못하는 경우가 대부분인데도 우표 요금, 전화 요금, 왔다갔다 하면서 드는 교통비로 재정적 손실을 감수해 가면서까지 열중하고 있다는 사실도 그는 모르고 있다. 게다가 인구 증가를 생각한다면, 이 지구를 그래도 꽤 그럴듯한 곳, 품위 있게 살 수 있는 곳으로 만들기 위해서는, 또는 다시 한 번 그런 곳으로 만들기 위해서는, 앞으로 약 10년 동안 10억 개의 새로운 일자리를 지구상에 만들어야 할 것이다. 그러나 고용은 지금 오히려 사라지고 있는 판이 아닌가! 펠스는 일자리를 찾도록 하는 것이 문제가 아니라, 일자리를 찾을 수 있도록 도와 주는 것이 문제라는 사실을 알아야 한다. 왜냐하면 그것이 살아남도록 해주는 유일한 초안

················경·제·적 공·포················

이기 때문이다. 그는 이 초안을 바꾸어야 한다는 딜레마에 대해서 생각해 본 일이 있을까?

　무엇보다도 그는 지금 우리에게 부족한 것이 일자리를 〈찾는 사람들〉이 아니라는 점을 잘 알고 있다. 정말 부족한 것은 일자리가 아닌가!

　하지만 〈일자리를 찾는 것〉은 정말로 조심스럽고 경건한, 종교행위 같은 작업임에 틀림없다! 왜냐하면 우리가 알아야 할 것이 하나 있는데, 일자리를 찾는다고 해서 일자리가 만들어지는 것은 아니기 때문이다! 일자리를 찾도록 〈자극받아〉 그 일에 열중하고 있는 자들, 그 헛된 수색작업을 벌이면서 감히 성배(聖杯)와도 같은 것을 꿈꾸는 자들이 여전히 넘치고 있다는 사실만 보아도 알 수 있지 않은가. 언제나 일시적일 수밖에 없는 부득이한 해결책을 받아들이는 자들······. 일시적인 해결책들은 결코 일자리 수색작업을 다시 벌이지 않을 수 없게 만든다. (이런저런 작은 일거리들, 견습, 연수, 쓸데없는 교육, 그리고 직장 대용품 같은 일거리들이 바로 그 해결책이라는 것인데, 그런 해결책을 택한 자들은 대개의 경우 착취만 당할 뿐이다.) 아무런 일자리도 찾지 못해 결국 완전히 쓰러지고 마는 자들······. 만일 수요가 고용의 공급을 〈자극〉할 수 있었다면, 지구상의 어느 한 곳에서라도 그런 소문을 한 번쯤은 들었을 것이 아닌가!

　그런데 지금 우리가 어떤 〈자극〉을 받고 있음은 분명한데, 그것이 정말 일자리를 찾게 만드는 자극이었을까? 그 자극은 어쩌면 아직까지는 필요하다고 여겨진 극히 적은 일자리의 가격

· · · · · · 경 · 제 · 적 · 공 · 포 · · · · · · ·

을 점점 더 낮추어, 거의 무료에 가깝도록 만들려는 계산은 아니었을까? 그리고 이를 통하여 탐욕스러운 기업의 이익을 더욱 증대시키자는 의도는 아니었을까? 그들에게 거절하고 있는 일자리, 더욱이 다른 곳에서는 존재하지도 않는 그 일자리를 구걸하러 다닐 정도로 부지런하지 못했던 다른 희생자들의 죄의식까지 강조해 가면서……

자, 이제 또 한 번의 놀라운 소리를 들어 볼 때가 왔다! 노벨경제학상을 수상한 게리 베커는 통탄하고 분개하며,[25] 프랑스를 포함한 "유럽의 몇몇 국가에서 볼 수 있는 〈너무나 관대한〉 사회보장금 급여방식"에 대하여 꾸짖고 있다. 그는 이 국가들이 "비상식적인 방법으로, 최저임금을 시간당 37프랑으로 인상한 것"에 대해서도 그냥 넘어가지 않는다. 그는 이러한 사태를 〈지극히 심각한 중병〉이라고 진단하였다. 그리고 "인건비가 비싸고 해고단행이 어려우면, 기업을 떠나는[26] 노동자들이 생겨나도 기업으로서는 다른 직원들을 다시 고용하기를 주저하게 된다"고 경고하는 것도 잊지 않았다. 예상했던 대로이다. 그러고 보니 베커氏가 베파 아줌마를 만날 수 없었던 것이 못내 유감스럽게

---

25) 1996년 3월 28일, 《르 몽드》誌 중에서.
26) 이 말을 강조할 필요가 있다. 쫓겨나는 자가 아니라 떠나는 자라고 한다! 얼마나 멋진 완곡어법인가! 감탄스러울 정도이다. 게다가 "세금은 죽음과 마찬가지로, 우리가 절대로 피할 수 없는 것이다……" 하는 식의 말을 하는 베커 같은 사람의 사고방식은, 특별히 우리를 당황케 만든다. 이같은 이상한 주장을 해석하는 일은, 아마도 정신분석학에 맡겨야 되지 않을는지……

······경·제·적·공·포······

생각되기 시작한다. 만약 그 두 사람이 만날 수 있었더라면, 틀림없이 〈황금 알을 낳는 암탉〉들에 관해서 유익한 대화를 나누었을 텐데!

정말이지 일자리를 찾도록 자극하는 것이 문제가 아니다. 문제는 이용당하도록 자극한다는 것, 즉 빈곤으로 죽지 않기 위해서라면, 그리고 〈쫓겨난 자〉로나마 계속해서 남아 있을 수 있다면, 무슨 일이든 마다하지 않겠다고 생각하도록 자극하고 있다는 사실이다. 그렇다. 그나마 쫓겨난 자로 남아 있지 않으면, 그야말로 완전히 삶으로부터 내쫓기게 될 형편이므로.

그것은 달리 말하면, 〈사회의 응집력〉을 약하게 만드는 위험 요소가 될 만한 사람들을 정신적으로(물론 육체적으로도) 약하게 만들고, 소멸시키겠다는 뜻이다.

그것은 무엇보다도 앞으로 최악의 사태에 직면하게 될 국민들이 미리 적응되도록 준비시키는 것이기도 하다. 더 정확히 말하자면, 국민들이 최악의 상황을 직면토록 하기 위함이 아니다. 이미 마취된 무감각한 상태에서 그 상황을 참고 견디도록 하기 위함이다.

그런 상황에서 얻을 수 있는 결정적인 이익에 대해서는 입도 벙긋하지 못하게 한다. 그것은 습관이다. 마치 문제를 거꾸로 만들어 버리는 것처럼. 마치 사실상 끝없이 쥐어짜지고 착취당하는 대상들, 그런데도 착취당하는 것이나마 계속되기를 바라는 자들, 그런 그들의 운명에 흥미가 있다는 것처럼. 아직은 쥐어짤 만한 존재들인 그들은 여전히 잘 참아내고 있다. 그러나

· · · · · · 경 · 제 · 적 · 공 · 포 · · · · · · ·

만일 그렇지 못하는 날에는······.
　하지만 안심하자. 그들은 아직도 더 쥐어짤 수 있는 대상들이다! 만일 절대로 손에 잡히지 않을 일거리를 어떤 값을 치르고라도 구하고자 한다면, 다시 말해 고통스럽게 계속되는 이 수색작업, 수입원이 없어진다는 공포, 집을 잃은 지금의 상황(혹은 잃게 될 위협), 거절당하며 보내는 수많은 시간, 다른 사람들로부터 받는 경멸의 시선, 거기에서 오는 열등감과 자기비하감, 두려운 장래를 생각할 때 찾아오는 허무감, 빈곤한 삶과 불안감에서 오는 육체적 건강의 쇠약, 부서질 위기에 처한 가정이나 부부, 결국 파탄으로 끝나고 만 불행한 가정상황, 끝없는 절망, 만일 이 모든 것도 모자라서 이번에는 기술적으로 계획된 불안감 속으로 꼼짝 못하게 밀어붙여지는 일까지 생긴다면, 만일 아무런 보조금도 받지 못하게 된다면, 더 나아가 충분하지 못하도록 철저히 계산된 보조금이나 그보다도 더 적은 보조금만 받게 된다면, 만일 그렇게만 된다면 누구라도, 어떤 값에도, 어떤 조건 하에서도, 어떤 형태의 일자리든 받아들이고 견뎌낼 준비가 될 것이다. 그리고 심지어 그 일자리마저 구하지 못한 경우에도, 그 상황을 아무 말 없이 순순히 받아들이게 될 것이다. 게다가 더 이상 일자리를 구하려고 하지도 않게 될 것이다.
　이처럼 아직은 몇 자리가 남아 있기는 하지만, 그 수가 극히 적은 일자리를 얻도록 이들을 〈자극〉하는 유일한 이유는, 〈불안감〉에 사로잡힌 불행한 자들이 어쩔 수 없이 수락한 극히 비참한 가격의 노동력을 이들 고용주들이 손에 넣을 수 있기 때문

· · · · · · · 경·제·적·공·포 · · · · · · ·

이다. 이것도 아마 고용창출이라고 할 수는 있을 것이다. 그러나 이 경우에 이들이 먼저 창출하는 것은 불안감이다! 아니 더 정확히 말하면 이들은 불안감이 존재하는 곳이라면 어디든지, 하다못해 다른 대륙까지도 마다하지 않고 찾아간다.

물론 피도 눈물도 없이 냉정하게 퍼져 가고 있는 그 불안감 속에서 떨고 있는 자들 중, 극히 미미한 비율의 사람들만이 이 싸구려 일감이나마 차지하는 혜택을 입게 될 것이다. 그러나 그렇다고 해서 그 혜택을 입은 자들이 빈곤으로부터 벗어날 수 있는 것은 아니다. 그리고 그 외의 사람들은 여전히 불안감에 떨고 있게 된다. 더욱이 그 불안감은 모욕감과 박탈감, 그리고 위기감을 동반한다. 어떤 삶은 그 불안감 때문에 단축되기도 할 것이다.

기업이 추구하는 이윤은, 바로 이런 점들을 이용하려고 할 것이다.

·······경·제·적 공·포·······

 이 지구상의 몇몇 지점에서는, 지금 노동의 〈자극〉이 한창이다. 그곳에서는 빈곤과 사회보장제도의 부재가 인건비를 헐값으로 몰아가고 있다. 기업의 입장에서는 바로 이런 곳이 천국이자 꿈의 체인점들일 수밖에 없다. 여기에 세비절감의 천국이라는 수식어가 덧붙여진다. 자신들이 〈국가〉를 〈움직이는 힘〉들임을 자발적으로 잊고 있는 자들 중에서, 많은 자들이 그런 곳으로 급히 몰려가 자원을 벌어들이는 일에 조금도 주저하지 않는다.
 그렇기 때문에 본래 기업이 자리하고 있던 지역 주민들의 일자리를 가혹하게 빼앗아, 한 지역을 순식간에 황폐하게 만들어버리는 지방색 폐지방식은, 때로 한 지역을 폐허로 만드는 것에

······경·제·적·공·포······

그치지 않고 그 국가마저 빈곤하게 만들 수도 있다. 다른 하늘 밑으로 사라져 버린 기업은, 떠나온 장소에 대해 더 이상 세금을 물 필요가 없다. 그리하여 그 기업이 만들어낸 실업에 대해 재정적인 뒷수습을 하는 일, 다시 말해 그 지방 주민들을 희생해 가며(!) 기업이 자신의 이익을 위해 내렸던 선택에 대한 재정적인 뒷수습을 하는 것은, 중단된 상태로 내버려진 집단과 그 국가가 떠맡는 수밖에 없다. 그 작업은 장시일의 노력을 요구한다. 이는 기업의 독단적인 결정으로 인해 실업자가 된 해고자들에게 있어서, 이처럼 음산한 구역에서 빠른 시일내에 다시 직장을 구한다는 것이 절대로 쉬운 일이 아니며, 어쩌면 절대로 불가능한 일일 것이기 때문이다.

금융이 순환되는 범위를 완전히 벗어나 다른 곳으로 자본이 탈주하게 되는 것은, 곧 사취당한 국가의 경제적·사회적 구조로부터 재원(財源)을 박탈하는 것을 의미한다. 아마도 시각적 환상에서 오는 것이겠지만, 탈주한 〈부〉를 소유하고 있는 자들이 다름아닌 온 국민이 존경해 마지않는 자들, 즉 〈국가〉를 〈움직이는 힘〉들일 것이라는 느낌이 어렴풋이 드는 이유는 무엇일까! 그들이 바로 자신들의 뒤치다꺼리로 쩔쩔매고 있는 그 〈국가〉를 움직이는 힘들이란 말인가?

그러나 몇몇 전문가들을 제외하고, 그 문제에 대해 진정으로 분개하는 사람이 과연 몇 명이나 있을까? 여론은 〈이방인〉들의 존재에 대해 아주 많이 (그리고 몹시 심각하게) 걱정하고 있다. 〈이방인〉이란, 물론 가난한 외국인들을 말한다. 우리는 그들이

· · · · · · · 경·제·적·공·포 · · · · · · ·

우리의 일자리들을(존재하지도 않는 그 일자리를) 노략질하고, 본토인들이 누려야 할 것을 빼앗고, 사회보조금을 강탈하는 자들이라고 믿고 있다.

들어오는 이민자들에게는 화를 내며 덤벼들고, 빠져 나가는 자본금에게는 시원스럽게 손을 흔드는 우리들! 떠나가는 강자(强者)에게보다는 방금 도착하였거나, 혹은 이곳에 들어온 지 이미 오래 된 약자(弱者)에게 책임을 덮어씌우는 것이 훨씬 쉬울 테니까!

이 이민자들이 자신의 조국을 떠나서 좀더 잘 산다는 나라로 오는 데는 그만한 이유가 있다. 알다시피 우리 나라를 포함해서, 소위 잘 산다는 나라들도 예전에는 그들의 나라로 갔던 일이 있었고, 뿐만 아니라 지금도 그곳으로 가고 있다. 반드시 싼 인건비를 찾아서 간 것만은 아니라는 점을 명심하자. 지금 어느 정도 부를 누리고 있는 국가들은, 지금도 그들의 나라에 가서 아직도 긁어올 원자재·자연자원이 남아 있을 경우, 그것마저 아주 알뜰하게 착취해 오는 데 추호의 망설임도 없다. 되돌려 주지 않고, 분배하지 않는 것도 문제이긴 하다. 그러나 자원을 이용하는 면에서 자기들의 자질이 더 뛰어나다는 것을 구실삼아 그들의 자원을 노략질하고, 박탈하고, 그들의 허가도 없이 자기들 마음대로 사용하는 것 역시 결코 쉽게 넘어가도 좋을 그런 문제는 아니다.

국가와 긴밀하게 연결되어 있는 〈움직이는 힘〉들은, 자신들을 이처럼 부유하게 만들어 주고 있는 이런 나라들 중 많은 나라

· · · · · · 경 · 제 · 적 · 공 · 포 · · · · · · ·

를 여전히 경제적으로 식민지화하고 있다. 이런 나라의 국민들은 본래 가난했던데다가 잘 사는 나라들이 그들로부터 재원(財源)을 〈빌려가서〉, 그 나라 특유의 경제생활 방식이 해체되는 바람에 이후로는 도저히 살아가기 어려울 정도로 더욱 가난해졌다. 그리하여 이들은 살길을 찾아서, 자기들의 나라를 그렇게 만든 부자 나라들로 이민을 오게 된 것이다. 그런데 부자 나라들은 그들이 몰려오고 있다는 사실에 대해 몹시 분노하고 있다. 이 잘 사는 나라들은 예전에, 예를 들면 아프리카 같은 곳에서는 손님이면서도 그들의 이해관계에 아주 깊숙이 개입하고 있었다. 거기에 비하면, 우리 나라로 이민 온 자들이 그렇게 되는 경우는 결코 없을 것이다. 이런 일들이 대중들은 전혀 모르는 수준에서 진행되고 있음이 사실이다.

정부당국과 실력을 행사할 수 있는 경제인들은 이런 사실들이 밝혀질까봐 아주 조심한다. 그들은 외국 이민자들에 대한 배척 감정을 자극하고 있으며, 자신들의 음모가 불투명함 속에서 진행되는 것을 즐긴다. 그 음모란, 한 지역에서 성장하던 회사나 공장을 다른 곳으로 이전함으로써 지방색을 폐지하고, 자본금을 도주시키고, 그리고 다소 합법적으로 보이는 그밖의 다른 작업들을 말한다. 그렇게 되면, 자신들만 믿고 사는 신도들을 여러 곳에 분산시켜 통치함으로써 얻을 수 있는 고요함을 한껏 맛볼 수 있을 것이다.

이렇듯 서구의 국가들은 〈세계의 빈곤〉 앞에서는 자기들 국가의 영토 경계선을 분명하게 꼭 닫아 버리지만, 가상의 루트를 통해 부가 빠져 나가는 것은 그대로 방치하고 있는 셈이다. 그렇거늘 정보가 차단된 힘 없는 국민들은, 그 빠져 나가는 부에 대해 자신들이 아직도 권리를 갖고 있다고 상상한다. 여전히 그 부를 소유하고 있고, 앞으로도 보호해야 한다고 믿고 있는 것이다. 그래서 그 부가 태연히 빠져 나가고 있는 것도 모르고 그냥 내버려둔다.

우리 나라 전체 봉급생활자들의 임금 총액도 이제 소멸상태에 있지만, 이렇게 된 원인은 결코 우리 나라로 이민 온 자들에게 있지 않다. 그보다는 혜택을 받지 못한 빈곤한 그 국가들의 주민 중에서 부자 나라로 이민 가지 않고, 자신들의 조국에 남아 있는 자들에게 그 원인이 있다고 할 수 있다. 이들이 사회보장도 없는 열악한 환경 속에서 구걸하여 얻은 동냥비나 다름없는 가격(그렇게 말해도 된다면)의 임금을 받고 일하기 때문이다. 다국적 기업들에게 있어서, 이들이 존재한다는 것은 마치 하늘이 내린 뜻밖의 횡재가 아닐 수 없다. 이들은 기업이 바라는 고용인의 이상적인 모습으로 제시된다. 따라서 아직은 몇 개의 일자리가 남아 있는 이상, 그에 대한 권리를 가지고 있는 자본을 우리 땅으로 복귀시키고 싶다면 이 귀감이 되는 모범생들과 보조를 맞추거나, 적어도 그들을 따라가려고 애쓰지 않으면 안 된다.

고용의 재분배와 호경기의 기회에 대해 주의를 기울이고 있는 세계적인 기구들 중에서, 예를 들면 세계은행은 다음과 같이 말하고 있다. 즉 빈약한 임금을 지불하는 일거리들이 개발도상국가로 이전되는 것을 막기 위해서, 다국적 기업들의 임금 가격

····· 경·제·적·공·포 ·······

을 결정해 버리는 국가정책은 反생산적인 처사라는 것이다.[27] 또한 "생산력을 외국으로 이전하는 것은, 경쟁세계 속에서 기업이 얻을 수 있는 시장의 지분을 증가시킬 수 있는, 혹은 그 지분의 감소를 최소화할 수 있는 아주 효과적인 전략"이라고 판단한다.

　이제 시장들은 더 넓어진 순환구조 안에서 빈곤한 국가들의 가난한 노동력을 자유로이, 마음껏 선택할 수 있다. 그들이 들여다보고 있는 카탈로그는 궁핍한 빈민들과 부유한 빈민들 등, 다양한 노동력의 상품들로 점점 더 풍성하고 화려하게 채워지고 있다. 얼마든지, 언제든지 구할 수 있는 궁핍한 빈민들은 다루기도 훨씬 쉽고, 〈요구하는 것〉도 훨씬 적다. 아니, 실은 아무런 요구도 할 줄 모르는 자들이다. 그야말로 환상적인 세일 품목인 것이다. 당연히 도처에서 이들의 인력개발이 한창이다. 여행 한 번만 해보면, 이런 인력을 구하는 것쯤은 식은죽 먹기다. 또 다른 한 가지 이점이 있다. 이 빈민들, 즉 궁핍한 빈민들을 선택하게 되면, 부유한 빈민들이 이들보다 더욱 가난하게 될 것이고, 그렇게 되면 이번에는 궁핍한 빈민들과 비슷하게 된 부유한 빈민들이 더 다루기 쉽고, 요구도 전혀 없는 자들이 될 것이다. 이 얼마나 아름다운 호시절인가!

　가지고 있다는 자들의 이 이상한 보답방식은, 그들이 가지고 있는 강력한 힘과 이익을 탐하는 성향에 기인한다. 그들은 이곳

---

27) 자크 드코르누아가 인용한 부분.

에서 과도하게 행해지고 있는 착취를 모두 태워 버리고는, 다른 곳으로 이전하여 그곳에다 새로운 착취를 재구성한다. 그들의 착취는 인류의 역사가 진행되는 동안 선진국가들이 하도 사용하는 바람에, 이제는 낡아서 더 이상 통용되지 않는 것이었다. 그래서 모두들 식민지 시대 이후에는 착취라는 것이 다른 곳으로 사라져 버렸고, 특히 이곳 선진국가에서는 이제 절대로 찾아볼 수 없는 것이라고 믿었었다.

고용이 이토록 극적으로 감소하는 데 한몫 하였던 새로운 기술도 함께 이전되었음은 말할 나위도 없다. (새로운 기술은 고용 감소에 막대한 책임이 있다.) 따라서 기술이 제공하는 편재성·동시성 및 정보 수집이라는 기적적인 능력을 손에 넣은 사경제는, 이제 중개인을 통하지 않고 직접 교섭함으로써 절약되는 시간과 무한한 공간을 사용할 수 있게 되었다. 선견지명 있는 그들의 민첩성은, 다국적-초국가적-국제 기업들이 돈 후안式으로 어디든 이리저리 마음껏 옮겨다닐 수 있게 해주고, 지구를 누비며 각 지역의 특성을 맛보는 기쁨도 갖게 해준다. 新식민주의가 온 지구상에 퍼지고 있는 것이다.

사경제의 힘과 패권을 이보다 더 극명하게 보여 줄 수 있는 것은 없을 것이다. 사경제가 부추기는 무관심, 극히 적은 반응들, 그리고 그 반응이 일어났을 때 무기력 외에는……. 그리고 이렇게 해서 선진국가들의 정책에 가해지는 공갈협박 외에는……. 공갈협박이라니? 최하층의 빈민계급과 보조를 맞추고, 세제를 줄이고, 대중들의 소비를 억제하고, 기업에게 할당된 사회보장

· · · · · · 경 · 제 · 적 · 공 · 포 · · · · · · ·

금을 축소하고, 기업의 자율화를 법으로 인정하고, 해고할 권리를 〈자유롭게〉 행사할 수 있게 하고, 최저임금을 폐지하고, 노동을 탄력화시키고, 기타 등등을 정책에 반영하라는 것이다.

그들이 이런 제안들을 어찌나 단호하게 제시하였던지, 최소한 이미 많이 변질되었고 꽤 억제되어 왜곡되기 쉬웠던 종래의 조치들에 대한 적용마저 더욱 소홀해지는 결과를 가져왔다. 이런 제안들, 혹은 공갈협박은 여론으로부터 약간의 저항을 받기는 하였다. 그러나 그 여론은 약간 신경질적인 반응만 보였을 뿐, 이미 많이 쇠약해져 있어서인지 금방 그의 명한 시선을 다른 곳으로 돌리며, 반수면상태에 빠져 버리고 말았다. 1995년 12월 프랑스에서 2백만 명의 사람들이 거리로 뛰쳐 나온 사건과 같이, 급격한 움직임이 몇 번 있기는 하였다. 그때도 어떤 사람들은 〈개들이 짖고, 캠핑 트레일러들이 지나가는군〉이라거나, 혹은 〈실컷 떠들어라, 나는 모르는 일이다〉라고 넘겨 버렸다.

국민들이 많이 지쳐 있음은 사실이다. 그들은 이미 많은 것을 주었다. 생각도 많이 했다. 그들은 〈유일한 사고〉라고 불리어지는 엄청난 규모의 조직 앞에 홀로 서서 압도당해 버렸다. 그들은 보기보다 더 위험한 전환기, 생각하고 싶지도 않는 시점에 와 있다. 전설 같은 옛날 이야기를 들을 준비가 되어 있던 그들은, 이제 밤새도록 그 이야기를 되풀이하여 듣고 있다. 그리고 지금도 여전히 부유한 국가이므로, 앞으로는 더욱더 번영하는 국가가 될 것이라는 이야기를 자장가처럼 들으며 기분 좋게 졸고 있다. 마치 회복되어 가고 있는 모습 같지만, 실은 점점 잘못

·······경·제·적·공·포·······

되어 가고 있다.

　우리는 우리도 모르는 사이에 혁명을 겪었다. 그것은 근본적인 혁명이었음에도 사전에 선언된 이론도 없이, 밝혀진 이념도 없이 소리없이 이루어졌다. 그것은 아무런 선언도, 아무런 주석도, 아무런 통고도 없이 지극히 조용히 일어난 사건들에 의해 사건들 속에서 인정된 혁명이다. 역사 속에, 우리가 존재하는 이 무대 위에 소리없이 정착한 사건들······. 그 혁명은 자리가 완전히 잡히고 나서야 비로소 드러난, 그리고 나타나기도 전에 앞으로 자신에게 반대하게 될 저항세력을 미리 막고, 마비시킬 줄 알았던 거대한 운동력을 가지고 있었다.

　이처럼 경제시장이라는 굴레는 마치 제2의 피부처럼 우리 몸을 완전히 둘러싸기에 이르렀고, 이제 그 피부는 육체의 피부보다 더 우리에게 밀착되어 있다.

　빚에 허덕이는 빈곤한 국가들 중에는 그 빚 때문에 부강국의 식민지가 되는 나라들이 종종 있는데, 우리는 지금 그 식민지 국가에서 불법 착취된 인력을 한탄하고 있지 않다. 다만 그러한 상황이 바로 우리 같은 선진국가 안에 유발시킨 불완전 고용을 통탄하고 있으며, 한없이 착취당하고 있는 불행한 자들을 거의 질투에 가까운 시선으로 바라보고 있는 형편이다. 그러나 사실 이들은 이미 분노를 일으킬 만큼 암담한 사회조건 속으로 끌려 들어온 자들일 뿐이다. 우리는 이 사실을 알고 있으면서도, 아무 생각도 없이 아무 의견에나 쉽게 동의하고 만다!

　고용에 대해서 우리는 보통, 이곳에 있는 이 사람에게 주어졌

· · · · · · · 경 · 제 · 적 · 공 · 포 · · · · · · ·

던 일자리가 어느 날 갑자기 저곳에 있는 저 사람에게 주어졌다는 사실에 통탄한다. 혹은 이 사람에게서 빼앗은 일자리를 저 사람에게 맡겼다는 사실에 대해 기뻐하기도 한다. 예를 들어서 이런 글을 읽어보자. "마티뇽에서는, 모집 인원 세 사람 가운데 두 사람을 젊은이로 뽑을 것을 구상하고 있다."[28] 아주 좋은 의지에서 출발한 시도이긴 하지만, 이는 바꿔 생각해 보면 장년의 사람들 가운데서 세 사람 중 두 사람이 실업자로 남게 될 것이라는 뜻이기도 하다. 고용 가능한 일자리 수는 그만큼 증가하지 못하기 때문이다. 반대로 줄어드는 경우가 훨씬 많지 않은가. 실업이 증가하고 있음에도 불구하고, 장기실업자들의 비율이 내려가고 있다고 좋아할 때도 실은 마찬가지 현상일 뿐이다. 이 경우에는 반대로 젊은이들이 곤경에 빠지게 된다. 이들은 실업의 증가 때문에 두려움에 떨 때보다도 훨씬 더 적은 수의 일자리 밖에는 차지할 수 없게 된다.

 사실인즉, 우리는 잘못 짚은 문제점들을 공격하고 있으며, 경영될 수 없는 것을 경영하고 있는 것처럼 보이려고 한다. 단 한 명이라도 실업으로부터 구해 내는 것은, 할 수 있는 모든 수고를 해볼 만한 가치가 있는 일이다. 그러나 지금 우리가 할 수 있는 것이라곤 현상태에서 아무것도 고치지 않고, 다만 지금 사용하고 있는 똑같은 카드 패를 다르게 분배하는 것밖에는 없다. 우리는 내리막길의 방향을 수정할 수는 없다. 다만 이제껏 그

---

28) 1996년 3월 21일, 《파리 마치》에서.

·····경·제·적·공·포·······

비탈길이 지나온 방향과 관련된 작업만 할 수 있을 뿐이다. 오래 전부터 붕괴되었던 상황이 아닌, 현실적인 상황을 취급하는 것이다.

전문기관들은 어쩌다 기적적으로 얻을 수 있는 직업, 나 이외의 다른 사람은 절대로 얻을 수 없는 직업을, 어떻게 하면 혹시라도 손에 넣을 수 있을지 알려 주는 충고를 실업자들에게 아끼지 않고 있다. 수많은 다른 사람은 얻지 못할 일자리, 그것은 통탄하리만큼 수가 적은데 끌려드는 지원자들은 셀 수 없이 많다. (그래서 사람들은 고용조합계약(CES)을 맺기 위해 모여들지만, 이 계약서들은 아주 멋진 경력을 만들어 주고는, 약간의 기회만 제공한 채 다른 곳에서 고용조합계약을 맺도록 다시 보낼 뿐이다. 그리고 약간의 기회라고 해봤자 완전히 일시적인, 한정된 시간 동안만의 계약에 불과하다. 말하자면 파트 타임의 일자리인 것이다. 그런 일자리의 임금은, 전직종 최저임금의 절반 수준에 미치는 월 2천8백 프랑 정도이다!) 그나마도 유일하게 들을 수 있는 이런 충고는 다른 사람보다 더 마음에 들기 위한, 혹은 다른 사람 대신에 선택되기 위한 〈요령〉을 배울 수 있게 해준다. 봉급생활자들의 집단과 고용시장은 확장될 기미가 전혀 없다. 그리고 이런 사실은 내쫓긴 자들의 수를 감소하는 것과는 아무런 관련이 없다. 따라서 이 문제는 건드려지지도 않았다.

지금 급격히 증가하고 있는 선진국가의 두드러진 실업사태는, 이미 보았듯이 이들 국가들을 제3세계가 겪는 빈곤에 조금씩 가까워지게 하는 경향이 있다. 우리는 그 반대 현상이 일어나서, 더욱 번영하는 국가가 되기를 바랄 수도 있었다. 그러나 특별한 나라를 가리지 않고 아주 공정하게 전세계적으로 퍼지고 있는 것, 그리고 이제껏 혜택을 누려 온 선진국가들에게까지 골고루 분배되고 있는 것은 바로 빈곤이다. 덕분에 지금 유행하고 있는 〈공정〉이라는 용어를 옹호하는 자들이 어깨를 펼 수 있게 되었다.

그리하여 그동안 확실치 않았던 몰락의 징후가 점점 뚜렷해지고 있으며(경제의 몰락이 아니다. 경제는 오히려 번창하고 있다!), 자연스러운 현실로 받아들여지고 있다. 그리고 국가들은 이 사태를 수습하기 위해 점점 더 몰두하게 되었고, 점점 더 사경제의 자비를 구하는 처지가 되어가고 있다. 따라서 세계은행이나 경제협력개발기구 및 국제통화기금과 같은 거대한 기구들과 연결되어 있는 사경제는, 이제 버젓이 정부와 함께 그 지배권을 공유하게 되었다.

지금 우리의 삶 위에서 점점 더 영향력을 행사하고 있는 현재의 정치체제는, 우리를 공식적으로는 통치하지 않고, 다만 통치자들이 지배해야 할 기반과 윤곽만을 결정할 뿐이다. 또한 규칙들을 결정하기도 한다. 이 규칙들은 법률은 아니지만 이 규칙들을 사실상 정한 자들, 즉 재정을 주무르는 국가적 그룹들을 우리의 손이 미치지 않는 곳에 안전하게 거하도록 해준다. 그들을 모든 통제와 압박으로부터 보호해 주겠다는 것이다. 반대로 이들 경제계 실력자들이 정치권력을 구속하고 통제한다. 그리고 이들은 각 국가간의 국경선에 전혀 구애받지 않고 있듯이,

· · · · · · · 경·제·적·공·포 · · · · · · ·

각 국가정권들 사이의 구분 혹은 경계선도 무시하고 있다.
 정부는 그 권력의 정도나 행동반경, 그리고 책임질 수 있는 능력의 크기에 상관없이 오늘날에는 경제적 배경, 교역 범위, 경영 가능한 영역 안에서만 일할 뿐이다. 정부의 정책을 결정하는 이러한 요소들은 정부의 권한에 속해 있지도 않고, 정부의 뜻에 구애받지도 않는다. 오히려 정부가 이러한 요소에 영향을 받는 형편이다.
 이러한 사실을 증명해 주는 실례를 들어 보자. 모든 정치인들은 실업 퇴치를 위한 자신들의 열정을 우리에게 고백하느라 목이 다 쉴 정도인데, 어찌된 일인지 미국에서 실업률 인하에 대한 예고가 있자마자 전세계의 증권시세가 순식간에 폭락하고 말았다. 1996년 3월 12일자의 《르 몽드》는 다음과 같은 기사를 싣고 있다. "3월 8일 금요일은, 금융시장에 있어서 암흑의 날로 기록될 것이다. 미국에서 기대치 못하였던 놀랍고도 반가운 고용수치가 발표되자마자, 전국은 순식간에 찬물을 뒤집어쓴 것 같았다. 확실히 이것은 눈에 띄는 모순이지만, 사실 우리의 경제시장은 이러한 모순에 아주 익숙해져 있다. 무엇보다도 과열 상태와 인플레이션을 두려워하는 증시는, 이 끔찍한 공포의 희생자일 수밖에 없다. 월 스트리트에서는, 화요일의 기록을 다시 한 번 깨뜨린 셈이 된 다우 존스 평균(다우 존스社가 산출하는 주가 평균. 미국에서 주식 및 채권 가격의 전체 동향을 표시할 때, 가장 일반적으로 사용되는 지표이다)이 3퍼센트 이상의 폭락을 기록하는 것으로 매듭지어졌다. 이 기록은 1991년 11월 15일이래로, 비율상으로 볼 때 가장 낮은 수치이다. 유럽 각국의 업계 사정들도 역시 심각할 정도로 추락하였다. 유럽의 금융시장들은 모든 나쁜 소식에 유난히도 약한 것처럼 보인다." 《르 몽드》의 기사는 계속된다. "분석가들은 미국에서 1983년 9월 1일 이래로, 고용창출에 있어서 가장 높은 수치인 705,000라는 기록을 과연 눈으로 확인할 수 있을지 기대하고 있다. 화약고에 불을 지른 것은 바로 이 통계수치였다. (뉴욕의 증권가는) 주식을 매기는 마지막 두 시간 동안에 결국 이 금요일의 공포에 굴복하고 말았다. 월 스트리트는 전적으로 불리한 상황에 직면하게 될지도 모른다. 이것은 한편으로는 장기간의 이율 인상이 꽤 타격을 받았기 때문이고, 또 한편으로는 기업들의 수익성이 침체 내지는 하락하였기 때문이다."

또 다른 한 가지 예를 보자. 몇 년 전에, 수만 명의 근로자들을 고용하고 있던 제록스社에서 끔찍한 해고를 단행하였다는 소식이 알려지자, 주식시세가 급상승한 일이 있었다. 그런데 그런 증권가는, 우리도 알고 있다시피 바로 우리의 정부들이 의지하고 있는 〈움직이는 힘〉들이 밀집하는 장소이다.

이러한 현실인데도, 우리는 모두가 한 목소리로 소리 높여 외치고 있는 〈우리 시대의 재앙인 실업사태〉에 대해 앞으로도 계속해서 불만을 토로할 것이다. 풀타임에다 전고용이라는, 기적으로 확실하게 복귀할 수 있기를 기원하는 선거라는 대미사에 참가하는 일도 멈추지 않고 계속할 것이다. 그리고 통계곡선이라는 것도 지치지 않고 계속 발표할 것이며, 긴장감 속에서 그

·······경·제·적·공·포·······

곡선을 들여다보고는 실망에 찬 놀라움으로 비명으로 지르는 일도 좌절하지 않고 계속할 것이다. 모든 인류를 굴복시키기 위하여, 그리고 잘 〈관리된〉 우리의 공포를 점점 더 둔화시키기 위하여…….

그러나 아주 비밀스럽게 해야 한다! 실업이 감소함에 따라 어쩔 수 없이 하락하였던 증권시세가 여론에 얼마나 충격을 주었던가! 증권시세의 하락을 일부러 강조하였던 것은 아니다. 그것은 영어로 표현하자면 〈One of these things〉, 그야말로 어쩔 수 없는 결과였다. 정말일까? 힘 있는 자들이 이를 위해 약간의 손을 썼다는 어떤 조그마한 흔적이라든가, 낌새 같은 것은 전혀 없었던가? 물론 없었다. 적어도 보기에는 그렇지 않았다! 비록 이러한 현상이 일반적인 연설들이 내놓는 꿈 같은 이야기나, 정부와 기업가 들의 변함없는 선언 내용과 근본적으로 모순되는 현상이긴 하지만……. 비록 이러한 현상이 자기들의 진짜 이익임을 인정하는 금융실력자들의 고백을 보여 주는 것이긴 하지만……. 그리하여 결과적으로 그들에게 영향을 받고 있는 정부권력자들의 고백이기도 하지만……. (정치권력자들은 대개의 경우, 자기들이 없는 곳에서 취해진 결정 속에서 방향을 모르고 우왕좌왕하기 마련이다.)

이런 모습은 또한 선거에서 뽑힌 자들과 선거후보자들의 심중을 고백한 것이기도 하다. 이들은 선거전에서 승리하기 위해서, 무감각해진 대중들을 향해 실업난을 치료할 수 있다는 설득력 없는 구조훈련을, 확고한 신념도 없이 흉내내고만 있다. 그들이 내세우는 구조책이란, 고용감소만이 문제를 해결할 수 있다고 믿게 만드는 것이다. 그들은 고용감소가 지금 당장으로서는 심각한 문제이지만, 어차피 고용을 축으로 하여(비록 고용이 없다고 할지라도) 매우 논리적으로 조직된 사회 안에서 살고 있는 이상, 이 문제는 일시적인 것에 지나지 않으며, 머지 않아 치료될 수 있다고 믿고 있다. (이 사회가 노동의 부재를 중심으로 하고 있는데도?)

　이것은 일종의 의식(儀式)처럼 되었다. 그리고 우리 모두는 지금이 단지 위기의 시기일 뿐이지, 새로운 방식을 지닌 문명으로 넘어가는 변동의 시기가 결코 아니라는 신념을 굳히기 위해서 이 의식을 믿고 싶어한다. 고용의 축출, 그로 인한 봉급생활의 소멸, 그에 따른 대부분의 인간의 소외화(그 다음에는 무엇이 올까?)를 예상케 만드는 그 새로운 방식을 인정하고 싶지 않은 것이다.

　이런 현상은 또한 지금의 쇠퇴가 일시적인 것일 뿐, 새로운 체제가 등장하여 우리를 지배하는 일은 결코 일어나지 않을 것임을 믿고 싶어서 으레 매달리는 관습 같은 것이다. 새로운 체제는 얼마 가지 않아서 그 어떤 실제적인 교역 시스템이나 장치와는 전혀 상관없게 될 것이다. 이 새로운 경제는 그 자체 외에는 아무것도 믿지 않으며, 그 경제 자체가 목적이기 때문이다. 아마도 이 체제는 한번도 실현되지 않았던 유례없는 유토피아 중 하나임이 틀림없다! 권력의 무질서를 보여 주는, (그러나 질서를 열망하는) 유일한 예(例)인 이 무질서가 지금 지구 전체

· · · · · · · 경 · 제 · 적 · 공 · 포 · · · · · · ·

위에 군림하며 날마다 더 강제성을 띠어가고 있다.

 지금 우리는 프롤레타리아(활약이 한창이던 그 시대의 프롤레타리아!)가 자신의 인간적인 조건의 회복을 위해서가 아니라, 비인간적인 조건을 회복하기 위하여 투쟁하는 이상한 시대에 와 있다. 혁명의 찬가라는 고리타분하고 촌스러운 존재도 슬그머니 다시 등장하는 듯하다. 이제까지 먼지가 폴폴 날리는 골동품들과 잊혀진 후렴들 사이에 처박혀 있던 그 찬가가 노랫말도 노랫가락도 없이, 불리어지는 일도 없이, 침묵 속에서…… 아주 야심만만하게, 이전보다 더 빈틈없는 무장을 하고서 승리자의 모습으로 행진하고 있다. 왜냐하면 이번에는 아주 탁월한 선택을 할 수 있었기 때문이다. 탁월한 선택? 권한이 아니라 권력을 이용하는 쪽을 택하였던 것이다.

········경·제·적·공·포········

　그러나 이런 혁명의 찬가들의 노랫말에서 볼 수 있는 것처럼 지금의 투쟁이 정말로 〈마지막 투쟁〉이 될 수 있을까? 겉으로 보이는 이런 결론은 언제나 그렇듯이, 그리고 아주 다행스럽게도 결국 재검토되고 말지 않을까? 베파 아줌마는 "모든 것이 지치고, 퇴색하고, 깨어지고 있다"고 자주 말씀하셨는데, 지금의 모든 상황이 바로 아줌마가 하시던 말씀 그대로이다.
　하지만 이제까지의 어떤 상황도, 심지어 가장 경직되었던 상황들조차도, 그것이 최종적인 것이라고는 단정할 수 없었으며, 앞으로도 그럴 것이다. 그 사실을 이 20세기 중에 분명히 볼 수 있었다. 많은 사람들이 오늘날 드디어 〈역사의 종말〉에 이르렀

·····경·제·적·공·포········

다고 설득하려고 애썼지만, 그러나 그렇지 않다. 오히려 그와는 반대로, 오늘이라는 시간은 휘몰아치는 역사의 소용돌이 속에 들어와 있다. 지금 인류의 역사는 그 어느때보다 동요되고, 조작되어 있으며, 그 어느때보다 한정되어 아무것도 돌아보지 않고 단 하나의 방향,〈유일한 사고방식〉을 향해 정신없이 줄달음치고 있는 것이다. 이 유일한 사고방식은 철저한 위장술로 능숙한 효과를 내고 있지만, 실제로는 오직 이익만 바라보고 있을 뿐이다.

이런 현실 앞에서 우리가 어떤 분석, 어떤 논쟁, 어떤 비평, 어떤 반대 의견을 감히 내놓을 수 있을까? 심지어 우리에게 양자택일이라는 것이 있을 수나 있을까? 아니, 그 어떤 것도 있을 수 없다. 단 하나, 그 유일한 사고방식에 대한 메아리만이 있을 뿐이다. 기껏해야 몇 가지 변형(음향효과일까?)을 보여 줄 뿐인 메아리만이……. 진실을 바라볼 시간도, 들을 시간도 없이 세계에 대한 잘못된 개념을 향해(지금까지도 제대로 인식하려고 하지 않기 때문에, 더더욱 손쉽게 위장될 수 있었던 그 개념을 향해) 현기증나는 속도로 도망치고 있었기에 피할 수 없었던, 우리의 만성적인 시청각 장애가 이제는 도처로 물밀 듯 퍼져 나가고 있다.

오늘날 우리는 인류 역사상 매우 중요한 시대를 살고 있다. 그리고 독재적인 경제에 좌우되고 있는 이 시대는 우리를 위험 속으로 몰아넣고 있다. 그러므로 이 경제의 권력과 규모가 어느 정도에 달해 있는지를 반드시 살펴보고, 분석하고, 해석해야 할

······ 경·제·적·공·포 ······

필요가 있을 것이다. 지금의 경제는 세계화된 덕분에 존재할 수 있다. 그리고 이 세계는 그런 경제의 권력에 의지하고 있는 덕분에 또한 존재할 수 있다. 이제 이런 구도 속에서 우리의 삶이 아직까지 어떤 위치를 차지하고 있는지 이해하고, 결정해야 하는 일이 남아 있다. 우리가 참여하고 있는 이 경제세계에 적어도 눈길이라도 한 번 던져 보고, 아직도 우리에게 허용된 것이 있는지, 있다면 그것이 무엇인지 식별해 내지 않으면 안 된다. 그리고 경제가 우리의 삶을 잠식해 들어오고, 강탈하고, 정복하는 현상이 과연 어디까지 왔는지, 앞으로는 어디까지 갈 위험이 있는지에 대해서도 분별력을 갖지 않으면 안 된다.

그리하여 경제세계가 우리의 삶을 이토록 정복해 버렸다는 사실이 여러 면에서 확인되었다면, 적어도 모든 정당들이 이를 무시할 수 없는 사실로 확인하였다면(비록 몇몇 사람들이 이 상황에 몇 가지 모호한 수정을 가하고, 게다가 몇 가지 개혁을 가져올 수 있을 것처럼 이야기한다고 해도), 그렇다면 비록 내쫓기는 상황에서나마 최소한 우리 각자가 어느 정도의 위엄과 자율권을 지니고 존재할 수 있는 자유만이라도 얻을 수 있지 않을까?

우리는 아주 오래 전부터 명명백백한 여러 가지 징조를 보아 왔음에도 불구하고 눈이 멀어 있었다! 예를 들어 새로운 기술과 자동화 시스템을 생각해 보자. 언젠가는 이러한 것들을 사용하게 될 시대가 오리라는 것과, 그에 따른 수많은 약속들을 믿었던 자들이 이미 오래 전부터 있었다. 그러나 이런 예측과 경고에도 불구하고, 우리는 기업들이 사용하고 나서야 비로소 이러한 것들에 눈을 돌리게 되었다. 기업들은 먼저 실제적으로 사용부터 해보고 나서 상당히 효율적이라는 것을 알게 되자, 그 다음 일은 깊이 생각하지도 않고 대뜸 모든 시스템을 이러한 것들로 대체하기 시작하였다. 그리고 우리는 그런 날이 오고 나서야 비로소 문제가 있을지도 모른다고 생각하였을 뿐이다. 사실은 신기술과 자동화 시스템이 가져다 준 진보의 덕을 단단히 본 기업들 자신도, 우리를 희생해 가면서까지 모든 기업의 운영을 이 새로운 체제에 맞도록 변화시키기 전까지는, 여기에서 파생될 문제들에 대해 전혀 생각해 보지 못하였다.

만일 생각이 있는 정치가들이 1948년 이래로, 노르베르트 위너(그는 사이버네틱스의 발명자일 뿐만 아니라, 그것이 가져올 결과에 대해 아주 명철한 예언을 한 사람이기도 했다)[29]의 초기 작품들만 읽었어도 사정은 지금과 달라졌을지 모른다. 그들이 그 작품들을 읽고 깊이 생각할 수만 있었다면……. 오랜 세월에 걸쳐서 그 작품이 이야기하고 있는 어리석은 꿈과 위험에 대해 폭로할 수만 있었다면…….

그 작품에서는 노동의 소멸이라든가, 새로운 기술이 가지고 있는 힘에 대한 모든 것을 지각할 수 있었다. 그리고 그에 따른 여러 가지 변화들, 즉 그때까지와는 전혀 다른 에너지 분배방식

---

29) Norbert Wiener, *Cybernetics, or Control and Communication in The Man and The Machine*, 1948 ; *The Human Use of Human Beings. Cybernetics and human beings*, 1950.

· · · · · · 경 · 제 · 적 · 공 · 포 · · · · · · ·

이며, 시간과 공간, 육체와 지성에 대한 전혀 다른 정의 같은 것들도 모두 감지할 수 있었다.

정말이지 우리는 모든 경제구조가 완전히 뒤바뀌리라는 것과, 무엇보다도 노동의 구조에 대변화가 오리라는 것을 오래 전에 예상할 수 있었다. 사실 최근 몇 년 사이에, 아니 수십 년 사이에 그 어떤 체제나 정부·정당(政黨)도 중장기간의 장래 계획을 세우면서 이러한 점을 고려하지 않았음을 보고 놀란 일이 한두 번이 아니지 않은가! 그들은 노동과 산업·실업·경제에 대해 수없이 이야기하면서도, 이 현상들에 대해서는 전혀 깊이 있게 생각해 보지 않았다. 그런 현상들이 우리에게는 몹시 결정적인 것으로 보였고, 따라서 뜻밖의 미래를 예고할 가능성을 그처럼 분명히 내포하고 있었는데도 말이다.

1980년만 해도 우리는 이런 글들을 쓸 수 있었다. "······이제까지 그 어떤 체제하에서도 사이버네틱스가 발전되지 않았다는 사실은 놀라운 일이다. 우리가 그 허술하고도 부담스러운 시장에 아직까지도 집착하고 있다는 사실 또한 놀라운 일이다. 이는 사이버네틱스가 반드시 〈해결책〉은 아니겠지만, 그러나 해결책이 될 수도 있다는 가능성을 우리가 무시하고 있기에 나타난 현상이다. 우리가 그러한 가능성을 배제하고 있는 것은 상상력이 없어서일까? 아니, 그 반대로 상상력이 너무 지나치기 때문이다! 자유라는 것이 우리의 상상력에 얼마나 공포감을 주는지 모른다······."[30] 노동이 종말에 이르렀다는 생각, 혹은 모든 것이 종말로 가고 있다는 생각을 그때만 해도 자유로워지는 것, 곧 해방이라고 여겼던 것이다!

　정치가 등한시하고 있던 사이버네틱스는, 그래서 별생각 없이 방심한 상태에서 경제 속으로 들어오게 되었다. 처음에 들어올 때에는 음흉한 계략 같은 것 없이 아주〈천진난만〉하였으며, 그저 실용적으로 쓰일 목적으로 아무런 이론도 없이 그렇게 들어왔다. 마치 처음에는 유용하게만 쓰였던 도구가, 점점 시간이 지나면서 없어서는 안 될 도구가 되어 버리는 것처럼 그렇게……. 그 사이버네틱스가 언제부터인지 전세계적인 혁명에 절대적인 책임을 가진 매우 중요하고 지배적인 요소로 모습을 드러내기 시작했다. 이미 이전부터 예측된 것이긴 하지만, 그때까지만 해도 예측에 지나지 않았을 뿐 증명된 사실은 아니었다. 그때만 해도 우리의 도덕관념상, 사이버네틱스가 수많은 혜택과 기적을 가져다 줄 것이라고만 생각했었음이 틀림없다. 그러나 그것이 실제로 가져온 결과는 이렇듯 참담하다.

　사이버네틱스가 계획적으로 노동을 감소시킨다거나, 더 나아가 아예 폐지시킨다거나 하는 것은 아니다. 그러나 그것이 노동의 감소를 자극하고, 곧이어 노동의 제거를 부추기는 것만은 확실하다. 노동에 대한 의무라든가, 여전히 노동을 유일한 고리로 생각하고 있는 교역의 사슬을 제거하거나 수정치도 않은 채…….

　기업과 경제시장은 처음에는 아주 순수한 뜻에서, 새로운 기술이 더 명쾌하고 규모 있게 사용될 수 있도록 길을 열어 주었

---

30)《고요함의 폭력》중에서.

······경·제·적·공·포······

다. 그러다가 그것이 이익을 증대시킬 수 있다는 것을 알게 된 후에, 비로소 신기술이 더욱 왕성하게 경영될 수 있도록 길을 넓혀 주게 된 것이다. 더 많은 이익을 위해서. 기업이 열렬히 기대해 마지않는 것이 바로 이 이익이 아니던가! 인간 노동자들의 뼈를 깎는 아픔을 통해 얻어지는 그 이익 말이다.

모든 사람들을 행복하게 해주는 해방이 되리라고 생각하였던 것과는 달리, 천국에 대한 환상만 가지게 하였을 뿐인 노동의 소멸은, 어쩐 일인지 오히려 우리에게 위협이 되고 있다. 그리고 점점 희귀하고 일시적인 것이 되어가는 노동은 불길함만 던져 줄 뿐이다. 왜냐하면 노동은 매우 비논리적이고, 잔인하고, 치명적이게도 사회나 생산성에는 더 이상 필요가 없게 되었음에도 불구하고 일을 하지 않는 사람들, 이제 일을 할 수 없게 된 사람들의 생존에는 너무나, 반드시, 꼭 필요한 것이기 때문이다. 이들에게는 일을 한다는 것만이 유일한 구원이다.

이러한 상황 속에서 이 약하디약한 자들이(대부분의 사람들이 이에 속한다), 노동이 사용 금지되었다는 사실을 인정하기가 과연 쉬운 일일까? 노동이 그들에게만 꼭 필요한 것일 뿐, 그 외에는 존재할 이유가 없다고 해도 과언이 아니라는 것을 인정하기가 그들로서 과연 쉬운 일일까? 설령 그 증거와 예가 계속해서 드러나고 있다 할지라도……

게다가 태고적부터 계속 되풀이되어 온 사실, 즉 노동 혹은 직업, 혹은 고용을 통해서만 비로소 유용한 존재가 될 수 있다는 사실을 이제사 우리가 제대로 소화해 내고 있는 판국인데.

· · · · · · · 경·제·적·공·포 · · · · · · ·

　지금 와서 느닷없이 노동 그 자체가 더 이상 유용하지 못하며, 아무 짝에도 쓸모없게 되었다는 말을 도대체 어떻게 받아들일 수 있단 말인가? 다른 사람들의 이익에도 전혀 도움이 못될 뿐더러, 착취될 가치마저 없다는 그 사실을 과연 받아들일 수 있을까? 어떻게?
　노동을 승화시키고, 신격화하는 현상 역시 이러한 사실에서 유래한다. 노동의 부재에서 야기된 물질적 고통 때문에만 생겨난 현상이 아니다. 죄를 지은 인간에게 "네 이마에서 땀이 흐를 때까지 종신토록 수고하며 노동을 하라!"고 신이 저주를 내렸다는 성경의 말씀을 따른다면, 오늘날의 노동의 부재는 신이 내린 상(賞)으로, 은총으로 받아들여야 하는가? 얼마 전까지만 해도 노동을 어쩔 수 없이 하지 않으면 안 될 귀찮은 것으로 여기기 일쑤였다는 사실을, 아무래도 지금은 까맣게 잊어버리고 있는 듯하다. 그때는 노동을 지옥 같은 것이라고까지 생각하였는데······.
　그러나 단테가 말하던 지옥은, 그토록 지옥에 가고 싶어하던 자들이 아무리 요구해도 갈 수 없었던 그런 지옥을 의미하였던 것일까? 지옥에서 쫓겨나는 것을 가장 심한 저주로 여기는 그런 자들의 지옥?
　아리엘의 목소리를 빌어 이렇게 단언하였던 셰익스피어의 말이 기억난다. "지옥은 존재하지 않는다. 모든 악마들이 여기에 있으므로."
　지금 우리가 가고 있는 이 길은, 모든 사람들이 해방을 맛볼 수 있도록 하기 위해 계획적으로 고안한 〈노동의 소멸〉로 이르는 길이었을지도 모른다. 말하자면 삶을 더욱 풍요롭고 자유롭게 하기 위해서, 반드시 건너지 않으면 안 될 다리로서의 〈노동의 몰락〉으로 이르는 길 말이다. 그러나 오늘날 이 길은 분명점점 더 많은 존재들의 빈곤화, 위상 실추, 치욕감, 추방으로 이르고 있다.

이 길은 최악의 위험에 노출되어 있다. 당장이라도 도망치고 싶은 감정, 어떻게 해서든 피하려는 열망, 각성에 대한 망설임 등이 우리로 하여금 현재의 비극적인 상황 속에 그대로 주저앉아 있게 만들고 있기 때문이다. 이 상황은 더욱 처참하고 비극적인 상황으로 이를 수도 있다. 그것을 차단하기 위한 장치는 아무것도 없으나, 그래도 아직은 무슨 일이든 해볼 수 있다. 다만 가장 시급한 것은, 현재 우리의 삶의 현장이 어떤 곳인지를 식별하는 일이다. 아직 공식화되지는 않았으나 이미 진행중인 지금의 상황의 현주소가 어디인지, 어떤 구성, 윤곽, 구도, 즉 어떤 정치적 구도(이 말은 결국 어떤 경제적 구도인가를 의미한다), 무엇보다도 어떤 술책 속에서 우리의 삶이 허위적거리고 있는지를 알아야만 하는 것이다.

이를 위해서는 도둑맞은 편지의 신드롬으로부터 해방될 필요가 있다. 도둑맞음으로써 편지가 존재한다는 것이 분명하게 드러날 수 있기 때문에, 도둑맞은 일이 전혀 없는 것처럼 아무도 모르게 그냥 넘어가자는 식의 신드롬이 도처에 만연되어 있기 때문이다. 알다시피 에드거 앨런 포우의 소설 속에 나오는 편지

· · · · · · · 경 · 제 · 적 · 공 · 포 · · · · · · ·

는, 그 편지를 숨기려는 자의 계략에 의해 감추어졌었다. 그러나 오늘날 우리의 편지는, 그것을 찾아야 하는 자들의 망설임에 의해서 감추어졌으며, 또는 그 편지를 찾지 않으려는, 혹은 그 편지를 읽었다는 사실을 고백하지 않으려는 필사적인 노력에 의해서 감추어졌다. 하지만 그 편지의 내용을 알지 못한다고 해서, 그 내용이 불길하지 않을 것이라는 보장은 없다. 오히려 그 반대일 수도 있다.

우리는 보이는 것처럼 그렇게 무관심하고 수동적이지는 않다. 사실 우리의 모든 힘은 한껏 긴장되어 있으며, 우리의 노력 또한 그러하다. 이는 우리가 알고 있는 유일한 존재방법, 즉 노동의 제도에 연결된 존재방법을 따라가지 못하도록 방해하고 있는 것이 무엇인지 전혀 알고 싶지 않기 때문이다. (앞으로는 더 많은 방해를 받게 될 것이다.) 우리가 알기로는 그 방법만이 이 지구상에서 살아갈 수 있는 유일한 형태이다. 그래서 아직까지는 관람객이라는 조건하에 그 방법을 빼앗기고, 추방당하는 것까지 받아들이려고 한다. 노동의 제도가 파괴되는 것까지 보고 있는 실정이면서도…….

우리들의 저항은 이런 식으로 나가고 있다. 그러나 이러한 방식은, 다른 식의 저항행위를 가능케 하는 것들에 대해 눈 멀고 귀 멀게 만들 뿐 아니라, 단순한 재검토마저 불가능하게 한다. 우리는 순결한 처녀의 역할 속에 갇혀 있는 것이다!

누군가 우리를 향해 〈실업〉을 이야기할 때면, 우리는 마치 실업이 문제였다는 듯이 그 이야기에 귀를 기울인다. 실업이라는

······경·제·적·공·포·······

용어는, 곧바로 〈노동〉이라는 용어의 메아리처럼 들리기 때문이다. 그리고 그것이 노동과 연결해 주는 몇 개 안 남은 고리들 중 하나이기 때문이다.

우리는 실업이 끝없이 악화되고 있다는 사실을 받아들이고 있으며, 이 사회는 그런 우리를 향해 실업자들을 다시 흡수할 것이라는 약속을 한없이 되풀이하고 있다. 바로 이 헛된 약속들이 오히려 실업사태가 마구 남용되고, 지구라는 무대 위에 확고히 자리잡게 만드는 구실이 되고 있다. 왜냐하면 우리가 보기에는, 아무에게도 환영받지 못하고 결국 쫓겨나게 된 사람들까지 노동의 영역에다 붙들어매고 있는 것이 바로 이 실업인 것처럼 보이기 때문이다. 우리가 조금도 떠나고 싶어하지 않는 그 영역에다······. 무엇보다도 〈노동의 부재〉라는 개념 역시 아직도 이 영역에 속해 있지 않은가!

우리는 지금 전혀 다른 역사(歷史), 돌이킬 수 없는 역사 속에 들어와 있음을 알고 있다. 우리는 그 역사를 잘 알지 못한다. 아무도 이 역사에 대해 아는 사람이 없다. 아니 솔직히 말해서, 우리는 그 역사가 존재한다는 것조차 모르고 있는 것처럼 시치미를 떼고 있다. 그러나 아무도 모른다는 그 역사가, 이처럼 불길한 면을 가지고 있었다는 점은 이상하지 않은가? 믿기도 어렵지 않은가? 그 역사가 존재한다는 생각만 해도 슬플 정도로, 그 역사의 실재를 받아들이기가 어렵다는 사실 또한 이상하지 않은가? 사람들이 예전에 하던 말을 빌면, 우리의 노동은 정말로 참기 어려운 조건 속에서 이루어져 왔다. 그런데 그렇게 괴

· · · · · · · 경 · 제 · 적 · 공 · 포 · · · · · · ·

로운 노동의 지배를 더 이상 받을 수 없다는 사실을 인정하는 것이, 그렇게도 견디기 힘든 일일까? 그러나 실제로 우리는 지금 더욱더 노동의 지배하에 들어와 있지 않은가? 그리고 결핍되어 가고 있는 노동 밑에서, 그 어느때보다도 더 노동의 노예가 되고 있지 않는가?

성경에서 말하는 저주의 노동, 강요된 노동으로부터의 해방은 이론적으로 볼 때 자기 시간의 관리를 더욱 자유롭게 해주고, 마음껏 숨쉬며 자신이 살아 있음을 느끼게 해주어야 하지 않을까? 피곤을 느끼는 법도 없고, 누구에게 명령받거나, 이용당하거나, 의존하는 일도 없어야 하지 않을까? 우리는 태고적부터 노동으로부터의 해방을 하나의 이룰 수 없는 꿈으로 갈망하면서, 어떤 변동이 일어나기를 소망해 오지 않았던가?

지금 우리가 존재하고 있는 세계에서 또 다른 세계로 이동한다는 것은, 유토피아의 세계로 들어가는 것처럼 보였었다. 그러하였기 때문에 그 세계로의 이동에 대한 책임이 극소수 사람들의 강요에 있지 않고, 오히려 노동자 자신들, 곧 모든 인류에게 있다고 생각하게 되었다. 그러나 우리 시대에 만들어진 그 세계는 유토피아가 아니라, 우리가 인정하고 싶어하지 않는 세계이다. 그리고 이런 결과에 아무런 책임도 없는 것으로 되어 있는 극소수의 사람들은, 이제부터 쓸모없게 된 노예들의 주인, 이 지구의 소유자, 그리고 이 지구를 관리할 유일한 사람 등으로 자처할 것이다. 그리하여 자신들만을 위해서, 자신들만의 이익에 따라서 지구를 구획정리하려고 할 것이다. 그리고 그들의 보

····경·제·적·공·포·······

조자인 다수의 사람들은 이제 그들에게 더 이상 필요없게 될 것이다.

　노동이라는 굴레로부터 해방되는 것이 나쁜 의미에서의 재난이 될 줄은, 우리 중 누구도 생각해 보지 못하였을 것이다. 그리고 처음에는 은밀하게 시작되었던 이런 현상이, 어느 날 갑자기 불쑥 드러나면서 뜻밖의 결과를 가져오게 될 줄도 예상하지 못하였을 것이며, 그렇게 많은 사람들의 땀을 흘리지 않고도 운행될 수 있는 세계가 머지 않아(심지어 이전부터도) 붕괴될 것임도 전혀 생각지 못하였을 것이다. 쓸모없는 잉여의 존재로 전락한 노동자들을 제대로 추방하기 위해서, 그들을 코너에 몰아넣은 후 꼼짝 못하게 만드는 일에 세상이 이처럼 분주하게 될 줄도 전혀 예상치 못하였을 것이고, 이런 현상이 살아 있는 자들을 더욱 괜찮은 조건 속에서 고용하고, 평가해 주고, 위상을 확인시켜 줄 수 있는 능력에 의해 나타나는 것이 아니라 박탈감과 모욕감·상실감, 특히 더욱더 심한 굴종감을 주는 강화된 강제권에 의해 나타나게 될 줄도 몰랐을 것이며, 또한 소수의 힘이 눈에 띄게 점점 커져가게 되리라는 것도, 양자택일이라는 있을 수 없는 문제가 감히 선언될 것이라는 바도 그때는 알지 못하였을 것이다. 더군다나 이 모든 일에 대한 동의와 승낙이 전 세계적으로 일반화될 것이라는 생각도 미처 해보지 못하였을 것이다.

　그런데도 오늘날 투쟁까지는 못 가더라도 비평이나 반응만은 있을 법한데, 이런 것을 전혀 찾아보기 어려운 까닭은 무엇일

······경·제·적·공·포······

까? 이 비평과 반응의 부재가 너무나 절대적인 까닭에, 세계구조의 결정권을 지닌 자들이 그들의 중대한 계획을 밀고 나가는 데 있어서, 심각한 장애물을 만나는 일은 결코 없다. 그들 앞에는 오직 부재하는 여론, 혹은 아무런 표현도 하지 않는 침묵의 여론만이 있을 뿐이다. 그리고 근본적인 현상들, 즉 이제껏 보지도 듣지도 못한 양과 힘을 가지고 무섭게 달려드는 사건들에 대한 암암리의 동의만이 있을 뿐이다. 그리하여 이 세계의 운명을 결정하는 자들은, 이 정적 앞에서 오히려 현기증마저 느낄 정도이다.

우리가 몸담고 있는 이 사회의 〈사회적 응집력〉은 사실상 〈깨어지고〉 있다. 그럼에도 불구하고 우리 사회의 응집력은, 그것이 깨어지고 있는 것을 보며 두려워하는 사람들까지도 당황하게 만들 정도로 한없이 견고하게만 보인다. 따라서 이들은 이런 점을 이용하여, 아직은 드러나고 있지 않지만 언제라도 나타날 수 있는 모든 항의에 반격을 가할 수 있을 만한 표적들을 찾느라 열심이다.

이제까지의 연설들이 오랫동안 신중함과 참을성을 과시해 올 수 있었던 것은 바로 이것, 즉 언제 어디서 항의가 들어올지, 사회의 응집력이 와르르 무너져내릴지 알지 못하였기 때문이다. 그런데 이제 그런 신중함과 참을성은 차츰 필요없는 것이 되어 가고 있다. 지금부터는 그들이 마음 놓고 활동할 수 있는 운동장이 완벽하게 준비되었기 때문이다! 그리하여 용어도 눈에 띄게 거칠어지고, 그들의 이념도……. 거리낌 없이 먹혀 들어가는

· · · · · · · 경·제·적·공·포 · · · · · · ·

등, 이제는 모든 것이 당연한 것처럼 보인다.

　예를 하나 들어 보자. 〈사회보장문제〉에 대한 의사 표시를 제안함으로써, 대통령 선거운동 때의 정신을 살리고자 하였던 프랑스 대통령의 용감한 시도에도 불구하고, 1996년 4월 릴에서 개최되었던 고용에 관한 서방 7개국 회의에서, 선진 7개국의 수뇌들은 기업의 자율화와 탄력성이 절대적으로 필요하다는 데 의견의 일치를 보았다. (이번에는 사람들의 반응을 두려워하였던 우회법이나 완곡어법 같은 것은 없었고, 단도직입적인 표현들이 사용되었다.) 〈사회보장문제〉에서 벗어난 것이 확실한 〈세계화〉가 현재 점점 더 확고해지고 일반화되고 있는 추세이므로, 한 마디로 노동이 이런 세계화에 대한 〈적응력〉을 가져야 한다는 것이다. 이후로 이 사실은 아주 당연한 것으로 받아들여지고 있다. 우리는 이런 〈규칙에 길들여〉 가고 있다. 규칙에 따라가기만 하면 될 뿐 아무것도 어려울 것이 없다. 모두가 하는 대로 관습을 따라가면 된다. 그리하여 세계화에 대한 노동의 적응력이 지금 공공연히 가속화되고 있다.

　과연 그 적응력이 해야 할 일은 막대하다. 바로 그 회의에서, 국제노동기구의 총장은 "1979년부터 1994년까지, 서방 7개국에서 실업자 수가 1천3백만 명에서 2천4백만 명으로 늘어났다"고 밝혔던 것이다. 다시 말해, 15년 사이에 두 배로 증가하였음을 보여 주고 있다. 이 수치는 "구직을 포기한 4백만 명과, 더 나은 일자리가 없어서 할 수 없이 파트 타임으로 일하고 있는 1천5백만 명의 숫자는 미처 계산에 넣지도 않은 것이다."

······경·제·적·공·포········

실업률의 증가가 가속화되고 있다고? 얼마 전부터 이런 사실을 모든 사람들에게 알렸을 경우 어떤 효과가 일어날 것인가에 대한 분석이 시도되는가 싶더니, 아닌게 아니라 드디어 이 사실을 이용한 강제조약 같은 것이 분명한 용어를 빌어 등장하기에 이르렀다. 그런데 그 강제조약은 양자택일의 형태로 주어졌기 때문에, 마치 자율권과 심지어 주도권을 줄 여유마저 우리에게 있는 것처럼 보인다. 선택을 우리가 할 수 있다는 것이다. 이제 우리는 결정할 능력을 갖게 되었다. (메뉴에서 우리가 원하는 것을 마음대로 고를 수 있단다!) 만일 극단적인 빈곤보다 실업이 더 우리의 마음에 든다면 실업을 선택하면 되고, 실업보다는 극단적인 빈곤이 나을 것 같으면, 역시 거리낌 없이 그쪽을 선택하면 된다. 아, 이 딜레마여! 그러나 한 번 결정하고 나면 절대로 불평하지 말아야 한다. 그것을 결정한 것은 바로 우리이니까.

하지만 안심하시라! 어느것을 택해야 옳을지 주저하고 망설일 필요가 없다. 운좋게도 우리는 두 가지를 몽땅 다 취할 수 있다!

그 둘은 본래 사이좋게 어깨를 나란히 하고 오기 마련이다. 이미 알고 있던 바이다. 문제는 두 가지 모델, 즉 유럽형과 앵글로 색슨형 중에서 어느쪽을 택하느냐에 있다.

후자는 얼마 전부터 0점을 살짝 스치는 사회보조금과 노동의 탄력성이 보여 주는 뛰어난 솜씨 덕분에, 미국의 실업률을 통계 상에서 감소시킬 수 있었다. 이 실업률 감소는, 또한 비전을 가지고 있는 위대한 경제학자이자 미국의 노동부 비서인 로버트

· · · · · · 경·제·적·공·포 · · · · · · ·

라이히의 말에 따를 것 같으면,[31] 무엇보다도 "소득에 있어서의 많은 차이(선진국가들 중에서 가장 차이가 심하다)를 계속 견디고 있는 덕분"이기도 하다. "이만한 소득의 차이는, 아마도 서구 유럽의 대부분의 국가들은 참아내기 힘들 것이다." 엄청난 숫자의 사람들이 겪고 있는 말할 수 없는 궁핍과, 소수의 사람들이 누리고 있는 역시 말할 수 없는 부유함 사이의 말할 수 없이 〈큰 차이〉는 가히 수치스러울 정도이다. 이러한 〈큰 차이〉 위에 기초하고 있는 〈견디기 힘든〉 빈곤으로 인하여, 로버트 라이히는 이렇게 말을 잇는다. "그 대신 미국은 탄력성을 크게 늘이는 쪽을 택하였고, 그 탄력성 덕분에 고용이 확대되었다."

그렇게 된 것이다.

쉽게 말하면 이러하다. 사람들은 여전히 가난하고, 금상첨화로(감히 말하지만) 사회보조금까지 없다. 더군다나 빈둥빈둥 놀면서 그런 것이 아니라, 모두가 일까지 하면서! 경제협력개발기구와 그밖의 다른 세계기구들이 내놓은 이론의 승리가 아닐 수 없다. 더 많은 벌(罰)을 받게 된 실업자들과 더욱 심해진 사회적 빈곤이, 가장 싼 가격(바라던 대로 조작된 가격이다)에 노동력을 제공하게 된 결과만을 가져온 것은 아니다. 실업률을 낮추는 성과도 있었던 것이다. 이것은 굉장한 비율로 자산(資産)이 팽창하고 있는 미국과 같이 부강한 국가에서는 상상도 할 수 없는 빈곤이, 아예 제도화되어 나타나고 있음을 보여 준다. 이

---

31) 1996년 4월 7,8일자 《르 몽드》誌 중에서.

······경·제·적·공·포······

처럼 국가의 자산이 늘어나고 있는 것은, 봉급을 받으며 일한다고 해도 여전히 빈곤의 문턱을 넘지 못하는 노동자들과, 점점 가난해지고 있는 중산층 사람들이 함께 분담하는 고통과 궁핍의 삶 덕분이다. 날이 갈수록 일시적인 것이 되어가고, 먹다남은 찌꺼기같이 조각조각으로 동강나며, 봉급의 액수도 점점 더 줄어드는 일자리에다 보조금의 보장도 없고, 심지어 건강에 대한 보장도 없는 이들의 눈물과 땀 덕분인 것이다.

그러나 어쨌든 이러한 제도 덕분에 경제협력개발기구와 국제통화기금이 그토록 걱정하던 문제가 해결되었다. 농땡이 부리는 게으른 자들을 마침내 일자리에 집어넣을 수 있게 된 것이다. 그러나 애석하게도 아직도 도로 위의 종이 박스 속에서 아침 늦잠을 즐기거나, 국립직업소개소(ANPE) 앞의 행렬 속에 끼어서 멍하니 하늘만 바라보며 시간을 보내거나, 그것도 아니면 자선단체들의 도움을 받아 아예 편안히 쉬면서 천하태평으로 살아가는 이루 헤아릴 수 없이 많은 게으름뱅이들이 여전히 남아 있다. 국가를 〈움직이는 힘〉들은, 바로 이런 자선단체들을 위하여 종종 모임에 나가 캐비어가 차려진 만찬을 즐기는 수고를 하지 않으면 안 된다. 그들은 굶주린 자들을 위해 이런 일을 하는 것이 습관화되다시피 하였기 때문에, 불쌍한 자들을 위한 친절어린 수고를 절대로 거절하는 법이 없다.

그러나 경제학자인 로버트 라이히가 밝힌 그처럼 분명한 사실에 부응하기 위해서,[32] 노동부 장관인 로버트 라이히는 해결책을 찾느라 고심중이다. 그는 지금 봉급의 인상을 제안하고 있

······경·제·적·공·포······

다. 그러나 봉급 인상을 위해 그가 사용하는 방법은 갑자기 모호해진다. 그는 변함없는 〈교육〉(이번에는 평생에 걸친 교육을 말한다)과, 이미 사용된 일이 있는 다른 장치들도 구상하고 있다. 또한 새로운 단어도 입에 올린다. 우리 귀에 아주 새롭게 울리면서 아름다운 미래를 약속해 줄 것 같은 그 단어는, 바로 〈고용될 수 있는 능력〉이라는 용어이다. 이 용어는 탄력성이라는 말과 아주 비슷한데, 실제로 탄력성의 형태 중 한 가지를 가리킨다.

샐러리맨은 모든 상황의 변화, 즉 고용자들의 변덕에 대처할 수 있어야 한다. 그는 끊임없는 직업 전환을 예상해야만 할 것이다. (베파 아줌마는 "마치 와이셔츠를 갈아입듯이 갈아치운다"고 말했었다.) 이 직업에서 저 직업으로 떠돌아다닌다는 생각이 없는 것은 아니지만, 그래도 〈이 직업을 잃게 되면 지금의 직업과 다르기는 해도, 급료가 비슷한 다른 직업을 찾을 수 있을 것이다〉고 하는 〈그럴듯한 보장〉을 가질 수는 있을 것이다. 이 생각은 매우 고무적이기는 하다. 하지만 실은 그런 보장을 가지고 있다는 것은, 곧 아무런 보장도 없다는 뜻이기도 하다. 고만고만한 작은 일거리들 사이를 돌아다니는 일이 끊임없이 되풀이되어야만 할 뿐 아니라, 〈그럴듯한[33] 보장〉이라는 것이 매번 순식간에 〈전혀 그럴듯하지 않은 보장〉이 되어 버리고, 결국 아무

---

32) 1996년 4월 7,8일자 《르 몽드》誌 중에서.
33) 대담의 본문에서 강조되어 있음.

221

······· 경·제·적·공·포 ·······

효력도 없다는 사실을 곧 눈치채게 될 것이기 때문이다. 그럼에도 불구하고 대중들의 관심을 다른 곳으로 돌리기 위한 신제품의 이름이 만들어졌다. 기억해 두자, 〈고용될 수 있는 능력〉이라는 이름을.

이 용어는 틀림없이 대성공을 거둘 것이다. 이 용어 덕분에 우리는 〈고용될 수 있는 능력을 지닌 자들〉에게 줄 수 있는 직업의 정도라든가, 적어도 그들에게서 예상할 수 있는 능력의 정도, 일자리에 대해 가지고 있는 관심의 정도, 그 일자리에서 얻게 될 경험이나 성장의 정도 등을 상상할 수 있게 되었다. 말하자면 〈고용될 수 있는 능력〉이라는 것은, 언제든지 교환할 수 있는 장기판의 졸(卒)과 같은 그들의 무가치성의 정도를 나타내 주는 것이다. 이것은 변함없이 한 자리를 지키는 하급 공무원과는 달리, 늘 여기저기를 옮겨다니며 새로운 직장에 도전하는 모험가 같은 삶을 의미하는 것이 아니다. 보잘것 없는 자리밖에 들어갈 수 없는 그들의 자질적 취약성을 강조하게 될 뿐이다. 계속해서 자리가 바뀜으로써 능력 있는 자가 될 수 있는 기회도 없이, 항상 새로운 일자리에 적응해야 한다는 고민을 안고 있기에 더욱더 취약해질 수밖에 없는 그들의 자질을……. 물론 이런 상황에서는, 한 일자리에 전념할 수 있느냐 없느냐가 문제시될 수 없다. 어떤 일자리이든간에, 일자리를 가질 수 있느냐 없느냐가 문제이기 때문이다.

따라서 매번 새로운 일자리에 도전할 때마다 친구를 만들겠다든가, 아무리 하찮은 것일지라도 자기의 위치, 자기의 위상을

· · · · · · 경 · 제 · 적 · 공 · 포 · · · · · ·

만들어 보겠다든가 하는 생각은 전혀 할 수가 없다. 오직 새 일에 적응하고, 잘 알지도 못하는 사람들의 눈 밖에 나지 않으려고 마음을 졸이지 않으면 안 된다. 더군다나 지금은 일할 〈장소〉가 점점 더 줄어들고 있는 형편이 아닌가. 그러니 설령 지금 일하고 있는 자리가 원하던 자리나 장래성 있는 자리가 아닐지라도, 이 자리나마 너무 빨리 잃지 않겠다는 강박관념과, 이 자리를 잃고 나면 다른 자리를 찾아야 한다는 강박관념 사이에서 자연히 흔들리게 되기 마련이다. 바로 이러한 강박관념 때문에, 실업자로 보내는 기간중에 아무리 시간이 남아 돌아간다고 해도, 아무런 것에도 투자할 마음의 여유가 생길 수 없는 것이다. 이런 삶의 방식에 〈그럴듯한 보장〉이 약간 남아 있다고 한들, 그것을 위해 다른 투자를 제안할 수도 없으려니와 투자하는 것이 허락되지도 않을 것이다.

이같은 상황에서는 조합이 전혀 힘을 쓸 수 없다는 사실에 대해서 즐거워하는 자들도 있을 것이다. 일자리 사이를 끊임없이 오가는 바람에, 한 일자리에 머무는 시간이 얼마 되지 않아서 그 일에 필요한 기능을 제대로 익힐 수 없게 되고, 몸담고 있는 기업이 그저 스쳐 지나가는 직장에 불과하고, 잠시 머무는 동안에도 고립되어 생활하다 보면, 조합이라는 것이 아무런 효력도 가질 수 없게 됨은 당연한 일일 수밖에 없다. 의견의 일치를 본다든지, 회의를 연다든지, 유대감 형성이라든가 집단적인 일치감, 위원회 같은 말은 이제는 잊혀져 버린 옛날 이야기일 뿐이다!

일반화된 변함없는 〈하급의 임시직〉, 이것을 일컫기 위해서는 과장되게 완곡한 표현을 찾아야 할 것이다. 왜냐하면 오늘날 〈임시직〉을 〈미션〉이라는 이름으로 부르고 있기 때문이다. 하기야 지금의 임시직은, 철저한 제임스 본드式의 미션이라고 할 만하기는 하다!

그보다 더 나은 용어가 하나 있다. 아주 독창적인 발명품인데, 대영제국에서 사용하고 있는 〈0시간 노동〉(zero hour working)이라는 표현이다. 이곳에서 고용자들은 일을 할 때만 보수를 받는다. 당연한 말이다. 암, 그렇고말고……. 하지만……. 그들은 가끔씩만 고용될 뿐이다. 간격을 두고서……. 각자의 집에서 보수도 없이 시간을 보내다가, 고용주가 필요해서 부를 때면 언제라도 즉시 쓰일 수 있도록 강제적으로 기다리지 않으면 안 된다! 그렇기 때문에 한정된 시간 동안만 일할 수 있는 작업에 다시 투입되기 위해서, 고용주의 마음에 들도록 분주하게 움직여야 한다.

꿈 같은 삶이 아니겠느냐고? 뭐, 아무래도 상관없다! 아무튼 이런 제도 안에서는 어떤 일도 가능하고, 어떤 일자리든 얻을 수 있으며, 무슨 일이든 할 수 있다. 모든 사람들에게 일자리가 다 돌아가는 것은 아니지만, 그래도 어느 정도는 아직까지 남아 있다. 하지만 그 일자리를 이용하려면 불가능한 것을 요구해서는 안 되며, 운좋게 서게 된 자기 줄에서 얌전히 기다릴 수 있어야 한다. 낙오한 자들의 줄에.

에드먼드 S. 펠스가 지적하기를, 미국에서는 임금의 손해를

·······경·제·적·공·포·······

전혀 고려치 않고 일자리만 대우하고 있으며, 반면 유럽에서는 일자리의 손해는 고려치 않은 채 임금만 대우하고 있다고 하였다. 그 말이 옳을 것이다. 하지만 이익을 고려치 않고 진행되는 경우는, 그 어디에서도 찾아볼 수 없다!

이 모든 일이 번창일로에 있는 경제시장 안에서 행해지고 있다. 중요한 것은, 그 시장들이 날이 갈수록 점점 더 개화기를 맞고 있다는 사실이다. 경제시장의 권력자들은, 고용을 확대하거나 일반인들의 복지 향상을 위해서 이 시장의 번영이 얼마나 필수적인 것인지를 설명해 줄 것이다. 단 아무것도 설명하지 않는 것보다는 그쪽이 더 낫겠다고 판단된 경우에 한해서.

· · · · · · · 경·제·적·공·포 · · · · · · ·

　그러나 앵글로 색슨형과 다른 방식인 유럽형이라는 것이 있다. 그것은 바코스 축제라도 벌이듯 사회보조금으로 과도한 허사를 부리는 방식이다! 마치 너그러운 왕이 이미 자기 차례가 끝난 무희들에게 계속해서 기회를 주듯이, 복지국가는 혜택을 받을 권리가 끝났거나 고정된 거주지도 없는 실업자들에게까지 혜택을 주어서, 이들로 하여금 비난받아 마땅한 사치스런 생활 속에 계속 머물러 있게 만든다.
　세계적인 기구들과 큰 기업체들은, 비난의 눈초리로 지나간 시대의 방탕한 행위들을 주시하고 있다. 최저임금·유급휴가·사회보장금·가족수당·최저임금자수당(RMI) 등, 어리석은 문

· · · · · · 경·제·적·공·포 · · · · · · ·

화의 부산물들은 모두 방탕하였던 지난 시대의 잔재물인 것이다. 지금 예를 든 것은, 수많은 속임수들 가운데 몇 가지에 불과하다. 실상 노동자들은 이만큼까지 달라고 요구하지도 않았다. 그렇건만 이들을 유지하기 위해서라는 구실을 앞세우고, 실제로는 시장경제를 목표로 하는 기금들이 얼마나 많이 탈취당하였는지 모른다. 오늘날에는 한 사람의 일생이 온통 구직(求職)의 삶으로 채워져 버릴 수도 있다. 일자리를 구하지 못했다는 사실이 계속해서 그를 자극하기 때문이다. 그런데 이런 비참한 상황을 타개하기 위해서 출발했던 가상의 〈부의 창조〉가 이처럼 낭비되고 있다니, 어떻게 유감스럽지 않을 수 있을까? 아무리 고용을 확대하기 위해서 시작된 것이라지만, 그래도 한결같이 〈부의 창조〉를 이용하였음이 분명한데, 어찌 유감스러운 일이 아닐 수 있는가 말이다. 이처럼 낡은 관습을 더 이상 하루속히 뿌리 뽑을 수 없다는 것은, 정말 통탄하지 않을 수 없는 일이다.

이것은 정말 놀랄 만한 일이다. 프랑스의 경우, 이러한 현상은 여론이 제대로 조직화된 일 없이, 꿀먹은 벙어리처럼 입만 다문 채 조심스러운 저항으로 일관하고 있다는 사실에 기인한다. 하기야 이 여론이 신경질적인 면을 가지고 있어서, 어느 날 갑자기 경계태세를 펴는 경향이 없지는 않다. 그리고 많은 점에 있어서 아직은 〈유일한 사고〉와 그렇게 관련이 없으며, 오히려 생소한 느낌마저 가지고 있을 정도이다. 아직은 든든하게 뿌리를 내리고 있는 사회문화와, 사회로부터 받는 권리들이 그런대로

······경·제·적·공·포······

　우리를 이처럼 인간적인 영역에 머물러 있게 해주며, 이 영역이 중요한 참고자료가 될 경우도 종종 있다. 당연하다는 듯이 세계화된 우리가, 비록 다소 무분별하게 이러한 권리의 영역 밖으로 빠져 나가고 있을지라도, 그래도 그 영역은 아직은 우리의 것으로 남아 있다.
　이 영역에 남아 있기 위한 우리의 저항은, 세갱氏의 염소가 살아남기 위해 늑대와 벌였던 그 비장한 마지막 밤의 처절한 투쟁에 비교될 만하지 않을까? 확실히 우리 세계에서도 그날 밤처럼 한편에서는 죽지 않기 위해서, 다른 한편에서는 억누를 수 없는 식욕을 한껏 채우기 위해서 벌이는 전투가 전개되고 있다. 하지만 전투라기보다는 오히려 고집스러운 추억의 회상, 혹은 실존이라고 해야 할지도 모른다.
　이 싸움에서 내걸고 있는 것은 어마어마하다. 시장들은 자신들이 내건 것을 어떻게 계산하면 되는지 잘 알고 있다. 그리고 무슨 수를 써서라도 그것을 지키는 방법도 알고 있다. 더 정확히 표현하자면, 놀라운 자신들의 진보에 시장들이 서로 장애물이 되지 않으려고 피해다니던 시대는 지났다. 이제 힘을 합친 그들은 자신들의 네트워크 안에서, 그 어떤 조직도 가져 보지 못했던 강력한 단일 세력을 구성하고 있는 것이다.
　그들은 항상 경쟁과 경합이라는 구실을 내세운다. 하지만 실은 그 구실은 완전한 조화, 꿈과 같은 응집력, 절대 순정적인 사랑을 가리고 있는 가면에 불과하다.
　확실히 각 회사와 심지어 각 국가들은, 서로가 자기의 패거리

· · · · · · 경 · 제 · 적 · 공 · 포 · · · · · ·

들이 아무것이나 가리지 않고 먹어대는 포식자라고 주장하면서, 그런 그들의 탐욕에 맞서서 싸우지 않을 수 없다고 호소한다. 그러면서 자기만은 도덕성 때문에 차마 그런 탐욕을 갖지 않으며, 오히려 그 경쟁을 피하려고 애쓰는 것처럼 꾸민다. 여러 번 반복해서 듣는 소리이지만 경쟁을 강요하고, 경합을 자극하는 것은 자기들이 아니라 서로 다른 기업, 다른 국가들이라는 것이다. 그 경쟁자들이 자율화라는 길을 만들어 놓았기 때문에, 자신도 어쩔 수 없이 그들의 뒤를 따라 그 길을 가지 않을 수 없다는 말도 한다. 그 길, 곧 탄력성 있는 임금, 다시 말해 제멋대로 올리고 내릴 수 있는 임금과 마음대로 해고할 수 있는 자유와, 그밖에도 얼마든지 즐길 수 있는 여러 가지 자유가 즐비하게 늘어서 있는 그 길을……. 이같은 길에서 혼자만 벗어난다는 것은 곧 경쟁자들의 꾀에 넘어가는 것이며, 따라서 몰락하는 것이다. (몰락이라는 것이야말로 무슨 짓을 하더라도 피하고 싶은 것이 아닌가. 그들의 생각은 온통 이것뿐이지 않은가!) 그렇기 때문에 그 길에서 벗어날 수 없음은 당연하다. 그리하여 앞으로 고용을 끌어들이기 위해서는, 지금 자유롭게 해고를 단행하고 (다시 말해 대량해고이다), 임금을 〈탄력성 있게〉 조절하고(당연한 일이다), 지방색을 없애야만 하는 절대적인 필요성이 여기서 생겨나게 된다. 한 마디로 말해서 독불장군이 되지 않고, 다른 모든 사람들처럼 시대의 움직임을 따라가기 위해서이다.

 그래서 귀가 닳도록 자주 듣게 되는 말이 있다. "유감스럽지만, 그러나 어떻게 하겠습니까? 다른 회사들을 좀 보시라구요.

· · · · · · · 경 · 제 · 적 · 공 · 포 · · · · · · ·

모두들 서로 지지 않으려고 발톱을 세우고 으르렁거리고 있지 않습니까? 보시다시피 경쟁에 혈안이 되어서 한 마디로 모두 미쳐 있어요. 이 세상이 우리를 이렇게 못 살게 군다니까요. 그러니까 어쩌겠습니까? 우리 회사가 망해 없어져서 그만큼 일자리가 줄게 되는 불상사를 원치 않으신다면, 우리도 대세를 따를 수밖에 없다는 점을 이해하셔야 합니다." 이 말은 이렇게 해석되어질 수 있다. "우리 기업들이 일치단결하여 애쓴 덕분에, 모든 것이 우리가 바라던 대로 합리적이고 공정하고 수익성 있는 방향으로 나가고 있다. 이 경쟁의 세계는 우리의 것이다. (따라서 우리에 의해서 가르쳐지고, 통제되고, 관리되어야 한다.) 이 세계는 우리가 요구하는 것을 강요할 수 있다. 결코 아무도 무시할 수 없는 이 세계는 모든 것을 원하고, 모든 것을 할 수 있고, 모든 것을 가지고 있는 우리 모두가 함께 이루어가는 우리들만의 세계이다."

〈모두를 위한 한 사람, 한 사람을 위한 모두〉라는 표어의 새로운 본보기인 셈이다. 여기에 부합되는 표어가 하나 있다. 〈모두를 위한 無, 無를 위한 모두.〉 그것도 전세계적인 차원에서.

또한 그들은 여전히 공갈협박의 방법을 쓰고 있다. 갈수록 감소하고 있는 고용의 신화를 만들어내고 있는 것이다. 그리고 그 감소는 소위 승리자들이라는 그들의 변함없는 열정에 의해 가속화되고 있다.

이런 것을 보고 있노라면, 이들 사이에는 우리가 예상하고 있던 갈등 대신에, 한마음으로 이루어지는 단 하나의 게임이 진행

······경·제·적·공·포······

되고 있음을 알 수 있다. 그 게임에는 사실 여럿이 참가하고 있기는 하지만, 이들 모두는 말없이 지켜지고 있는 하나의 이념 속에서, 한 가지의 목표만을 위해 일치단결하고 있다. 그 게임은 매우 폐쇄적인 하나의 클럽 안에서 진행된다. 그 클럽 안에서는 게임에 질 수도 있고, 이길 수도 있으며, 당파나 계급제도를 만들어낼 수도 있고, 특정인들에게만 유리하도록 되어 있는 전대미문의 규칙들을 만들어낼 수도 있다. 심지어 자기들끼리 서로 속일 수도 있고, 서로를 함정에 빠뜨리거나 혹은 상부상조할 수도 있다. 그런가 하면 싸울 수도 있고, 극한 경우에는 칼로 찌르는 배신을 하는 수도 있다. 그러나 클럽의 필요성이나 정당성에 관한 문제라든가, 극소수의 신규 회원을 받아들이는 문제, 전세계에 있어서 그들의 주도권 문제에 있어서만은 모두가 뜻을 같이한다. 뿐만 아니라 클럽 밖의 사람들의 무가치성을 논하는 문제에 있어서도.

경쟁? 경합? 이러한 것들은 이미 클럽 안에 내재하고 있으며, 모든 멤버들의 동의를 얻어 작용한다. 이것은 아주 내밀한 작업이다. 경쟁과 경합은 게임에 속하는 것이며, 사실상 이 게임을 지휘하는 것이 바로 이것들이다. 이곳에서 벌어지는 게임은, 클럽 밖에 있는 이방인들을 조금도 고려하지 않는다. 그들의 경쟁과 경합으로 인해 국민들끼리, 혹은 주민들끼리 서로 적대관계에 놓이는 일은 없다. 반대로 모든 국민들은 그 클럽에 속하지 않는다는 공통점으로 묶여 있다. 비록 클럽이 갑자기 그들에게 친근하게 접근해 오면서, 그들을 자신들의 동맹자로, 혹은 거의

경·제·적·공·포

가입자나 마찬가지로 생각한다고 주장할 때가 있긴 하여도, 그래도 그들은 이 클럽에 절대로 발을 들여 놓을 수 없다. 게다가 소위 갈등의 관계 속에 있는 게임 선수들 중 어느 한 명이, 커다란 손익이 걸린 문제를 놓고 클럽 밖의 대중을 공모자로까지 대우하는 경우가 있다고 해도, 결과는 마찬가지이다. 결국 이 게임이 대중들에게 대항하는 것이라는 말은 하지 않지만, 국민들을 배제하고 진행되는 것은 사실이다. 이 게임은 또한 아주 예의바르고 잘 구성되어 있어서, 예정된 경쟁자들이 매번 이기도록 되어 있는 게임이며, 결과적으로 항상 이들 모두가 승리하게 되는 게임이다.

  경쟁과 경합은 그 말이 담고 있는 의미나 기업들 사이에서 사용되는 빈도수만큼, 기업과 시장을 움직이고 있는 요소가 되지는 못한다. 세계적이고 초국가적인 그들의 네트워크가 너무나 얽히고설켜 있는데다가 서로 긴밀하게 연결되어 있기 때문에, 그렇게 말처럼 경쟁이나 경합을 할 수가 없는 것이다. 이러한 상황은, 오히려 사경제 전체의 공통의 이득을 추구하는 구실이 되고 있다. 그 이득은 정확히 말해서, 그들이 공통으로 누리는 이권·특권·요구·허용 속에서 얻어진다. 그래도 사경제는 위협적인 경쟁의식 때문에 공통의 이득을 얻기가 힘들다고 말한다. 하지만 그것은 말에 불과할 뿐, 그들이 우선적으로 같은 프로그램(즉 단호한 방식으로 관리되는 공통의 의지) 안에서 동맹을 맺고 있는 자들임은 부인할 수 없다.

  경쟁력이 시장경제에서 중요한 역할을 하는 것만은 분명하다.

· · · · · · 경 · 제 · 적 · 공 · 포 · · · · · · ·

 그러나 경제가 원하는 만큼의 수준이나, 영역에서 볼 때는 꼭 그렇다고만은 할 수 없다. 경제가 제시하는 결과를 위해서는, 반대로 시장경제에 참여한 모두의 일치단결한 의지가 필요하기 때문이다. 단 하나의 그룹을 이루고 있는 시장경제는, 자신에게 유리한 쪽으로만 방향 설정을 한다. 그리하여 지금 그들은, 자신들에게 쓸모없게 된 노동을 이 세계로부터 축출하는 쪽으로 향해 가고 있다.

 그렇기 때문에 사회보장제도라든가 그밖의 다른 많은 낭비정책들에서 볼 수 있는, 격에 맞지 않는 〈관대함〉이 그들을 참을 수 없게 만드는 것이다. 그들이 이 문제에 대해서 어찌나 줄기차게 항의를 했던지, 결국 모두가 그들의 요구에 동의하고 말았다. 그들의 항의는 이토록 고집스럽고 공격적이다. 그리고 결과에 대한 확신으로 차 있다. 그들의 항의가 통계 뒤에 감추어진 사실들, 즉 증가한 고통이라든가 극심한 빈곤의 생활, 격하된 삶의 질, 퇴색한 소망 등은 안중에 두고 있지 않다는 점을 무시한다면, 우리도 그들의 확신을 이해할 수 있을 것이다. 그들은 또 수많은 실업자들이 문제의 〈보조금〉이라는 노다지 속에서 뒹굴며, 수치심도 없이 푹 쉴 수 있는 특혜를 누리고 있다고 비방한다. 그러나 이런 항의는 〈정부보조금〉이 정상적인 생존을 위해 꼭 필요한 액수에 훨씬 못 미친다는 사실과, 따라서 이들 〈은혜입은 자들〉이 가난의 문턱을 절대로 넘어설 수 없다는 사실을 모르고 하는 소리이거나, 아니면 알면서도 묵인한 채 뻔뻔스럽게 하는 소리이다. 은퇴수당이나 정부보조금으로 지급되는

····· 경·제·적·공·포 ·····

견습생들의 임금, 그밖에도 〈지방질 제거〉(여기서는 실업률이라는 괴로운 통계수치의 지방을 뺀다는 뜻이다)라는 이름으로 불리는 여러 가지 계략에 의해 지급되는 급료들도 마찬가지이다.[34]

오늘날 실업은 사회 각계각층에 만연되어 고통과 불안감, 그리고 수치감을 낳고 있다. 이러한 감정들은 본질적으로 사회의 과오에 기인한다. 실업을, 일반 규칙에서 벗어난 예외적인 것으로 간주하는 것이 바로 이 사회인 것이다. 이는 우리 사회가 다른 길을 찾기보다는 더 이상 존재하지도 않는 길을 따라가려고 하기 때문에 생기는 잘못이다.

그러나 이러한 잘못이 벌어지고 있는 동안, 우리는 우리도 모르는 사이에 정부가 내놓은 통계수치의 일부분이 되어가고 있다! 실업과 함께 찾아오는 온갖 종류의 모욕감, 굴욕감, 수많은 난처한 상황 등과 싸워 가면서……. 어떤 경우에는, 사실 흔한 경우로서 한 달에 2천4백 프랑이나 혹은 그보다도 더 적은 액

---

34) 대부분의 경우, 실업수당은 빈곤의 삶을 벗어나기에 턱없이 부족한 액수로 지급될 뿐이다. 그나마 그 액수도 4개월에 한 번씩 15퍼센트 내지 25퍼센트씩 줄어들고 있다. 1992년도에는 그 지급기간마저 줄어들었다. 수입원이 없는 사람들에 대한 정부보조금인 RMI로 말하자면, 한 달에 자그마치 2천3백 프랑이라는 가공할 만한 액수가 지급된다! 가입되지 못한 수많은 경우의 어려움은 말할 것도 없으며, 한 달에 2천 프랑으로 살아가는 〈생존하는〉 과부들의 연금과 같은 경우도 얼마나 어려운지 말할 필요도 없다. 노인들의 〈양로원〉이라는 쓰레기장 같은 곳이야 더 말해 무엇하랴. 〈문명〉의 수치라고 할 수 있는 이와 같은 장소에서 불쌍한 노인들은 이제까지 살아왔다는 것과, 아직도 거추장스러운 존재라는 것 때문에 너무나 처참하고 잔인하게 벌을 받고 있다.

· · · · · · 경 · 제 · 적 · 공 · 포 · · · · · ·

수로 살아가거나, 아니면 〈권리가 끝난〉 사람들일 경우에는 그 나마의 수입도 없이 살아가야만 하는 일도 있다. (말 그대로 살아갈 권리마저 끝난 것이다!) 그러면서 예전에 늘 하던 말처럼, 〈자리를 갖겠다〉는 헛되고 반복적인 노력이 계속된다. 자신이 무가치한 존재라는 사실을 공식적으로 깨닫는 기쁨을 날마다 새롭게 느끼면서……. 설 자리조차 없는 존재라는 그 사실을…….[35]

이런 상황은 말로 표현하고 생각하는 것은 쉬운 일이지만, 실제로 이런 불행을 겪고 있을 때의 시간은 너무나 오래, 천천히 흘러간다.

이제 문제되는 것은 학대의 범주라든가, 단순히 급변한 정치적 상황 같은 것이 더 이상 아니다. 문제는 한 제도가 성립되고 있다는 사실과, 이미 성립되었다면 그 제도가 우리를 합법적으로 밀어내고 있다는 사실이다. 그 사실에 동의하는지?

대다수의 사람들이 마지막으로 담당할 수 있는 놀라운 역할이 아직은 한 가지가 남아 있다. 바로 소비자로서의 역할이다. 이 역할은 누구에게나 어울린다. 예를 들어서 먹고 사는 것조차 쉽지 않은 보잘것 없는 사람들까지도 아주 유명한 이름, 자신들

---

[35] 실업자들이 구직에 마음을 쓰지 않고, 엉뚱한 곳에 마음을 쓰는 일이 있을까봐 걱정하는 자들이 있다. 이들로 인해 실업자들은 실업수당을 잃을지도 모른다는 걱정 때문에 아주 조그마한 자원봉사를 하거나, 이를 통해 삶의 의미를 갖고 구체적인 활동을 하며, 자신이 유용한 존재라는 느낌을 가지는 등등의 일이 금지되어 있다. 이런 사실을 알고 있는지?

의 이름과는 비교도 안 될 만큼 유명한 상표를 가진 누들(noodle. 밀가루에 달걀을 풀어 반죽해서 만든 국수의 일종)을 먹는 일이 실제로 행해지고 있지 않은가? 증권시장에서 가장 인기가 높은 그 귀하신 상표의 누들을! 그러고 보면 우리 모두는 겉으로 보기에는 강한 부추김을 받아서 그런 것 같지만, 실제로 이 부의 〈성장〉을 이룰 수 있도록 해주는 굉장한 가능성을 지닌 배우들이 아닌가? 부의 성장이야말로 모든 해결책을 숨기고 있다고 하니 말이다.

　소비하는 것, 그것은 우리가 기댈 수 있는 마지막 방책이다. 우리에게 있는 마지막 유용성이기 때문이다. 아직까지 우리는 〈성장〉에 필요한 고객의 역할을 감당하기에 쓸 만한 존재들이다. 성장이 무엇이던가? 모두가 한결같이 그렇게도 격찬하고 소망하는 것이자, 모든 불행의 끝을 약속해 주기에 열정을 가지고 기다리는 것이 아니던가? 그런 성장에 우리들이 필요하다니! 이 얼마나 우리를 안심시켜 주는 말인가! 그런데 이 소중한 역할, 이 멋진 위치를 감당하기 위해서는 소비할 수 있는 능력이 있어야 할 텐데……. 여기 우리를 안심케 해주는 또 하나의 사실이 있다. 즉 이런 능력을 우리에게 주기 위해서, 혹은 우리가 이미 지니고 있는 이 능력을 계속 유지케 하기 위해서, 우리의 소비를 원하는 자들이 무슨 일인들 마다할 수 있겠는가라는 점이다. 〈고객은 왕이다〉라는 이 성스러운 원리를 뉘라서 감히 방해할 수 있겠는가 말이다.

　그렇다면 빈곤이 점점 악화되고 있는 것은 무엇 때문인가?

······경·제·적·공·포······

지금의 빈곤은 분명 합리적인 것이며, 앞으로의 번영을 위해서 꼭 필요한 것이고, 이제 얼마 안 가서 손에 넣게 될 더 나은 미래를 위해서 기술적으로 계획된 것이라고 한다. 그럼에도 불구하고 더 나은 삶은 요원하기만 하고, 빈곤이 점점 더 악화되고 있는 것은 어찌된 일인가? 도대체 무엇 때문에 수만 명의 사람들이 거의 분노에 가까운 심정으로, 잠재적인 소비자라는 위치에서 그들의 물주가 되어야만 하는가? 이 잠재적 소비자들은, 〈부의 창조〉라는 게임의 승리자들인 〈움직이는 힘〉들에게 있어서 〈황금의 알을 낳아 주는 닭〉이란 말인가? 〈움직이는 힘〉이라는 자들이 누구이던가? 바로 이같은 빈곤을 만들어냈던 장본인들이 아닌가? 그런 그들이 운영하는 시장경제가, 과연 자신이 올라앉은 바로 그 나뭇가지를 손수 톱으로 잘라내는 일에 열심을 낼 것인가? 여러 가지 〈사회계획안〉, 〈재구축〉, 임금의 탄력화, 경쟁적인 디플레이션, 그밖의 다른 열정적인 계획들은, 극빈자들까지 잠깐이나마 소비를 할 수 있게 해주었던 조치들을 이제 슬슬 폐지할 생각으로 고안된 작품들이다. 그렇다면 그들은 이런 작품들을 사용하여 자신들의 사업을 자발적으로 침몰시키려고 할 것인가? 일종의 매저키즘이란 말인가?

미국의 〈생산성의 전도사〉인 스테판 로치에게 있어서, 성장이란 무엇을 의미하는지를 보기로 하자.[36] 그는 오늘날에 와서는 다운사이징(downsizing. 이 미국 용어는 〈지방질 제거〉라는 우리

---

36) 1996년 5월 29일, 《르 몽드》誌 중에서.

238

말보다는 그래도 조금 점잖은 편이다)을 향한 자신의 열정을 포기한 사람이다. 그러나 그렇다고 해서 메로빙거 왕조시대에 아직도 붙들려 있는 유럽의 국가들을 향하여, 그 시대로부터 빠져 나오라는 충고를 마다하지는 않는다. 또한 유럽이 "미국에서 채택하였던 전략형태를 고려조차 하지 않았다"는 사실에 대해서도 여전히 분개하고 있다……. 그 전략을 이제 자신은 거부하고 있으면서!

자신은 부인하면서도, 반대로 유럽 국가들에게는 아주 열심히 충고해 주고 있는 그의 전략들은, 과연 귀가 아주 솔깃해질 만한 결과를 약속해 주고 있다. 자신이 지시하는 "개선책들(그는 〈자율화, 글로벌화, 그리고 기업의 민영화〉를 개선책들이라고 말한다)이 어느 정도 실시되면, 슬픈 일이긴 하지만 해고사태가 불가피할 것"임을 보장하고 있는 것이다! 그는 자기 나라의 기업들에게는 직원 채용을 어쩔 수 없이 받아들여야 한다고 권고하면서도, 유럽은 그러한 개선책들의 실행을 멈춰서는 안 된다고 한다. 그의 말에 따르면, 우리같이 한참 뒤처진 후진국가들은 어떤 대가를 치르더라도 "미국의 실패한 경험을 따르려고 하거나, 상황의 새로운 분석을 구실삼아 재구축할 필요성을 피하려고 해서는 안 된다. 그것은 곧 경쟁을 포기하는 것이나 마찬가지"이기 때문이란다. 하지만 한 번 생각해 보자!

이것은 급성장하는 국가의 경험자가 한 이야기이다! 그러므로 그가 얻은 교훈을 이용하지 않는다면, 즉 그가 사용한 똑같은 방법을 사용하여 어느 단계에 오르기 위해서 지금의 제자리

······경·제·적·공·포·······

걸음을 멈추지 않는다면, 그것은 분명 어리석은 짓이리라. 하지만 그 어느 단계란, 어떤 단계를 말하는가? 결국…… 실패하고만 단계가 아닌가! 그러하였기에 그 방식을 오늘날에 와서 포기한 것이 아닌가? 그런데 그는 무엇 때문에 이제까지 자신이 걸어온 길을 〈잘못된 길〉이었다고 판단하는 것일까? 반드시 따라가라고 우리에게 충고하고 있는 그 길을……. 우선 말하자면, 그 길은 〈잘못된 길〉이 아니었다. 아니 정확히 말하면, 꼭 잘못된 길이라고만은 할 수 없다. 다른 사람들이 그의 명령을 철저히 따라 주지 않았을 뿐이다. 그 길이 잘못되었다고 판단한 또 다른 이유는, 그의 성향에 부적합하였기 때문이다. 그는 〈생산성에 의한 경제 회복 시나리오〉 안에서 "인플레 현상이 약하게 나타나고, 이익에 의해 성장이 지속되는 그런 환경을 검토해 왔는데, 비록 경제성장이 몹시 느리게 나타나기는 하였으나 주식과 채권에는 매우 긍정적인 환경이었다"고 언급하였다. 그렇다면 그가 보기에 성장은 이제 더 이상 특권을 누릴 만한 자격이 없는 것일까? 애석하게도 그러하다! 그가 이런 말을 하고 있는 것을 보면 알 수 있지 않은가? "나는 다운사이징과 인건비 감축 추세가 매우 건설적인 경제 분위기를 조장해 준다는 것을 알게 되었다." 그렇다! 성장이라는 것은, 정말로 〈생산성의 전도사〉의 주된 관심거리가 아니다. 기꺼이 〈억압된〉 구매력도 그의 관심거리가 아니다. 반대로 성장과 구매력을 아예 없애버리거나, 혹은 그것이 안 될 경우 감축이라도 시키는 것이, 바로 그가 〈매우 건설적〉이라고 판단한 〈경제적 분위기〉의 조건이다. 그렇다면 임금이 인하된 〈인력〉들과 〈제거된 지방질〉들의 의견은 어떤 것인지 한 번 들어 보고 싶다! 그들이 바로 이와 같은 성공을 일구어낸 주역들이지 않은가!

  우리의 〈전도사〉는, 앞서 나아간 미국의 성장의 또 다른 면을 우리에게 들추어내 보여 주면서, 현실의 경제가 그 성장을 위해서 얼마나 심사숙고하였는지를 감동적으로 말해 주고 있다. 그 말에 감동한 우리의 정부도, 그래서 그 우울한 가지치기 작업을 (그것도 수만 명씩이나) 열정적으로 행하고 있다. 이번의 가지치기는, 예를 들면 공무원들로 구성된 소비자층에서 이루어졌다. 이들은 사경제에 의존하고 있는 자들은 아니지만, 그래도 시장의 기준에서 보아 틀림없이 〈수익성〉이 있다고 판단된 자들이다. 꼭 필요한 자들이나, 아주 능력 있는 자들로 판단된 것이 아니라, 틀림없이 〈수익성〉이 있다고 판단된 자들인 것이다. 그런데 어디에 수익성을 가져다 준다는 것일까? 그것은 별로 중요하지 않다. 게으르기만 한 쓸모없는 자, 열정이라고는 하나도 없이 자신의 몸만 챙기는 자, 피에 굶주린 흡혈귀 등으로 수없이 되풀이된 표현에도 불구하고 그들이 교사나, 보건소 직원이나, 공공기관의 공무원으로서도 필요한 자들이라는 사실은 하나도 중요하지가 않다. 그들은 오직 소비자로서만 필요한 것이다! 병원, 중고등학교, 철도청, 기타 등등의 공공기관에 직원이 부족하다는 것은 이미 확인된 사실이다. 그러나 경제면에서 볼 때(무엇을 목적으로? 또 다른 어떤 것을 얻기 위해서?), 이들은 거대한 〈지방질 제거〉의 대상이다. 이 경우의 해고와 인원감축에서는, 똑같은 결과를 내면서 인건비만 절감하게 해주는 자동화 시스템에 그 책임을 돌릴 수 없다. 이번의 유일한 책임은 경멸감에 있다.

그리고 그 경멸감이 우선 대중들에게 영향을 미쳐서, 대중들까지 그들을 경멸하는 일에 가세하였다는 사실도 한몫 한다. (아주 주목할 만한 사실이다!) 이런 결과를 겪게 되는 자들은 다름아닌 대중들이므로.

도처에서 고용이 불안정해진 사실과, 온 국민이 열망하는 성장에 대하여 떠벌린 표현 사이에는 명백한 모순이 존재한다. 성장은 마치 모든 불행의 치료약처럼 소개되었지만, 그러나 정말로 모두가 이러한 성장을 목표로 삼고 있음은 분명한가? 그리고 그 성장이 이 모든 불행을 끝내 주리라는 것도 확실한가? 혹시 문제의 그 성장이라는 것이, 지금 우리가 말한 것과는 다른 성장을 말하는 것은 아닌지? 말하자면 〈전자식 자본주의〉에서 비롯한 성장, 즉 금융투기와 가상의 시장의 성장을 말하는 것은 아닐는지?

이와 같은 맥락에서 본다면, 그처럼 중요하게 보이는 광고는 어떤 역할을 하는 것일까? 이제 광고는 우리로 하여금 사물화된 세상이 아니라, 상표화된 세상에서 살게 만들고 있다. 상표가 판을 치는 이 세상에서는 무주택자(SDF)들처럼 사람들이 대문자로 약자화된 이름을 쓰고 있으며, 오히려 사물들은 저마다 고유의 이름을 지니고 있다. 하나의 민족을 이루게 되었을 정도로 넘쳐나게 된 상표들은, 우리의 머릿속에서 떠나지 않고 맴돌면서 강박관념을 갖게 하고, 충동적인 욕구에만 초점을 맞추어 우리를 유혹한다. 우리의 충동을 자극하려는 의도가 어찌나 강했던지, 마크의 이름이 주는 이미지에 전혀 부합되지 않는 상품도 있을 정도이다.

상표는 이처럼 사람의 기억력이나 리비도의 연상작용에 힘입어서, 그 어떤 고급 창녀나 유대교 개종자들도 가질 수 없었던 매력과 계략으로 우리를 사로잡아 버렸다. 이를 위해서 깊은 잠재의식 속에 남아 있는 우리의 환상과 반응이, 대중 모두가 보는 앞에서 상세히 분석되는 일이 벌어지고 있다. 광고는 우리가 우파의 사람이건 좌파의 사람이건간에, 똑같은 방법을 써서 똑같은 눈들에다 우리를 팔아넘기는 방법을 너무나 잘 알고 있다. 마찬가지의 방법으로 향수라든가, 치즈에 팔아넘기기도 하고……. 그리고…… 실업에다 팔아넘기기도 한다! 광고는 우리가 사용자이건 아니건간에, 결국은 그 상품을 사게 될 것임을 알고 있다. 우리가 결국 무엇을 사게 되리라는 것까지.

아마도 광고의 진정한 관심은 다음과 같은 기능에 점점 더 집중될 것이다. 즉 광고가 부추기는 강력한 기분전환이라는 기능에. 그리고 광고가 점령하고서, 되도록 0(zero)이라는 수치에 가깝도록 유지시키고 있는 문화적 환경 조성이라는 기능에. 그러나 무엇보다도 광고의 기능은 욕망을 전환시킬 수 있다는 데 있다. 다시 말해 욕망을 연구함으로써 욕망을 좌우할 수 있다는 사실과, 무엇보다도 욕망이 존재하고 있다는 사실, 그것도 다른 곳이 아니라 바로 광고가 말하는 이곳에 그 욕망이 존재한다는

·····경·제·적·공·포·······

사실을 설득할 수 있다는 점이다.
　광고의 역할은 경제적인 성향보다는 점점 더 정치적인 성향을 띠어가고 있으며, 판매를 촉진한다기보다는 교리교육적으로 되어가고 있는 듯하다. 광고가 혹시라도 말라르메와 그 기관총을 없애는 일에 본격적으로 사용되는 일은 없을까? 혹시라도, 광고를 하는 사람들도 모르는 사이에 소비자들이 광고로 인한 마취상태에 일단 빠지게 되면, 그 소비자의 역할도 그로써 더 이상 아무런 중요성을 갖지 못하게 되는 것은 아닐까? 그리하여 이후로는 소비자 역할이라는 그럴듯한 카드마저 내걸 수 없게 되는 것은 아닐까? 아마도 광고는 우리가 스스로를 꽤 중요한 인물이라고 착각하게 만드는 것 같다. 그러나 몹시 예의바른 방법으로 착각을 유도하고 있다. 아주 신중하고, 몹시 참을성 있게. 혹시 또 모를 일이다. 소비자라는 이 아이들은 어느 날 갑자기 비위가 뒤틀려서 심술을 부릴 수도 있기 때문이다. 그 아이들이 도대체 무슨 엉뚱한 짓을 저지르게 될지 어떻게 알 수 있단 말인가?
　스테판 로치 역시 그 점을 아주 잘 의식하고 있다. 그래서 그는 "경쟁이 점점 치열해 가고 있는 이 세계 안에서, 힘을 지니고 있는 자는 항상 고용주이기 마련이다"라고 즐겁게 말하다가도, 한숨을 내쉬며 이렇게 말하기도 한다. "그러나 여론의 장에서는 경기규칙들이 아주 판이하게 다르다. 기업주들과 주주들이 전례없는 공격의 대상이 되고 있다." 그가 여론의 공격의 중요성과, 충분히 있을 수 있는 결과에 대하여 약간의 환상을 품

·······경·제·적·공·포·······

고 있는 것은 아닌지 궁금하다. 그러나 어쨌든 이런 저항이 충격을 준다는 점에, 그가 주목하고 있다는 사실은 흥미로운 일이 아닐 수 없다. 왜냐하면 그 때문에 로치氏로서도 다음과 같은 결론을 내리지 않을 수 없었던 것 같기 때문이다. "진실을 말하자면, 마치 레몬을 짜듯 언제까지나 인력을 쥐어짜고 있을 수는 없다." 이 말을 듣고 있노라면, 마치 깊은 곳에서 새어 나오는 그의 흐느낌 소리도 함께 들려오는 듯하다.

나중에 어떻게 될지는 모르겠지만, 아무튼 지금으로서는 그들이 우리를 헐값에 팔아넘기는 일에 열중하고 있음은 확실하다. 내일은 모두들 일을 할 수 있을 것이라고 선언하고 또 약속하면서(여전히 예의바르게), 모든 분야에서 열심히 노동인원을 잘라내고 있는 것이다. 자기들을 믿어 달라고 호소하면서 우리의 삶의 질을 파괴하고, 교육기관들을 붕괴시키고, 사회적 지식들의 가치를 깎아내리는 일에 여념이 없다. 그러나 그때마다 한 마디씩 하는 것도 빠뜨리지 않는다. 이 모든 노력이 결국 우리를 보호하고, 우리에게 마지막 기회를 주기 위해서라는 것이다. "아가야, 이게 다 너를 위해서, 네가 잘 되라고 그러는 것이란다!"

그들은 언제 터질지 모르는 재난이라는 이름을 내세워서 이런 일들을 벌인다. 우리를 위협하는 그 재난이라는 것. 지금 당장 메우지 않으면 큰일이 날 것이라는 그 위험한 〈구덩이〉, 즉 〈결핍된 부분〉을 이용해서 우리에게 끊임없이 주지시키고 있는 말은, 마치 다모클레스의 머리 위에 매달린 칼(전설에 따르면, 다모클레스가 디오니소스의 행복을 터무니 없이 과장하여 떠들어

·····경·제·적·공·포·······

대자, 디오니소스가 화려한 잔치에 그를 초대해 천장에 실 한 올로 매달아 놓은 칼 밑에 앉히고, 권력자의 운명이 그만큼 위험하다는 것을 보여 주었다고 한다)과도 같다. 그런데 이렇듯 잘 꾸며진 공포가 우리에게 어떤 작용을 하는 것일까? 이런 불행들이 금방이라도 우리에게 덤벼들어 집어삼킬 준비가 되어 있다고 전제하게 되면, 이것을 계획한 자들에게 어떤 결과가 돌아간다는 것일까? 만일 우리가 그런 재난을 광고하는 자들에게 먹히도록 가만히 있지 않고, 어떤 반응이라도 하게 된다면? 그렇다면 그들은 우리에게 어떤 설명을 하게 될 것인가? 그리고 그 〈결핍된 부분〉이라는 것, 그것은 도대체 어떤 끔찍한 것을 말하는 것일까? 더 분명히 말하자면, 그 결핍된 부분을 메우겠다는 조치들에 의해 조장된 재난들보다 더 끔찍한 재난이라는 것은 과연 어떤 것일까? 어떤 위기의 결과를 맞게 되더라도 좋으니, 우선 검토만이라도 해볼 수 있는 또 다른 선택이라는 것은 아예 없는 것일까? 도대체 그들이 목표로 하고 있는 것은 무엇인가? 경제시장에서의 활발하고 유리한 거래인가, 아니면 국민들의 복지(福祉)인가? 복지까지는 가지 않더라도, 생존이라도 염두에 두고 있는 것일까?

그런데 그렇게 부족하다는 돈이 사실은 존재한다! 아주 특이하게 분배되어 있기는 하지만, 그러나 분명 있기는 하다. 그렇다고 국민들의 복지를 위하여 그 돈을 사용해 달라고 애걸하지는 않을 것이다. 함부로 그런 이야기를 하는 것은 그다지 〈예의 바른 일〉이라고 할 수 없으니까. 단지 의견만 내볼 뿐이다. 그것

· · · · · · 경·제·적·공·포 · · · · · ·

도 말이 나온 김에 그냥 한 번 해보는 소리로……

 그리고 무엇보다도 가장 근본적인 사항을 지켜야 할 필요가 있지 않은가? 여론을 동요시켜서는 안 된다는 사항을……. 침묵을 지키고 있는 여론을 절대로 선동하지 말 것! 도대체 어떻게 이런 침묵을 얻어낼 수 있는지 궁금하기 짝이 없지만……. "이 세상의 여왕은 힘이지, 여론이 아니다. (그러나 여론은 힘을 사용하는 여왕이다.) 여론을 만들어내는 것은 힘이다." 이런 생각을 하고 있는 것을 보면, 그들은 파스칼을 인정하고 있었던 것 같다. 그러나 분명한 사실이지만, 파스칼은 〈국가를 움직이는 힘〉이 아니며, 과거에도 결코 그런 적이 없었다!

 그렇다면 이 모호하고도 질서정연한 무질서, 즉 경제의 무정부주의는 도대체 무엇을 목표로 하고 있는 것일까? 삶의 현장 밖으로 우리를 내몰고 있는 이 〈되는 대로 내버려두기〉[37]의 학설은 말이다.

 그들이 우리에게 보여 주고 있는 무대, 바로 우리가 서 있는 이 무대 위에서는 아무 일도 일어나지 않고, 아무런 결정도 내려지지 않고 있다. 그것은 누구나 보고 있는 것 아닌가? 그런데도 우리 주위에서는, 아무것도 일어나지 않는다는 것을 믿게 하려는 쓸모없는 일에 모든 것이 분주하게 동원되고 있다.

---

37) 카를 폴라니(Karl Polanyi, 헝가리의 정치지도자·경제인류학자), 《위대한 변형: 우리 시대의 정치적·경제적 기원》, 1993년 갈리마르, 1944년 미국에서 초판되었다.

· · · · · · 경·제·적·공·포 · · · · · ·

지금 한 가지 제도가 유일하게 정립되어 이미 세계화되어 있다. 그런데도 우리는 이제 겨우 그런 제도가 있다는 것을 의식하기 시작하였을 뿐이다. 그것도 아주 조금……. 이 제도가 내린 결정에 의한 부차적인 현상과 관련된 선택들 말고, 그외의 다른 선택을 할 수 있는 가능성이 우리에게 아직도 남아 있을까? 사경제 시장의 이익에 조금 거슬리는 것처럼 보이는 의견을 단지 제안만 하는 것(혹은 조금 더 나아가 시장이 가는 방향으로 가고 있지 않은 듯한 의견을 제안하는 것), 그런 것을 생각해 볼 수는 있을까? 아마 순식간에 반박이 튀어나오고 말 것이다. 그래서 이렇게 말이 나올지도 모른다. "맙소사! 그런 말을 하다니! 그들은 그런 말을 듣는 순간, 그 즉시 있는 짐을 몽땅 싸들고서 쏜살같이, 잽싸게, 눈 깜짝할 새에, 몰래 도망가고 말 겁니다. 그들의 패거리와 박수부대들도 덩달아 함께 걸음아 날 살려라 하면서 뺑소니를 칠 거라구요!" 말하자면 우리가 그토록 사랑하며 존경하는 그들, 〈국가를 움직이는 힘〉들은 너무나 변덕스럽고 날쌔고 쉽게 사라질 수 있는 자들이기에, 자신의 기업과 남은 인원들, 위협받는 부스러기 같은 인원들을 데리고 언제라도 날아갈 준비가 다 되어 있는 것이다. 얌전한 국민들, 온순하고 복종할 줄 아는 국민들, 〈잘 적응된〉 나라들이 변함없이 기다리고 있는 곳을 향하여.

이 〈움직이는 힘〉들이 좀더 온순한 나라로 가기 위해, 어떤 나라든(특히 자기 나라를) 한치의 미련도 없이 떠날 수 있는 자들이라는 것을 모르는 자들은 아무도 없다. 그것을 알면서도 그

· · · · · · · 경 · 제 · 적 · 공 · 포 · · · · · · ·

들이 자주 들락거리는 국가들의 명단에 등록되기를 바라지 않는 나라는 없으며, 그들이 운영하는 전세계 차원의 경제시장 안에서 하나의 시(市)로 격하되지 않은 나라도 없다.

그리하여 도처에서 똑같은 일들이 벌어지고 있다. 이제는 이 세상의 어느 구석에도, 이들 기업이 투자하지 않은 곳은 한 군데도 없다. 또한 도처에서 대중들의 소비 감소와(소비를 아주 없애는 대신에) 거대한 〈사회계획안들〉, 점점 증가하고 있는 노동의 탄력성……. 이러한 것들을 알려 주는 연설들이 들려오고 있다. 경제권력가들은 이 방탕한 유럽을 정신차리게 하려고 열심인데, 그 유럽에까지도 지금은 같은 소리들이 점점 더 높아지고 있다. 또한 기업들이 세계적으로 배치됨으로써, 독재적인 경제제도가 형성되어 확고히 뿌리 내리게 되었음을 확인해 주는 연설들을 되풀이하는 후렴 같은 이야기들도 도처에서 들려온다. (이 독재적인 경제제도는, 이 세상의 주민들에게 아무런 관심도 흥미도 기울이지 않는다. 그러나 수익성이 없어져 기생충에 가까운 쓸모없는 존재가 되어 버린 그들의 존재에 천성적으로 반감을 가지고 있다.) 그 연설들은 눈에 띄게 불길한 조치들이 〈실업퇴치〉라든가, 〈고용을 위한 전쟁〉을 근본적인 목표로 삼고 있음을 확인시켜 주는 것 또한 잊지 않는다.

그러나 이런 후렴 같은 말들은 점점 그 열기가 식어가고 있으며, 점점 더 기계적으로 반복하는 말들이 되어가고 있다. 이제 아무도 이 말에 속는 사람이 없기 때문이다. 그런데 이상하게도 속이려는 사람이나, 속는 사람이나 서로 공모자처럼 보이

······경·제·적·공·포······

는 것은 무슨 이유일까? 친절하게도 국민들의 환심을 살 수 있는 완곡어법을 쓰느라 아직도 죽도록 수고하고 있는 자들……. 그리고 더 이상 내놓을 의견이라는 것은 없지만, 그들에게 이런 약속을 해달라고 요구하고, 그렇게 해서 듣게 된 그들의 거짓 맹세를 참고 견디며, 오직 착취당하는 것 외에는 아무것도 바라는 것이 없는 자들……. 전자들이 되풀이하고 있는 말을 지치지도 않고 되풀이하여 듣는 후자들은, 마치 계속해서 같은 이야기를 해달라고 조르는 어린아이들과도 같다. 사실 그 이야기를 믿지도 않으면서 믿는 체하며 자꾸 이야기를 되풀이시키는 것은, 이야기 소리가 들리지 않을 때의 침묵이 두렵고, 아직 듣지 못하였던 말을 듣게 되는 것이 두렵기 때문이다. 그들은 아직도 자신들이 듣지 못한 말이 있다는 것을 느끼고 있다. 하지만 그것을 알고 싶어하지는 않는다.

그들은 모든 것이 일치하여, 자신들의 부재를 기도하고 있다는 사실을 듣고 보는 것을 거부한다. 그들 주위에서 모든 것이 축소되고 있으며, 점점 무인화(無人化)되고 있다는 사실 또한 거부한다. 오직 경제적인 것으로만 환산되고 있는 이 세계의 징조들은, 마치 자신들은 쓸모없는 지출일 뿐이라고 경고해 주는 것만 같다. 그래서 그들은 이런 징조들을 거부한다.

숨어서 지키고 있다가, 이 쓸모없는 지출을 완전히 추방해 버리려고 하는 자들……. 이들은 이것이 완전히 없어질 때까지는, 자신들의 작업을 절대로 멈추지 않을 것이다. 그런데 그들이 제거하려는 대상이 만일 살아 있는 존재들이라면? 이것은 윤리의

········경·제·적·공·포········

문제이다. 현재 통용되고 있는 도덕은, 이들에게 비난할 수 없는 계산서를 요구하고 있다.

······경·제·적·공·포······

　이처럼 암암리에 위협을 받고 있는 우리들을, 그들은 저주받은 사회적 공간 속에 밀어 놓고 꼼짝 못하게 만들고 있다. 무정부 상태와도 같은 이곳은 자체내에서 스스로 붕괴하도록 되어 있지만, 정신을 잃고 있는 우리들은 이상하게도 그 안에 계속해서 머물고 싶다는 열망을 버리지 못한다. 그러나 우리가 보기에, 이 세계의 장래는 다소 고의적으로 프로그램된 우리 존재의 부재와 관련하여 계획되고 조직된다.
　우리는 이 사실을 잊어버리기 위해서라면 어떤 일이든 할 준비가 되어 있다. 점점 더 철저하게 옆으로 제쳐지고 있다는 사실, 해체되고 있는 제도 속으로 추방당하고 있다는 사실을 확인

경 · 제 · 적 · 공 · 포

하는 것보다는 그편이 훨씬 낫기 때문이며, 같은 시대에 있으면서도 우리의 삶이 의존하는 시대와는 전혀 다른 현대라는 시대가 점차 확고해지고 있다는 사실을 깨닫는 것보다도 그편이 낫기 때문이다. 또한 이 세상을 독점하게 된 시장경제와, 지리적인 환경 속의 포로가 되어 이 세상에서 살고 있는 사람들 사이에 자리잡은 충돌을 확인하는 것보다는 그편이 더 낫고, 이대로 지속되는 것이 가장 현실적인 해결책이라는 말을 듣는 것보다 더 낫기 때문이다. 그 해결책은, 새로운 체제(아직 선언되지는 않았다)의 지도자들과 정치계층의 연설 속에서 들려오고 있다. 그 연설문은 그래도 아직은 우리의 법규에 맞도록 되어 있으며, 그래서인지 그 연설문 속에서 몇 번씩이나 중복되고 있는 쓸데없는 말들은, 우리를 잠재우고 안심시켜 준다.

그런데 만일 이 경제의 지배자들이, 이미 폐허에 지나지 않는 것을 굳이 파괴시키겠다고 애를 쓴다면, 그리고 이미 사라진 시대의 유적을 탐험하려고 고집한다면 어떻게 될 것인가? 만일 그들이 아직 이 시대 사람들이 조금도 접근해 보지 못한 새로운 시대의 시간에, 자신들만의 세계에서 우리의 삶을 관리하겠다고 끈질기게 고집한다면 어떻게 될 것인가? 만일 그들이, 자신들이 없애버린 노동을, 삶을 여는 유일한 열쇠로서 제시하려고 고집한다면(노동이 가치를 간직하고 있는 것처럼 보이도록 신경을 쓰면서), 그렇다면 어떻게 될 것인가? 만일 그렇다면, 그들은 우리들에 관한 질문(아직 공식적으로 표명되지는 않았다)의 답을 드디어 찾게 될 것이다. 즉 "그들을 어떻게 하면 몰아낼

· · · · · · 경 · 제 · 적 · 공 · 포 · · · · · · ·

수 있을까?"라는 질문의 답을……. 그러나 여기에 문제되는 것이 한 가지 있다. 그들이 아무런 저항도 만나지 않고 우리에게 가할 수 있었던 위험보다 더 의식하지 못했던 것, 그들 자신도 의식하지 못했던 그것은 바로 우리의 수동성이다. 그것은 전혀 예기치 못했던 현상이다. 흥미 상실과 체념의식, 그리고 전세계적으로 퍼져 있는 무관심은 가장 위험한 것이 자리잡을 수 있게 해준다. 그리고 그 가장 위험한 것이 벌써 우리 가까이에 와 있다.

확실히 이전에도 이보다 더 뼈저린 고통과 더 힘든 가난, 그리고 도저히 대책이 없는 만행과 더 기승을 부리는 끔찍한 잔인성으로 가득 찬 세월들이 있었다. 그러나 오늘날만큼 이토록 냉혹하고, 일반적이고, 근본적인 위험으로 가득 찼던 시대는 결코 없었다.

예전에도 사회적인 잔혹성이 여전히 존재하긴 했지만, 그래도 그때는 절대적인 한계선이라는 것이 있었다. 인간의 삶으로부터 나온 노동이 그때만 해도 권력을 소유하고 있는 자들에게 필요불가결한 것이었기 때문이다. 그러나 지금의 노동은 그렇지 못하다. 그와 반대로 귀찮고 성가신 것이 되고 말았다. 그리고 예전의 잔혹성이 가지고 있던 한계선도 무너져내리고 있다. 이러한 것이 무엇을 의미하는지 이해할 수 있는가? 인류 전체가 오늘날만큼 그 생존을 위협받아 본 일은 없었다는 말이다.

인간의 야만성이 어떤 형태를 띠고 있었든지간에, 지금까지 지나온 수세기 동안 인류 전체는 누가 뭐래도 한 가지만은 확

·······경·제·적·공·포·······

실하게 보장받을 수 있는 혜택을 누려 왔다. 즉 이 지구가 운행되는 데 있어서 우리 인류가 꼭 필요했다는 사실이다. 말하자면 생산에 있어서, 그리고 이익의 도구를 이용하는 일에 있어서 없어서는 안 될 존재였으며, 우리 역시 그 도구의 일부분이었던 것이다. 그밖에도 많은 요소들이 인류의 존재를 보장해 주고 있었다.

그런데 오늘날에 와서는 인류 역사상 처음으로 수많은 대중들이, 힘을 지니고 있는 소수의 사람들에게 있어서 물질적으로 더 이상 필요없는 존재들이 되었으며, 경제적으로는 더욱더 불필요한 자들이 되고 말았다. 그 소수의 사람들에게 있어서 자신들이 만든 원(圓) 밖으로 밀려나고 있는 이 대중들의 삶이라는 것은, 타산적인 의미에서만 흥미를 줄 뿐이며, 더욱이 실용적인 의미에서만 이들의 존재가 가능하다. (이 사실은 날마다 더 뚜렷하게 느낄 수 있다.)

이제까지 잠복중이었던 두 세력간의 역학관계는 이제 눈에 띄게 약화되고 있다. 방책이라는 것도 사라졌다. 대중들의 삶은 더 이상 공익의 성격을 띠지 못한다. 그런데 그들의 삶을 평가하는 것은, 자율적이 되어 버린 경제와 관련된 그들의 유용성의 정도이다. 이제 위험이 어디에 도사리고 있는지 분명히 보일 것이다. 그 위험은 아직까지는 잠재적이지만, 그러나 아주 절대적인 것이다.

인류의 역사를 살펴볼 때, 인간의 조건이 오늘날보다 더 잘못 취급받던 시기들이 종종 있었다. 하지만 그것은 사회에 의해서

······경·제·적·공·포······

그렇게 된 것이고, 그 사회가 더 오래 지속되기 위해서는 생존자들을 필요로 하였다. 그것도 열등한 삶을 살고 있는 대다수의 생존자들을······.

그러나 지금의 경우는 그렇지 않다. 바로 그렇기 때문에, 오늘날 더 이상 필요없게 된 자들에게 행해지고 있는 이 가혹한 추방을 목격한다는 것은 아주 심각한 일이다. (그것도 민주주의 체제하에서, 더욱이 공포에 대한 경험을 가지고 있고, 그 어느때보다도 사회가 각성할 수 있는 능력들을 지닌 이 시대에 목격하게 되다니!) 그들이 필요없다는 것은, 그들 외의 사람들에게 필요없다는 뜻이 아니다. 시장경제에 필요없다는 뜻이다. 그들은 이제 이 경제에 이익을 가져다 줄 가능성의 근원이 되지 못한다. 우리는 그들이 다시 예전과 같은 필요성을 가지게 되지 않을 것이라는 점도 잘 알고 있다.

그들에게 행해지는 학대와 당연하다는 듯이 그들에게 가해지는 처벌, 그들이 겪어야만 하는 오만하고 거침없는 폭력, 그리고 증가하는 불행들······. 이런 것들 앞에서, 그들을 포함한 모든 이들이 보여 주고 있는 말없는 동의, 혹은 무관심, 수동성 등은 끝없는 부차적인 현상들의 출현을 예고할 수 있다. 박해당한 대중들은, 이제부터 그들을 괴롭히는 자들이 구상하는 세계에서 필요가 없기 때문이다.

이처럼 최소한 다소 오랜 기간 동안 그들을 위협해 오고 있는 위험이 눈에 보이고 있다. 그러나 이 위험을 의식하지 못하는 (혹은 의식하지 않으려고 전력을 다하는) 대중들은, 역동성의

· · · · · · 경 · 제 · 적 · 공 · 포 · · · · · · ·

세계 속에 계속 머물고 싶어한다. 그리고 정신적으로 그 세계에서 살고 있다. 그 세계에서는 여전히 노동이 규범이 되고 있다. 따라서 실업이라는 것도, 수시로 변하는 정세에 따라 생겨난 일시적인 결과에 지나지 않는다고 여겨질 것이다. 그러나 이 세계는 이미 확인된 사실들에 의해 부인된 세계이다. 그곳에서는 지금 노동의 부재가 비공식적으로 정해진 규범이 되어 있기 때문이다. 그러나 이 사실을 고용을 요구하는 자들은 모르고 있으며, 공식적인 연설이나 법률에서도 언급하고 있지 않는 것 같다. 이제 겨우 조금씩 이 사실을 조심스럽게 암시하기 시작하는 것은, 장래에는 임금과 완전고용이 노래를 부르게 되면서 아주 분주해질 것이라고 하였던 모순적인 약속에 대한 화제를 계속하기 위함이다. 혹은 자기 파괴 쪽으로 이끌려 갔던 제도를 다시 복구시키기 위한, 장황하고도 세심한 협조에 관한 대화를 이어가기 위함이다.

그렇다면 노동을 더 이상 필요로 하지 않는 곳에, 무엇 때문에 굳이 있는 힘을 다하여 악착같이 노동을 집어넣으려고 하는 것일까? 우리를 배반한 것, 횡령당한 것, 혹은 이미 달아나 버린 것, 즉 우리가 원하는 대로의 노동에 대한 개념을 부인하지 않는 것은 무슨 이유일까? 고용에 이처럼 당위성(must)을 부여하고 있는 것은 왜일까? 어떠한 대가를 치르고라도, 심지어 자기 자신을 파멸해 가면서까지라도(왜냐하면 더 이상 일자리가 없기 때문이다. 아무리 잘해 보았자, 일자리는 소멸중에 있기 때문이다), 자신의 삶을 바치려는 그 일자리라는 것에 그토록 당위

······경·제·적·공·포······

성을 부여하는 이유가 무엇인가 말이다. 마치 우리의 인생에는, 〈이용당하는 것〉 외에는 다른 〈일〉이란 절대로 존재할 수 없는 것처럼 생각하는 이유가 도대체 무엇이란 말인가?

왜 모두들 세계화라는 요구에 적응할 계획조차 없는 것처럼 보이는가? 세계화를 겪는 훈련이 아니라, 세계화로부터 빠져 나오는 훈련을 함으로써 세계화에 부응할 수는 없는 것일까? 삶의 〈일자리〉, 즉 인류 전체의 삶에 관한 일의 의미를 찾고, 요구하지 않는 이유가 무엇인가? 개개인을 전부 포함하는 전체의 〈일자리〉에다 몇몇 사람들이 부여하는 의미와는 전혀 다른 의미를 왜 찾으려 하지 않을까? 그 몇몇 사람이 부여한 의미가 이제 불가능한 것임이 알려진 이상 더욱더 그렇게 할 필요가 있지 않을까?

솔직히 말해서, 여기에는 몇 가지 이유들이 있다. 그 가운데 중요한 것 몇 가지를 살펴보자.

우선 지금 변모하고 있는 기업들의 어려움과 규모, 그리고 이런 요소들이 부추겼거나, 혹은 강조했던 몇 가지 위장술을 감추고자 하는 경제권력자들의 이기심을 먼저 꼽을 수 있다. 그들은 위장술을 써서 노동이 일시적으로 중단되었을 뿐이며, 잠시 중단된 이 기간이 괴로운 것은 사실이지만, 반드시 단축시킬 것이므로 안심하라고 장담한다. 노동의 실존에 대해 환상을 갖게 만드는 것이다. 막다른 골목 끝에 몰려서 쇠약해진, 거대한 수의 대중들에게 막대한 영향력을 행사하기 위해 그들이 만들어낸 속임수도, 우리가 노동에 매달려 있는 중요한 이유 중의 하나이

· · · · · · 경·제·적·공·포 · · · · · · ·

다. 인간 노동의 잔해물 중에서 아직도 착취당할 수 있는 것을 끝까지 착취하겠다는 그들의 욕망 또한 그 중 하나이다. 대중들의 실패감, 수치감, 오싹해서 뒤로 물러서게 하는 공포감 등을 이용하여 사회의 응집력을 얻어낸 이들은, 이 힘을 잘 유지함으로써 대중들을 착취하고자 한다. 더 이상 존재하지 않는 노동에 대한 낡아빠진 논리, 오늘날에는 파괴적일 수밖에 없는 그 논리 속에 대중들을 감금해 놓음으로써.

또 다른 이유가 있다. 그것은 너무나 일반에 진지하게 만연되어 있는 혼란이다. 아마 육식을 좋아하는 경제계 지도자들도 이 혼란을 느끼고 있을 것이다. 이들 역시 너무나 새로운 문명의 형태 앞에서 당혹감을 느낄 정도이기 때문이다. 그 문명이 너무나 갑작스럽고, 너무나 철저하게 과거의 문명을 거부할 때면, 그 혼란감은 더욱 커질 수밖에 없다. 그럴 때 이 새로운 변모, 즉 다른 시대로 이동하기 위해서는 인간의 본성, 그 무엇보다도 깊은 의미를 간직하고 있는 인간의 문화, 사고방식, 행동방식, 재분배방식 등을 변형하고, 생존자들의 삶을 이런 식으로 보존하는 데 필요한 재능을 갖추거나 발굴하는 일이 절실하게 요구된다.

이 생존자들은 못내 미심쩍어 하면서도 마지못해 동의함으로써, 세계화된 이 계획으로부터 자신들이 제외되는 일에 직접 참여하고 있는 것처럼 보인다. 그래서 비극적일 정도로 취약한 자신들의 사회성을, 결핍과 부족에 대한 논리적이고도 흔한 결과로 받아들이려고 서두른다. 그들은 그 결핍과 부족에 대한 책임

······경·제·적 공·포·······

이 자신들에게만 있다고 보며, 그 대가를 치러야 할 자들은 자신들뿐이라고 생각한다. 심지어 그것을 자신들의 운명이라고까지 받아들인다.

이같은 체념은 아마도 자신들에게 부여된 유일한 현실적 가치가 어떤 것인가를 알고 나서, 깜짝 놀라 뒤로 한 걸음 물러서면서 생긴 체념일 것이다. 사실은 오래 전부터 부여된 것이 틀림없는, 이 가치에 대한 발견은 그야말로 그들의 간담을 서늘케 하는 것이며, 도저히 소화시키기 어려운 것이다. 비극적이리만큼 축소되고, 너무나 심한 절망감을 안겨 주는 그 가치는, 그들이 가지고 있는 경제적 〈효율〉에 따라 측정된 것이다. 다른 어떤 자질과도 상관없이, 오직 경제적인 면에서만 고려된 그 가치가 그들을 기계의 수준에 못 미치는 자들로 평가하게 만들었다. 뿐만 아니라, 그 가치로 인해 그들에게는 아무런 권리도 부여되지 않으며, 극한 경우에는 살아갈 권리조차 부여되지 않는다. 다만 노동에 관련된 몇 가지 권리가 남았을 뿐이다. 그러나 그 몇 가지 권리에나마 접근하게 해주었던 조건들마저도 이제는 허물어져 내리고 있다.

또한 그들의 자포자기 의식은, 강력한 힘을 지니고 있는 강제적인 응집력 앞에서는 어떤 대응도 할 수 없다는 생각에 기인한다. 너무도 예기치 않게 불쑥 튀어나온 듯이 보이는 그 강제적 응집력이, 그들에게는 몹시 부당하고 이해할 수 없는 것으로 생각된다.

망연자실할 수밖에 없는 이런 감정은, 역사의 어느 시기에 생

······ 경·제·적·공·포 ······

각지도 않게 강국의 속국이 되고 만 식민지 백성들이 느꼈던 절망감을 상기시켜 주기도 한다. 그래도 그때는 지금처럼 침략자들이 계속 남아 바쁘게 움직이면서, 자신들의 문명으로 토착민들의 문명을 말살해 버리는 일은 없었다. 또한 지금처럼 토착민들의 가치가 우롱당하여, 그들의 가치가 빛을 발했던 바로 같은 장소에서 하루 아침에 그 가치가 완전히 효력을 상실한 채, 참담한 패배자로 전락하는 일도 없었다. 그러나 지금의 우리는 식민지 백성들이 느꼈던 절망감보다 더 깊은 절망감 앞에 서 있다. 스스로 들어와 권력을 차지한 침략자들 앞에 선 우리들에게, 우리의 가치가 의미를 가지던 바로 이 땅이 이제는 마치 유형지처럼 여겨지기 때문이다. 새로 들어와 자리를 차지한 자들이 토착민인 우리들에게, 강제로 도입된 이 새로운 제도 속에 자유롭게 들어갈 수 있는 방법도 알려 주지 않으며, 단 하나의 권리를 행사할 수 있는 권리마저 주지 않기 때문이다.

반대로 이 찬탈자들은, 토착민들에 대한 모든 권리를 마음대로 행사하고 있다. 토착민들은 자신들의 삶의 방식, 사고방식, 신념, 지식 들의 사용이 중단되어 이후로는 이런 기준들조차 무의미해졌기에, 결국 모든 에너지와 능력을 잃고 말았다. 그러나 이보다 더욱 힘든 것은, 이 모든 상황이 어찌된 것인지 알고 싶다는 의욕마저 잃었다는 점이다. 하물며 저항하겠다는 의욕이 남아 있을 수 있겠는가. 지혜와 지식을 갖춘 자들, 오늘날에도 인정받을 수 있는 훌륭한 전사(戰士)로서의 가치를 지닌 자들마저 이 포식하는 지금의 문명 속에 감금되어 사라졌다. 이제

······경·제·적·공·포·······

　문명은 그들의 것이 아니다. 오히려 그들을 내쫓고 있다. 정신을 잃고, 사고가 마비되고, 움직일 수도 없게 된 대중들은, 두 시대 사이에 끼어서 고통에 몸부림치고 있다. 이들은 아직도 정복자들의 연대와는 다른 연대, 즉 이전의 시대에서 살고 있다. 그러나 정복자들은 자신들이 누리고 있는 현재라는 시대를 이들에게 던져 주며, 그 시대에 적응하라고 강요한다. 그 시대에 적응하기 위해 필요한 것은 아무것도 주지 않으면서. 이 모든 일들이 이들이 살고 있는 장소, 익히 알고 있는 장소에서 벌어지고 있다. 따라서 이들이 살고 있고, 잘 알고 있는 이 장소들이 이제 이들에게 감옥이 되고 말았다. 왜냐하면 이들에게는 이곳 이외의 다른 장소라는 것은 존재하지 않기 때문이다.
　이런 사실이 아무런 생각도 불러일으키지 않는가?
　우리는 두려움에 얼이 빠져 있지 않은가? 친근한 세계이긴 하지만 낯선 지배력 속으로 들어가 버린 세계, 그 한가운데서 우리 역시 덫에 걸려 있지 않은가? 〈유일한 사고〉만을 강요하며, 세계적으로 퍼져 있는 유일한 제국 아래로 들어가 버린 세계, 우리와 같은 시간에 운행되지 않는 세계, 그래서 우리의 연대와 부합하지 않는 세계, 그런데도 그 시간표의 명령에 우리가 따르지 않을 수 없는 세계, 그런 세계의 덫 속에 우리가 빠져 있다. 우리에게는 다른 세계란 존재하지 않는다. 모든 것이 다 〈유일한 사고〉의 지배력 속으로 들어가 있기 때문이다. 그러나 우리는 그 지배력의 고통스러운 노예로서 존재하기 위해 악착같이 그 세계에 매달린다. 그 지배력이 지닌 아름다움과, 그 지배력이 가져다 준 선물에 영원토록 황홀해하면서⋯⋯. 노동에 파묻혀서 "우리는 죽지 않을 거야. 일 때문에 너무 바쁘단 말이야"라고 말할 수 있었던 시절의 추억을 머릿속에서 떨쳐 버리지 못한 채⋯⋯.

오늘날 우리는 놀라워하는 단계, 쇠퇴의 단계, 조종의 단계에만 와 있을 뿐이다. 아직까지는 진짜 비극이 구경거리가 될 만큼 전개되지는 않았다. 그렇지만 문명의 정점이라고 할 수 있는 곳에 아주 가까이, 거의 중심지까지 와 있다. 그리하여 이미 문명에 〈개화된 자〉들은 더 이상 이 문명에 적합하지 않은 자들을 축출하고 있는 중이다. 축출해야 될 자들의 수가 상상도 할 수 없는 비율로 점점 더 많아지리라는 것은 누구나 예상하고 있다. 지금은 그들의 존재를 잠자코 참아 주고 있지만, 앞으로는 그렇게 되지 않을 것이다. 지금의 관점이 점점 더 공공연히 공격적으로 변해 가고 있기 때문에, 이에 따라서 그들의 존재를 참아내는 인내심도 점점 줄어들 것이며, 그들이 생존할 수 있는 조건도 점점 엄격해질 것이다. 개화된 자들의 변명이나 사과의 말도 더 이상 듣기 어려워질 것이다. 이제는 모두들 이 제도가 완전히 받아들여졌다고 보고 있는 것이다. 오직 이익의 논리에 근거하고 있는 이 제도는 법의 한계를 넘어서고 있으며, 필요하다면 법마저 무력하게 만들고 말 것이다.

아직도 망설임과 두려움과 후회와 유감의 감정 속에서 연약하게나마 인간의 조건을 고려하고 있는 지역들이 있긴 하다. 그러나 이런 지역들은 이미 게리 베커 같은 사람들의 조롱이나

······경·제·적 공·포·······

비난의 대상이 되고 있으며, 세계은행과 경제협력개발기구를 비롯한 다른 기구들로부터 암암리에 지탄받고 있다. 〈유일한 사고〉의 열렬한 팬들로부터 맹렬한 비난을 받고 있음은 말할 필요도 없다. 모든 국가들의 〈움직이는 힘〉들과 연결되어 있는 이들은, 이 엉뚱한 생각을 품은 자들을 정신차리게 해주느라 몹시도 열심이다. 그리고 그 노력의 성과를 거두고 있다.

이런 현실 앞에 어떤 견제세력이 들어설 수 있겠는가! 전혀 있을 수 없다. 아첨섞인 야만행위, 흰 장잡을 낀 채 진행되는 이러한 약탈행위로 이르는 길에는 아무런 말썽 한 번 생기지 않는다. 탄탄대로일 뿐이다.

지금은 아직 시작일 뿐이다. 그러나 이런 시작단계에 아주 세심한 주의를 기울일 필요가 있다. (우선 절대로 범죄자처럼 보이지 않는다. 더군다나 별로 위험스럽게 보이지도 않는다.) 초기의 징조들은 매력적인 사람들의 전적인 찬성을 입고 진행된다. 이들 찬성자들은 양식과 이성과 훌륭한 인격을 가진 자들이며, 파리 한 마리도 죽일 수 없을 만큼 선량한 자들이다. 게다가(혹시라도 그 점에 대해서 조금이라도 생각할 시간만 있다면) 이런 현상들에 대해 몹시 유감스럽게 생각할 사람들이다. 애석하지만 어쩔 수 없었다는 사실에 하염없이 가슴 아파하면서……. 그들은 바로 지금 이 시점에도 역사가 기록되고 있다는 사실을 모르고 있다. 그 역사를 인식하지도 못할 것이다. 그 역사가 이미 꾸며져 있고, 훗날 〈설명할 수 없음〉이라고 판단될 첫사건들이 이미 일어났는데도…….

·····경·제·적·공·포·······

　인류의 역사는 (알 수 없는 과거, 더 정확히 말해서 감추어진 과거에 일어났던) 사건들의 순서를 따라 그려지는 법이다. 이런 사건들은 훗날(너무 늦어 버린 훗날)에 이르러서야 비로소 이해할 수 있는 표적들이 될 것이다. 그러나 당시로서는 거의 알아볼 수가 없다.
　이름 없는 가축떼처럼 취급받고 있는 우리 시대의 희생자들. 그들의 희생이 시작되던 초기에, 우리는 그들의 그런 운명이 무엇을 의미하게 되는지 미처 의식하지 못하였다. 그러하였기 때문에 그 결과로서의 모든 시련을 감내해야만 할 때, 또 그 시련이 일반화되어 점점 더 자연스럽게 용인되어 가고 있을 때(그리고 결국 그 시련이 끝나게 되었을 때), 그때에 이르러서도 사람들은 여전히 같은 말을 할 것이다. 당시로서는 그 시련들을 〈이해할 수 없었노라〉고, 〈그런 일이 다시 생기지 않도록 그 시련들을 절대로 잊어서는 안 된다〉고. 정말 우리는 잊을 수 없을 것이다. 왜냐하면 그때 가서는 과거에 그런 시련들이 있었다는 것조차 알 수 없을 테니까.
　아마도 〈더 이상 이런 일은 없을 거야〉라고 말하는 사람들이 있을지도 모른다. 그러나 언젠가는 아마도, 이 문제에 대해 생각할 능력을 가진 이가 한 사람도 없게 될 것이다.
　이 말이 과장이라고? 아니, 이런 말들은 이미 〈이전에〉 여러 차례 되풀이되던 말들이다. 하지만 지금은 손톱 하나, 머리카락 한 올 스치거나, 모욕스런 말 한 마디에도 최악의 사건이 시작될 수 있다는 사실을 깨닫기에 아직 너무 늦지는 않았다. 인류에 대항하는 범죄는, 항상 인류가 저지르는 인류의 범죄임을 깨닫는 것도 아직은 늦지 않았다.

이 20세기가 우리에게 가르쳐 준 것은, 이 세상에서 지속될 수 있는 것은 아무것도 없다는 사실이다. 심지어 〈철통처럼〉 견고했던 체제들마저도 지속되지 않았다. 그런가 하면 20세기는 또 한 가지를 가르쳐 주고 있다. 즉 잔혹성 아래에서도 모든 것이 가능하다는 사실이다. 우리가 겪은 잔혹성은 앞으로 아무런 제동도 받지 않고, 그 어느때보다도 맹렬한 기세를 떨치게 될지도 모른다. 오늘날에는 이 잔혹성이 신기술의 발달 덕분에, 10배 가까이 증가한 수많은 방법들을 사용하게 될 것임을 우리는 알고 있다. 이 수많은 잔혹한 수단들과 비교해 보았을 때, 지나간 과거의 잔인성들은 소극적이면서도 어설픈 짓에 지나지 않는다.

그러니 조금도 어려움을 겪지 않고 앞으로 더욱더 〈세계화〉될 이 전제적인 체제 아래서, 어떤 시나리오가 가능할지 생각해 보아야 하지 않을까? 그 체제는 한번도 상상해 보지 못한 속도와 다양함과 효율성을 지닌 제거방식들을 사용할 것이다. 인간 살육의 열쇠를 손에 쥔 것이나 다름없다.

그러나 이 인간 가축을 더 잘 이용하지 않는 것은 손해라고 여길 사람들도 있을 것이다. 여러 가지 다양한 목적들을 위해서, 그들의 삶을 보존하지 않는 것은 크나큰 손실이라는 것이다. 인간이 이식할 수 있는 장기(臟器)를 몸 안에 저장하고 있다는 점에서 특히 그러하다. 이 제도의 특권을 한껏 누리고 있는 자들은 걸어다니는 인간 가축, 곧 살아 있는 장기의 보관창고로부터 필요하다면 원하는 부분을 언제라도 기꺼이 끄집어낼 수 있을 것이다.

　과장된 말이라고? 그러나 예를 들면 인도 같은 나라에서, 빈민자들이 겨우 한동안의 생존을 위해서 신장이나 각막 같은 장기들을 팔고 있다는 사실을 알았을 때, 우리들 중의 누가 울부짖은 일이 있는지 생각해 보았는가? 우리는 장기를 파는 사람들이 있다는 사실을 알고 있다. 그것을 사는 고객이 있다. 그것도 알고 있다. 인간의 몸의 일부를 사고 파는 이 일이 이 시대에 버젓이 행해지고 있다. 거래가 존재하는 것이다. 그리고 가장 부유하고, 가장 〈개화된〉 선진지역의 사람들이 헐값에 이 물건을 사러 온다……. 어떤 나라에서는 유괴를 하거나 살인을 해서 장기들을 훔치기도 한다. 우리는 그 사실도 알고 있다. 그 도난한 장기를 사려는 고객들이 존재한다. 그것도 알고 있다. 그런데 누가 이런 통탄할 사실에 대해 울부짖고 있는가? 그 희생당한 당사자들밖에 또 누가 있는가? 섹스 관광에 대해 항의하는 폭동이 일어난 일이 있던가? 움직이는 자들은 단지 그 소비자들뿐이다. 그들만이 바쁘게 움직이고 있다. 우리는 그 사실을 알고 있지 않은가! 그리고 인간의 장기 판매나 섹스 관광 같은 부차적 현상보다도 더 근본적인 현상, 곧 빈곤을 공격해야 한다는 것도 알고 있다. 되풀이하지만, 바로 그 빈곤이 빈민자들로 하여금 가진 자들을 위해 자신의 신체를 훼손케 하고 있다. 겨우 일시적인 생존을 목적으로……. 그 사실을 우리는 아무 말

· · · · · · · 경 · 제 · 적 · 공 · 포 · · · · · · ·

없이 받아들이고 있다. 묵묵히. 우리는 민주주의 제도 안에서 살고 있다. 자유로운 자들이며, 숫자도 많다. 그런데 그 많고 자유로운 우리들 중에서 과연 누가 움직이고 있는가? 그런 기사나 방송이 나올 때, 그저 신문을 접거나 텔레비전을 끄는 동작 외의 어떤 행동을 하는가? 우리는 웃으며, 즐기며, 행복하게 머물라는 명령에 순종할 뿐이다. (단 아직 감추어지고, 패배하고, 수치감에 사로잡힌 무리 속에 들지 않은 자들일 경우에.) 반면 심각한 것, 중차대한 일들은 보이지 않는 곳, 불길한 지하세계에서, 침묵 속에서 행해지고 있다. 일반화되어 있는 그 침묵은, 때때로 이미 죽은 것을 치료하겠다고 약속하는 수다스러운 연설들에 의해 도중에 끊어지기도 한다.

　나타나지 않고, 앞으로 나타나지도 않을 〈고용〉을 알리는 연설에 대한 연설들이 끊임없이 계속된다. 말하는 사람과 듣는 사람, 후보자와 선거자, 정치가와 군중들은 모두가 그 사실을 알고 있으면서도, 각자의 여러 가지 다양한 동기에 따라 이 사실을 잊어버리고 부인하기 위해, 매혹적인 주문 옆으로 모여든다.

　거짓말과 위장술과 비상식적인 도피술을 사용해서, 절망을 피해 가는 이러한 태도는 절망적인 태도이다. 그 절망적인 태도가 우리를 절망스럽게 한다. 사실의 정확성을 추구하고 증명하려는 위험을 선택하는 것, 비록 이런 일들이 또 다른 절망에 맞닥뜨리게 할지라도 감히 그 위험을 선택하는 것, 현재로서는 그것만이 우리의 미래를 분명히 깨닫게 하고, 또한 보존하게 하는 유일한 행동이다. 그 행동은 당장이라도 서로 이야기를 나눌 수

······경·제·적·공·포······

있는 힘과 생각하는 힘, 생각한 대로 말할 수 있는 힘을 제공할 것이다. 그리고 각성할 수 있는 힘과, 적어도 품위 있게 살아갈 수 있는 힘을 줄 것이다. 지성을 가지고 살아갈 수 있는 힘을……. 함정에 빠져 있을 때 느끼는 수치심과 두려움을 가지고 사는 삶이 아니라……. 이 함정으로부터 출발하게 되면, 결코 더 이상 아무것도 허락되지 않는다.

공포에 대한 두려움을 갖는 것, 절망에 대한 두려움을 갖는 것은, 우리가 기가 막히게 잘 알고 있는 공갈협박에 길을 열어주는 것이 된다.

진정한 문제들을 지나쳐 버리거나 왜곡하는 연설들은, 그리고 그 문제들을 조작된 다른 문제로 이끌고 가는 연설들은, 지킬 수도 없는 똑같은 약속들을 몇 번이고 끊임없이 되풀이하고 있다. 이런 연설들은 다분히 회고적이다. 그래서 계속해서 우리의 향수를 자극한다. 이런 연설에는 아무런 희망이 없다. 심지어 감히 절망에 다가가지도 못하며, 절망해 보겠다는 모험은 꿈도 꾸지 못한다. 절망에 대한 모험만이 투쟁할 능력을 다시 소생시킬 수 있는 유일한 기회이다. 또한 이 연설들은 우리의 가치를 평가하는 임금이나, 우리의 빈 시간을 채웠던 나날과 같은 삶의 기준들을 단념하지 못하게 만든다. 일과표와 휴가, 은퇴, 충실했던 하루하루와 강제적으로 끌려가다시피 했던 하루하루 등으로 메워졌던 우리의 시간표들 때문에 우리가 바쁜 시간을 보내고 있다는 환상과, 죽음마저 감출 수 있다는 환상을 갖게 되기 때문이다.

······경·제·적·공·포·······

　이러한 연설들은, 대중들을 위한 당(黨)이라고 하면서 권력을 남용하고 있는 정당(政黨)들의 존재를 지탱시켜 준다. 그들은 이러한 연설들을 통하여, 계속해서 더 많은 거짓말을 더욱 그럴듯하게 할 수 있을 것이다. 아니 어쩌면 연설을 통하여 제법 정확한 사고를 감히 할 수도 있을 것이며, 우리들 각자가 모른다고 주장하고 있는 것, 그러기에 두려워하고 고통을 느끼고 있는 것, 그것까지도 연설을 통하여 감히 말할 수도 있을 것이다. 그리하여 그 때문에 어쩌면 약간의 신용을 더 얻어낼 수 있을지도 모른다.
　그러나 우리에게 절대적으로 필요한 것은, 더 이상 존재하지 않는 것에 대해서 이처럼 신음하고, 현재를 부인(否認)하고, 또 부인하는 것이 아니다. 세계화와 기술주의의 발전을 부정하고 거부할 필요는 없다.[38) 그것은 부인할 수 없는 사실이다. 그러나 세계화와 기술주의 발전이라는 이 힘은 오직 〈움직이는 힘〉들만을 위한 것이 아니라, 우리 모두를 위한 자극제가 될 수도 있을 것이다. 그러므로 이 사실을 부인하기보다는, 반대로 이런 점들을 고려해야만 한다. 누구를 식민지화하고, 누구에게 식민

---

38) 우리가 〈실업〉이라고 일컫는 것을 얼마 동안 감소시키기 위해서 정부가 시도하고 있는 이런저런 뜯어맞추기식의 방법들을 제거하거나 부인하자는 것도 아니다. 어떤 방법이 되었든, 모든 사람들에게 눈곱만큼이라도 이로운 결과를 가져올 수 있다면, 그것도 너무나 소중한 것이다. 단, 그 결과를 이용해 사기극을 강조하거나 마비상태를 더 연장시키려 하지 않고, 있는 그대로 제시할 수 있어야 한다는 조건에 한해서이다.

······경·제·적·공·포······

지화되는 일도 더 이상 있어서는 안 된다. 원인을 알고 살아가는 것, 경제적·정치적인 분석을 원인도 모르는 채 그대로 받아들이는 것도 더 이상 안 된다. 피상적인 경제적·정치적 분석들은 정말 중요한 문제들을 마치 위협하는 요소, 잔인한 조치를 강요하는 요소로 언급함으로써 그것들을 지나쳐 버리게 만들 뿐이다. 그리고 그렇게 강요된 잔인한 조치들은, 우리가 그것들을 온순하게 겪지 않는 한 점점 더 잔인해질 것이다.

분석이라기보다는 결정적인 보고서라고 해야 할지도 모른다. 그 보고서에 따르면, 지도급 영역에만 존재하는 현대성은 시장 경제에만 적용되며, 결정자들의 손에서만 효력을 가진다. 게다가 사람들은 자신들이 구시대에서, 말하자면 〈소리와 빛〉의 시대, 복고시대 속에서 살고 있다고 여긴다. 그 시대에서 현재라는 것은 아무런 역할도 담당하지 못한다. 그리고 더 이상 통용되지 않는 제도 속에 유폐되었으며, 우리는 그 제도를 피할 수 없다.

이런 사실에 직면하고서도, 노동의 부재에서부터 출발하여 새롭게 조직되는 일에 대해서 전혀 생각해 보지 않는다는 것은 이상한 일이 아닐 수 없다. 우리는 무엇 때문에 아무 보람도 없고, 위험스럽기 짝이 없는, 그렇게도 많은 고통을 일으키는 노동의 시대에 집착하는가? 왜 노동의 부재, 노동의 소멸을 부인하고, 이런 것들을 단순히 일시적인 현상으로 제시하면서 차라리 이 고통을 감수하는 쪽을 택하고 있는가? 우리는 끊임없이 연기되고 있는 부정확한 시간 속에서 이 일시적인 현상을 무시

·····경·제·적·공·포······

하거나, 어떻게든 그 기간을 메워 나가려 하고 있다. 혹은 없애려고까지 한다. 그러나 그동안에 불행과 위험은 점차 확고한 자리를 잡아간다.

　죽은 것들이 유령처럼 부활할 듯이 이야기하는 약속들은, 아직 그 시간이 늦지 않은 만큼 앞으로 더 많은 착취를 하게 될 것이다. 또한 점점 더 수가 많아지는 자들을 소외화시켜 터치라인 밖으로 밀어낼 것이다. 그리고 노동의 부재는 이들을 곧 노예로 전락시킬 것이다. 만일 이미 시작된 것이 아니라면……. 나아가 그들이 아예 소멸되도록 몰아붙일 것이다. 완전히 제거될 때까지…….

　끔찍한 조건 속에서 실현되지 않는 약속들의 결과를 기다리기보다는……, 고통 속에서 노동이 복귀하기를, 고용이 성큼성큼 다가오기를 헛되이 안타깝게 기다리기보다는……, 그러기보다는 부재 속에서 쓰레기 같은 존재들로 간주되고 있는 자들의 삶을 바로 오늘 다른 방법을 통해 그럴듯하게, 살아갈 만하게 만든다는 것은 바보짓일까? 노동 혹은 고용이 부재하는(앞으로는 더욱 철저해질 것이다) 세계 속에서 쫓겨난 자들, 쓸모없는 잉여 존재로 취급받고 있는 그들의 삶을 품위 있는 자들의 삶으로 만들어 간다는 것은 정말로 부질없는 소망일까? 그래도 아직까지는 그들의 삶, 곧 우리의 삶을 바로 그들 스스로 갖는 의미, 진정한 의미 속에 포함시키기에 늦지 않았다. 삶의 의미, 인간의 품위와 권리의 의미 속에……. 그들을 우롱하는 자들의 즐거움으로부터, 그들을 벗어나게 할 수 있는 시간이 아직은 조

······경·제·적·공·포·······

금 남아 있다.
 사랑은 모호하고, 선언하기 쉬운 것이다. 자기 자신에 대해 만족하기도 쉽고, 사랑이라는 이름으로 감히 징벌을 사용하기도 쉽다. 그런 아주 조금의 사랑을 기대하기보다, 좀더 대담한 것을 소망하는 것은 어리석은 일일까? 좀더 껄끄럽고, 자존심을 상하게 만들고, 다루기 힘들 정도로 엄격한 감정, 어떤 예외도 거부하는 대담한 감정을 우리 모두에게 기대한다면 미련한 짓일까? 즉…… 존중심을…….

·······경·제·적·공·포·······

착취당할 기회조차 상실한 〈시장의 노예들〉

**텔레라마
1996년 10월 19일**

랭보의 《일뤼미나시옹》이라는 시편들에서 빌려온 이 아름다운 《경제적 공포》라는 제목의 배후에서, 비비안느 포레스테는 세기말의 재앙들 가운데 하나—경제제일주의—에 관해 뜨거운 사유를 시도했다. 달리 말해서, 항상 어떤 것이 제대로 돌아가지 않을 때마다 여러분들이 머리를 조아리곤 하는 세계화된 신(神), 즉 시장에 대한 예찬에 대해 사유를 시도했던 것이다. 그녀에게 있어서 공장들은 문을 닫고, 실업자들은 증가하며, 젊은이들에게는 더 이상 어떤 미래도 없는 것, 그것이 바로 시장을 의미하는 것이다! 비비안느 포레스테는, 시장은 거의 〈우리들이 가진 인간의 피부보다 더 알맞게 붙어 있는 우리들의 두번째 피부〉 같은 것이라고 단언한다.

시장은 바로 우리들의 위치에 대해 생각하고, 우리들의 운명을 아무렇게나 그려 보는 그런 것이다. 그러면 과연 어떤 운명이라는 것인가? 이 거대한 경제적 논리의 초두에는, 인간은 존재하지 않고 노동만이 존재한다. 여러분도 어린시절에 배웠겠지만, 노동이 없다면 인간은 타락한 존재에 불과하다. 노동은 임금이고, 임금은 소비이며, 소비는 생활이기 때문이다. 또한 노동은 우리들 존재의 알파와 오메가이기 때문이다. 그의 일자리를 잃는 것은, 일반적인 의미의 생명의 범위를 벗어나는 것이다. 그러므로 그것은 곧 수치의 낙인을 나타낸다.

노동을 하지 않으면 신분도 사라지는 것이다. 일반적으로 사람들은 우리에게 실업자들은 아주 빨리 소외자들이 된다고 말하곤 한다. 얼마나 잘못된 것인가! 비비안느 포레스테는 실업자들을 일컬어 〈그들을 흡수하고, 소모하고 있으며, 영원히 그들을 유배시키고, 즉각 그들을 유형 보내고 거부하는 어떤 사회의 동행자들〉이라고 하는 것에 항의한다. 그리고 노동보다 더 폭력적인 것은 더 이상 존재하지 않는다고 그녀는 주장한다. 그러므로 인류의 7,8할은 추방당한 것이다.

아마도 우리들은 《경제적 공포》가 미온적인 책이 아니라는 것을 이해하게 될 것이다. 소수의 주식시장과 산업체 업주들이 권력의 정점을 차지하고 있는 무관심과 멸시, 거짓과 냉소적인 이 세상에 맞서서 비비안느 포레스테는 분노한다. 매우 접근하기 쉬운 자료들—신문과 잡지, 텔레비전, 정치관계 간행물, 기업가들과 경제주의자들의 연설문들—에 근거하여, 그녀는 냉정한 분석을 가하고 있는 것이다. 우리들이 그것을 자세히 살펴보면, 그러한 것에 관해 오랫동안 언급하는 말들을 철저하게 분석하고 있다. 예를 들면 〈인원 감축〉 같은 것. 〈인원을 감축하는 것〉, 즉 군더더기를 제거하는 것과, 그리고 확대하여 균형을 잘 이루고 있는 인간 신체에 봉와직염(蜂窩織炎)이 어울리지 않는 것만큼이나 불필요한 인원을 해고하는 것에 대한 것……

비비안느 포레스테는 완곡어법을 결코 사용하지 않는다. 그녀는 한편으로 가난한 사람들과 교외에 사는 사람들 및 젊은이들에게도 시선을 돌린다. 그녀는 노골적으로 말한다. 너무나 유명한 《사회적 통합》은 거짓이며 사기라고. 도대체 〈무엇에 통합시킨단 말인가? 아무런 보장도 없는 미래에 통합시킨다는 말인가?〉

사람들 각자가 자신의 의식과 영혼 속에서 대답을 발견하거나, 혹은 그것들을 발견조차 못할 질문들에 대해 분노하는 《경제적 공포》는 부드러우면서도 폭력적이며, 거침이 없으면서도 매우 문학적인 책이다. 왜냐하면 그것은 무엇보다도 바로 언어를 사랑하는 작가의 것이기 때문이다. 물론 《기사들의 산책로》 혹은 《밤의 눈》을 쓴 여성 소설가이며, 반 고흐에 영감을 받아 그의 전기를 집필한 에세이스트이기도 한 그녀가 세기말의 정치·사회적인 문제를 곁눈질하여 본 것이 이번이 처음은 아니다. 1980년에 간행된 에세이 《고요함의 폭력》에서, 그녀는 이미 놀라울 정도의 정교함과 설득력을 보여 준 바 있다. 세계를 〈독식하는〉 신(神)들인 시장과 이윤에 맞서서, 비비안느 포레스테는 지적이고 명석한 여성으로서 현재 가장 경시되고 있는 공유의 문제, 즉 인간 존중을 이 책에서 간절히 간구하고 있다.

르 몽드
1997년 1월 14일

1996년 10월에 발간된 이후, 작가 비비안느 포레스테의 에세이 《경제적 공포》는, 그것을 마치 하나의 사회적 현상으로서 취급해야 할 것처럼 엄청난 성공을 거두었다. 절망에 관한 문외한의 절규는 이렇듯 엄청난 반향을 불러일으켰다. 이 책이 발행된 지 약 4개월 만에 25만 부 이상이 판매되어 베스트 셀러 비소설 부문 1위에 오른 것

· · · · · · · 경 · 제 · 적 · 공 · 포 · · · · · · ·

과, 이미 17개국에서 번역 출간 준비 중인 이유들을 〈경제 섹션〉에서 찾아보고자 시도하였다. 아마도 독자들은 이 책에서 〈노동의 종말〉에 관한 의문들을, 가끔 경제지상주의자들의 오만한 무능력에 대한 신랄한 비판을 이 책에서 찾아보려고 하는 것 같다.

……중략……

그녀에 따르면, 우리들은 모두 사기의 희생자들이다. 그런데 현재 우리를 휩쓸고 있는 실업사태를 정치가들과 경제전문가들은 계속해서 일시적인 위기로 간주한다. 하지만 실제에 있어서는, 우리들은 일자리의 대량말살로 특징지어지는 자본주의의 새로운 국면을 맞고 있다.

……중략……

이 책의 이러한 성공을 어떻게 설명해야 할까? 물론 여러 가지 이유가 제기될 수 있겠지만, 그 첫번째는 그녀가 이 책에서 취하고 있는 논고의 톤에 있는 것 같다. 그녀가 취하는 논고의 강력함은, 점차 대중들 사이에서 증가하고 있는 실제적인 분노에 불을 지핀 듯하다. 독자들은 지난 12월 말의 철도 노동자들의 파업과 1995년 12월의 공무원들의 파업에 동의하는 것처럼, 이 책과 이 책의 제목에 동의하고 있다.

뉴스 위크
1997년 2월 3일

이번 계절의 프랑스에서 비소설 부분의 분명한 베스트 1위인 비비안느 포레스테의 《경제적 공포》는, 세계화에 대한 결정적인 비판서이다. 소설가이며 문학비평가인 그녀는, 경제학에 관한 아무런 소양도 없다. 터무니 없는 자유시장의 힘이 일자리를 말살시킬 것이라고 예측하는 그녀의 열정어린 논설은, 단지 속임수에 지나지 않는다고 경제학자들은 비웃는다. 하지만 27만 부가 판매된 것에 대해 프랑스 정치가들은 당연하다고 생각한다. 따라서 본 《뉴스 위크》에서는, 그녀에게 "왜 그렇게 많은 프랑스인들이 〈공포〉라는 당신의 견해에 동의한다고 생각하는가"고 물어보았다. 그녀의 대답은 "일자리는 사라지고 있다. 그리고 생활의 모든 분야에 있는 사람들은 대경실색하고 있다. 일자리가 없는 사람들은 그것을 찾는 데 지쳐 있고, 일자리를 가진 사람들은 일할 수 없는, 고등교육을 받은 그들의 아이들을 바라본다. 그러므로 절망이 오늘날 일상의 질서이다. 하지만 정치가들은 이러한 상황을 시인하는 것을 두려워한다"였다.

· · · · · · · 경 · 제 · 적 · 공 · 포 · · · · · · ·

라 크루아
1996년 11월 9일

그녀의 새로운 책인 《경제적 공포》와 더불어, 그녀는 전보다 더 강하게 충격을 준다. 그리고 현대의 어떤 속임수도 결코 그녀의 명민함을 피하지 못한다. 일반적으로 집요하게 우리에게 그것이 일시적인 것이라고 말하는, 위기의 결과로 인해 사라지고 있는 노동의 종말에 대한 사기도, 실업과 그것이 낳는 고통들도 결코 그녀의 명민함을 피해 가지 못한다.

북부지역의 소리
1996년 9월 26일

비비안느 포레스테는 미래를 향하고 있다. 즉 《경제적 공포》는 노동이라는 것이 더 이상 아무런 가치를 가지지 못하는 추상적인 것, 즉 환상에 지나지 않는다는 사실을 우리에게 명확히 알려 주고 있다.

샤르르 엡도
1996년 10월 16일

작가가 경제에 관한 책을 쓰는 경우는 흔치 않다. 졸라의 《돈》은 화폐경제의 교과서라고 할 만하며, 발자크의 《잃어버린 환상》은 멋진 자본주의 역사서라 할 만하다. 어쨌든 경제전문가가 쓴 소설을 읽는 것보다는 작가가 쓴 경제서를 읽는 것이 덜 부담스럽다.

그러므로 우리는 비비안느 포레스테가 쓴 그 책을 한번 읽어보자. 그것은 정말 감동적이다. 그것은 이제 더 이상 노동을 필요로 하지 않는 어떤 사회에 대한 장막을 걷어 버린다. 오래 전부터 〈일자리를 창출한다〉는 것은, 우리들에게 장난을 친 것에 지나지 않는다. 그것은 더 이상 일 자리를 만들어내지 못하고, 심지어 그것을 말살시키고 있다. 인간들은 너무 많고, 그것을 머릿속에만 두고 있다. 오늘날 누가 감히 이러한 현상에 대해 눈을 돌릴 것인가? 그리고 그 결과들은 또 어떠한가?
……중략……

그 책은 분명히 감동적이다. 물론 그 책이 어떤 해결책을 제시하지는 않았지만, 현대의 비극이 어디에 있는가 하는 것은 분명하게 밝혀 주고 있다. 그렇다. 분명히 경제적 공포가 그것이다. 《그리고 미친 광대》라는 작품 속에서, 피에로는 어떤 꼬마에게 "바로 네가 지금 예쁜 인형을 보고 있지? 하지만 아마도 그것을 결코 가질 수는 없을걸!" 하고 말한다.

· · · · · · · 경·제·적·공·포 · · · · · · ·

그래, 꼬마야! 넌 지금 일자리를 찾고 있겠지만, 이제 더 이상 일자리는 없을 거야.

르 피가로
1996년 9월 26일

피가로의 세바스티앙 르 폴 기자가 비비안느 포레스테와의 인터뷰에서, "《경제적 공포》와 같은 의식은 어디에서 왔습니까?"라고 물었다.

"나는 처음으로 역사 속에서 경제를 지배하고 있는, 다시 말해서 권력을 지닌 소수의 사람들 이외에는 인간 전체가 필요치 않다는 사실을 알게 되었습니다. 그러므로 필요가 없다는 것은, 바로 아무런 보호장치가 없다는 것과 마찬가지입니다. 우리들은 순전히 경제 시스템 속에서 살고 있고, 따라서 그러한 상황은 우리로 하여금 과도한 소비를 해야 한다고 생각하게 만들었습니다. 우리들의 생명은 더 이상 어떤 공공적인 유용성으로 쓰이지 못하게 되었습니다. 지금까지 우리는 착취당해 왔지만 이러한 상황보다 더 나쁜 사실이 있는데, 그것은 바로 착취당할 기회조차 갖지 못하게 되었다는 사실입니다. 우리는 더 이상 이익을 창출해 내지 못하기 때문에, 우리는 더 이상 사회에서 불필요하게 되었고, 따라서 우리들은 사회에서 쫓겨난 것입니다. 전체주의적인 체제하에서, 우리들은 배제당할 위험은 없는지요?"

재정과 은행
1996년 11-12월호

《경제적 공포》의 저자는 지구에 살고 있는 극소수인들만이 직업을 가질 것이라는, 다시 말해 이미 분명해진 문화의 새로운 형태를 사람들이 모르고 넘어가도록 하기 위해, 시대에 뒤떨어진 사회에 그러한 시스템들을 계속해서 강요하는 협잡이 계속되고 있다고 확신한다. 노동의 종말은 단순한 현상으로 간주하는 반면에, 처음으로 역사 속에서 경제를 조작하고 권력을 소유한 극히 소수를 제외한 인간들 대부분은 점차 불필요해져 가고 있다고 그녀는 확신한다.

김 주 경
80년 이화여대 불어교육과 졸업.
83년 연세대 불어불문과 대학원 졸업.
86년 프랑스 리옹 2대학 불문학 박사과정 수료.
이화여대·경기대 강사 역임.
역서:《신과 인간들》《나의 오빠 피에르 조르지오》
《드뷔시》《동양 종교와 죽음》《눈 먼 어린왕자》외 다수.

경제적 공포

초판발행 : 1997년 5월 1일

지은이 : 비비안느 포레스테
옮긴이 : 김주경
펴낸이 : 辛成大
펴낸곳 : 東文選
제10-64호, 78. 12. 26 등록
서울 용산구 문배동 40-21
전화 : 719-4015

편집설계 : 韓仁淑

ⓒ 김주경, 1997, Printed in Seoul, Korea

ISBN 89-8038-011-9 03320

【東文選 文藝新書】

1	저주받은 詩人들	앙리 뻬이르 / 최수철·김종호	개정근간
2	民俗文化와 民衆意識	沈雨晟	개정근간
3	인형극의 기술	A. 훼도토프 / 沈雨晟	절판
4	전위연극론	J. 로스 에반스 / 沈雨晟	절판
5	남사당패연구	沈雨晟	10,000원
6	현대영미희곡선 (전4권)	노엘 코워드 外 / 李辰洙	각 4,000원
7	행위예술	로스리 골드버그 / 沈雨晟	10,000원
8	문예미학	蔡 儀 / 姜慶鎬	절판
9	神의 起源	何 新 / 洪 熹	10,000원
10	중국예술정신	徐復觀 / 權德周	15,000원
11	中國古代書史	錢存訓 / 金允子	8,000원
12	이미지	존 버거 / 편집부	10,000원
13	연극의 역사	필리스 하트놀 / 沈雨晟	9,000원
14	詩 論	朱光潛 / 鄭相泓	9,000원
15	탄트라	A. 무케르지 / 金龜山	10,000원
16	조선민족무용기본	최승희	재판근간
17	몽고문화사	D. 마이달 / 金龜山	8,000원
18	신화 미술 제사	張光直 / 李 徹	8,000원
19	아시아 무용의 인류학	宮尾慈良 / 沈雨晟	8,000원
20	아시아 민족음악순례	藤井知昭 / 沈雨晟	5,000원
21	華夏美學	李澤厚 / 權 瑚	10,000원
22	道	張立文 / 權 瑚	18,000원
23	朝鮮의 占卜과 豫言	村山智順 / 金禧慶	15,000원
24	원시미술	L. 아담 / 金仁煥	9,000원
25	朝鮮民俗誌	秋葉隆 / 沈雨晟	12,000원
26	神話의 이미지	조셉 캠벨 / 扈承喜	근간
27	原始佛敎	中村元 / 鄭泰爀	8,000원
28	朝鮮女俗考	李能和 / 金尙憶	12,000원
29	朝鮮解語花史	李能和 / 李在崑	15,000원
30	조선창극사	鄭魯湜	7,000원
31	동양회화미학	崔炳植	9,000원
32	性과 결혼의 민족학	和田正平 / 沈雨晟	9,000원
33	農漁俗談辭典	宋在璇	12,000원
34	朝鮮의 鬼神	村山智順 / 金禧慶	12,000원
35	道敎와 中國文化	葛兆光 / 沈揆昊	15,000원
36	禪宗과 中國文化	葛兆光 / 鄭相泓·任炳權	8,000원
37	오페라의 역사	레슬리 오레이 / 류연희	10,000원
38	인도종교미술	A. 무케르지 / 崔炳植	14,000원
39	힌두교 그림언어	안넬리제 外 / 金在星	9,000원

40	중국고대사회	許進雄 / 洪 熹	17,000원
41	중국문화개론	李宗桂 / 李宰碩	15,000원
42	龍鳳文化源流	王大有 / 林東錫	17,000원
43	甲骨學通論	王宇信 / 李宰錫	근간
44	朝鮮巫俗考	李能和 / 李在崑	12,000원
45	미술과 페미니즘	노르마 부루드 外 / 扈承喜	9,000원
46	아프리카미술	프랑크 윌레뜨 / 崔炳植	10,000원
47	美의 歷程	李澤厚 / 尹壽榮	15,000원
48	曼茶羅의 神들	立川武藏 / 金龜山	10,000원
49	朝鮮歲時記	洪錫謨 外/李錫浩	재판근간
50	河 殤	蘇曉康 外 / 洪 熹	8,000원
51	武藝圖譜通志 實技解題	正 祖 / 沈雨晟·金光錫	15,000원
52	古文字學첫걸음	李學勤 / 河永三	9,000원
53	體育美學	胡小明 / 閔永淑	10,000원
54	아시아 美術의 再發見	崔炳植	9,000원
55	曆과 占의 科學	永田久 / 沈雨晟	8,000원
56	中國小學史	胡奇光 / 李宰碩	근간
57	中國甲骨學史	吳浩坤 外 / 梁東淑	근간
58	꿈의 철학	劉文英 / 河永三	15,000원
59	女神들의 인도	立川武藏 / 金龜山	13,000원
60	性의 역사	J. L. 플랑드렝 / 편집부	13,000원
61	쉬르섹슈얼리티	휘트니 챠드윅 / 편집부	10,000원
62	여성속담사전	宋在璇	18,000원
63	박재서희곡선	朴栽緖	10,000원
64	東北民族源流	孫進己 / 林東錫	13,000원
65	朝鮮巫俗의 硏究 (상·하)	赤松智城·秋葉隆 / 沈雨晟	28,000원
66	中國文學 속의 孤獨感	斯波六郎 / 尹壽榮	8,000원
67	한국사회주의 연극운동사	李康列	8,000원
68	스포츠인류학	K. 블랑챠드 外 / 박기동 外	12,000원
69	리조복식도감	리팔찬	10,000원
70	娼 婦	알렝 꼬르벵 / 李宗旼	20,000원
71	조선민요연구	高晶玉	근간
72	楚文化史	張正明	근간
73	시간 욕망 공포	알렝 꼬르벵	근간
74	本國劍	金光錫	30,000원
75	노트와 반노트	E. 이오네스코 / 박형섭	8,000원
76	朝鮮美術史硏究	尹喜淳	7,000원
77	拳法要訣	金光錫	10,000원
78	艸衣選集	艸衣意恂 / 林鍾旭	14,000원
79	漢語音韻學講義	董少文 / 林東錫	10,000원

80	이오네스코 연극미학	크로드 위베르 / 박형섭	9,000원
81	中國文字訓詁學辭典	全廣鎭 편역	15,000원
82	상말속담사전	宋在璇	10,000원
83	書法論叢	沈尹默 / 郭魯鳳	8,000원
84	침실의 문화사	빠스깔 디비 / 편집부	9,000원
85	禮의 精神	柳 肅 / 洪 熹	10,000원
86	조선공예개관	日本民芸協會 편 / 沈雨晟	근간
87	性愛의 社會史	자크 솔레 / 李宗旼	12,000원
88	러시아미술사	A. I. 조토프 / 이건수	16,000원
89	中國書藝論文選	郭魯鳳 選譯	18,000원
90	朝鮮美術史	關野貞	근간
91	美術版 탄트라	필립 로슨 / 편집부	8,000원
92	군달리니	A. 무케르지 / 편집부	7,000원
93	카마수트라	바짜야나 / 鄭泰爀	9,000원
94	중국언어학총론	J. 노먼 / 全廣鎭	18,000원
95	運氣學說	任應秋 / 李宰碩	8,000원
96	동물속담사전	宋在璇	20,000원
97	자본주의의 아비투스	P. 부르디외 / 최종철	6,000원
98	宗敎學入門	F. 막스 뮐러 / 金龜山	10,000원
99	변 화	P. 바츨라빅크 外 / 박인철	10,000원
100	우리나라 민속놀이	沈雨晟	15,000원
101	歌 訣	李宰碩 편역	20,000원
102	아니마와 아니무스	에마 융 / 박해순	8,000원
103	나, 너, 우리	L. 이리가라이 / 박정오	8,000원
104	베케트 연극론	미셸 푸크레 / 박형섭	8,000원
105	포르노그래피	A. 드워킨 / 유혜련	12,000원
106	셸 링	M. 하이데거 / 최상욱	10,000원
107	프랑수아 비용	宋 勉	18,000원
108	중국서예 80제	郭魯鳳 편역	12,000원
109	性과 미디어	W. B. 키 / 박해순	12,000원
110	中國正史朝鮮列國傳 (전2권)	金聲九 편역	120,000원
111	질병의 기원	토마스 매큐언 / 서일·박종연	12,000원
112	과학과 젠더	E. F. 켈러 / 민경숙·이현주	10,000원
113	물질문명·경제·자본주의 (전6권)	F. 브로델 / 이문숙 外	절판
114	이탈리아인 태고의 지혜	G. 비코 / 李源斗	8,000원
115	中國武俠史	陳 山 / 姜鳳求	12,000원
116	공포의 권력	J. 크리스테바 / 서민원	근간
117	조선민요연구	高晶玉	근간
118	죽음 앞에 선 인간 (상·하)	P. 아리에스 / 劉仙子	각 8,000원

【기 타】

- 甲骨文合集 (전18권)   60만원
- 古陶文字徵   高 明・葛英會   20,000원
- 古文字類編   高 明   24,000원
- 金文編   容 庚   36,000원
- 碑別字新編   秦 公   9,000원
- 隷字編   洪鈞陶   40,000원
- 古文字學論集 (第一輯)   中國古文字學會편   12,000원
- 어린이수묵화의 첫걸음 (전6권)   趙 陽   42,000원

【完譯詳註 漢典大系】

1. 說 苑・上   林東錫 譯註   25,000원
2. 說 苑・下   林東錫 譯註   25,000원
3. 韓詩外傳   林東錫 譯註   이하 근간
4. 晏子春秋   林東錫 譯註
5. 潛夫論
6. 世說新語・上
7. 世說新語・中
8. 世說新語・下
9. 戰國策・上
10. 戰國策・下
11. 唐才子傳
12. 新 序
13. 吳越春秋
14. 西京雜記
15. 古事記
16. 搜神記・上
17. 搜神記・下
18. 列女傳
19. 大戴禮記
20. 國 語・上
21. 國 語・下
22. 山海經

설원說苑

劉 向 撰輯 / 林東錫 譯

故事로 읽는 인간경영의 지침서 《설원說苑》 완역

중국 고대로부터 춘추전국시대를 거쳐 秦과 漢에 이르기까지의 교훈이 될 만한 이야기들을 엮은 역사 고사집이 처음으로 완역돼 나왔다.

西漢의 학자이자 문학가인 劉向에 의해 편찬된 이 책은 지도자가 지녀야 할 덕과 용인술, 남을 모실 때의 태도와 임무, 근본과 절도를 세워 살아가는 방법, 사물을 바로 보고 그에 대처하는 지혜 등을 조목조목 밝혀 놓은 중국 고전으로 치열한 경쟁사회를 살아가는 좋은 지침서로 손색이 없다.

이야기마당을 뜻하는 《설원》의 완역본에는 君道(임금의 도리), 臣術(신하의 처신술), 建本(근본세우기), 立節(절의세우기), 政理(정치의 도리)편 등 총20편의 주제 아래 모두 8백46가지의 고사가 실려 있다. 모두 어느 시대 어느 상황에서나 삶의 척도가 될 수 있는 내용으로 寒食의 유래가 된 介子推 이야기 등의 숱한 故事와 春秋五覇의 수많은 일화에서부터 중국 춘추시대 齊나라의 재상으로 孔子에게도 영향을 미친 晏子의 번뜩이는 재치와 풍자에 이르기까지 다양하다.

다음은 說叢(이야기모음)편에 소개된 내용.『명석한 자는 어두운 데서도 보고, 일이 아직 나타나지 않았을 때 모책을 세운다. 또 총명한 자는 소리가 없을 때 이미 듣고, 사려가 깊은 자는 아직 드러나지 않았을 때 경계한다. 明者視於冥冥, 謀於未形, 聰者聽於無聲, 慮者戒於未成』

역주를 담당한 林東錫 건국대 교수는, 사회 각 분야의 지도적 위치에 있는 이들이 이 책을 읽는다면 단순한 지식의 차원을 넘어 지혜와 덕을 쌓는 것은 물론 어려운 판단의 순간에 해답을 얻을 수 있을 것이라고 장담했다.

또 《설원》의 풍부한 내용은 마치 큰 물과 같아서 작은 그릇을 갖고 임하면 작은 만큼의 물을 얻을 것이요, 큰 그릇을 갖고 다가서면 그 또한 넘치게 얻을 수 있을 것이라고 밝혔다.

매일경제신문. 97. 1. 17
金秀孝 기자

■ 完譯詳註 漢典大系 《說苑》:
　상·하 각권 25,000원

■ 고전국역총서 《한글 설원》:
　상·중·하 각권 6,000원

죽음 앞에 선 인간

P. 아리에스 著 / 유선자 譯

죽음에 대한 인간의 의식변화를 추적한 아리에스 최후의 저작

개인적으로 오래 전부터 읽고 싶었던 책이 드디어 우리말로 옮겨져 나왔다. 프랑스 역사학자 필리프 아리에스의 《죽음 앞에 선 인간》이 바로 그것이다.

많은 사람들이 지적하듯 금세기 프랑스 인문학을 세계 정상에 올려 놓은 것은 아날학파로 대표되는 역사학이었다. 이미 우리 나라에도 마르크 블로크나 페르낭 브로델 같은 거물급 학자들의 주요 저서가 번역돼 나왔고, 최근엔 자크 르 고프의 책도 몇 종 선을 보인 바 있지만, 아무래도 〈心性史(심성사)〉로 일컬어지는 이 분야의 진정한 맛을 알기 위해선 필리프 아리에스의 책이 소개될 필요가 있었다.

아리에스는 죽음을 주제로 한 일련의 저서를 통해 서구 역사에서 죽음에 대한 인간 의식의 변화라는 문제를 깊이 있게 추적해 왔다. 〈중세에서 현재까지의 서구인들의 죽음에 관한 몇 가지 소고〉는 그것의 집대성이라 할 수 있는데, 《죽음 앞에 선 인간》은 바로 이 책의 요약이자 자신의 주장을 검증할 수 있는 도상 자료를 모아 제시한 것이다. 따라서 이 책은 읽는 책이라기 보다는 보는 책이다. 천천히 페이지를 넘기면서 무덤이나 납골당, 묘비, 지옥이나 연옥에 대한 상상도 등의 도판을 보며 죽음의 심연 앞에 선 인간들의 안간힘과 헛된 노고에 관한 아리에스의 이야기에 귀기울이면 되는 책이다.

지면을 가득 메우고 있는 음산한 죽음의 냄새에도 불구하고 이 책은 한없는 명징함으로 보는 사람을 유혹한다. 거기선 죽음조차도 공포와 외경의 대상이기를 그치고 분석과 탐구의 영역으로 자리를 옮긴다. 필멸의 운명을 타고난 생명체의 덧없음과 애달픔을 저자는 침착하기 이를 데 없는 학문적 분류작업과 해석에 의해 중화시켜 버린다.

그것은 아마도 도상이라는 것 자체가 〈죽음으로 이행해 가는 신비로움 앞에 선 인간의 가장 농밀하고도 직접적인 표현양식〉이기 때문일 것이다.

삶이라는 게 태어나서 자라고 성장하고 노쇠해 가는 것이라면, 죽음 또한 나이를 먹는다. 죽음에도 역사가 있는 것이다. 죽음 자체는 초시간적 불변의 원리이지만, 죽음에 대한 인간의 의식과 태도는 시대조류를 따라 변화를 거듭한다. 아리에스의 이 책은 타인의 죽음을 통해 나를 죽음 앞으로 소환한다. 죽음의 호출 앞에서 우리는 어떤 태도를 취해야 할까. 〈죽음의 의미가 분명해진다〉는 책 뒤표지의 선전문구와 달리 죽음은 여전히 모호하고 접근 불가능한 그 무엇이다.

조선일보, 97. 4. 12
남진우(시인·문학평론가)

■ 東文選 文藝新書 118:
  상·하 각권 8,000원